U0840162

本书是国家社科基金一般项目“大数据时代图书馆服务体系的创新与发展研究”（项目批准号：15BTQ023）的研究成果

大数据时代
图书馆服务体系的
创新与发展

程结晶　朱彦君　刘星　等◎著

Innovation and
Development of Library
Service System in the Era of Big Data

中国社会科学出版社

图书在版编目（CIP）数据

大数据时代图书馆服务体系的创新与发展／程结晶等著．—北京：中国社会科学出版社，2023.11

ISBN 978－7－5227－2607－6

Ⅰ.①大…　Ⅱ.①程…　Ⅲ.①公共图书馆—图书馆服务—研究　Ⅳ.①G258.2

中国国家版本馆 CIP 数据核字（2023）第 178340 号

出 版 人　赵剑英
责任编辑　周　佳
责任校对　胡新芳
责任印制　王　超

出　　版　中国社会科学出版社
社　　址　北京鼓楼西大街甲 158 号
邮　　编　100720
网　　址　http://www.csspw.cn
发 行 部　010－84083685
门 市 部　010－84029450
经　　销　新华书店及其他书店

印刷装订　三河市华骏印务包装有限公司
版　　次　2023 年 11 月第 1 版
印　　次　2023 年 11 月第 1 次印刷

开　　本　710×1000　1/16
印　　张　21
插　　页　2
字　　数　320 千字
定　　价　108.00 元

凡购买中国社会科学出版社图书，如有质量问题请与本社营销中心联系调换
电话：010－84083683
版权所有　侵权必究

序

文化是一个国家、一个民族精神长期积淀和凝聚的智慧，是人类社会发展的重要力量，而图书馆在社会文化建设与发展中发挥着不可替代的重要职能作用。1980 年 11 月，国家文化部成立图书馆事业管理局；2017 年 11 月，《中华人民共和国公共图书馆法》正式颁布；2021 年 3 月，智慧图书馆写入《中华人民共和国国民经济和社会发展第十四个五年规划和 2035 年远景目标纲要》。中国公共图书馆从改革开放初期（1978 年）的 1651 个增长到 2021 年的总馆 3215 个、分馆 43603 个。截至 2021 年年末，全国公共图书馆从业人员为 59301 人，图书总藏量为 126178.02 万册，人均图书藏量为 0.89 册，全年书刊文献外借 58730.15 万册次，为读者举办各种活动 202568 次，全国共有 2636 个县（市、区）建成图书馆总分馆制。图书馆对于国家公共文化体系建设乃至社会发展起着十分重要的作用。

纵观古今中外文化与技术的发展历程可以发现，凡是国家强盛的时代，其图书馆快速发展并在文化发展中起着巨大作用；凡是技术变革的年代，图书馆与图书馆事业必然发生深刻的变革，甚至有发生转型的可能。20 世纪 50 年代，第二次世界大战后一些发达国家大力发展图书馆事业，计算机技术、光学技术、声像技术等新技术在图书馆领域广泛应用，产生了计算机检索系统、缩微品、光盘系统等。图书馆第一次转型，从手工纸质时代进入自动化信息时代。20 世纪 90 年代，发达国家率先建设信息高速公路。随着互联网的全球蔓延，图书馆又一次发生深刻变革。数字图书馆产生，图书馆全面进入网络化时代。21 世纪，世界进入大数据时代，数据科学产生。维克托·迈尔—舍恩伯格（Viktor Mayer-Schönberger）和肯尼思·库克耶（Kenneth Cukier）在2013年出版的《大数据时代：生活、工作与思维的大变革》（*Big Data*：*A Revolution That Will Transform How We Live*，*Work and Think*）一书中认为，大数据时代处理数据的思维发生了三个重大转变：要全体不要抽样，要效率不要绝对精确，要相关不要因果。大数据以其Volume（大量）、Variety（多样）、Velocity（高速）、Veracity（真实性）等特征，不仅给企业、研究机构和政府带来重要价值，也对图书馆产生特别重要的影响，数据管理、数据馆员、数据素养教育等成为图书馆发展的新主题。在中国全面实施大数据战略和建设数字中国的背景下，大数据+图书馆成为中国图书馆事业高质量发展的重要组成部分，也是国家文化大数据和公共文化服务体系高质量发展的重要任务。因此，在大数据时代，科学把握图书馆服务体系建设，具有十分重要的意义。

大数据时代，图书馆服务将发生哪些变化？图书馆服务体系如何创新发展？这既是图书馆学应用理论关心的问题，也是图书馆实践领域的期盼。该书坚持理论与实际相结合、继承与发展相结合的原则，采用调查、分析、比较、理论归纳等方法开展研究，探讨了大数据时代图书馆服务体系研究现状、图书馆服务创新实践体系、图书馆服务创新技术体系、图书馆服务组织体系、图书馆服务文化体系、图书馆服务创新知识资源体系、图书馆服务保障体系、图书馆服务体系创新发展方向等内容，回应了理论和实践之问。

该书是国家社科基金项目成果，全书立足于图书馆服务可持续发展理念，展现大数据时代图书馆服务体系中文化服务在国家文化产业中的重要地位和作用，以及大数据时代图书馆服务体系在新时代中国特色社会主义文化大发展、大繁荣中的作用及其实现途径。该书既从文化服务的角度，探讨图书馆多元文化的多维性与复合化、图书馆物质文化的网络化与数据化、图书馆精神文化的互补性与融合化、图书馆制度文化的开放性与一体化、图书馆活动文化的广泛性与时效性等特征；也从数据分析、模型建立、知识创新、技术赋能与生态保障等多个角度对大数据时代图书馆服务体系进行较全面深入地探索。该书还从用户需求、知识资源数据化发展角度，运用经济学、社会学、文化学、系统论及计算机科学技术等多学科理论与技术相结合的方法，以图书馆服务与管理为基点，构筑起大数据时代的图书馆服务体系。这一体系突破传统图书馆服务以馆内外文献流通为中心的基本思路和服务模式，有助于推进大数据技术在图书馆服务体系创新实践与发展中的应用。

大数据时代，技术变革加快，新技术不断涌现，图书馆服务也始终处于快速应变之中，有关这一主题的研究还将会持续下去。祝贺程结晶同志主持的国家社科基金项目成果出版！诚希望图书馆理论研究者与图书馆实践工作者携起手来，共同推进大数据时代图书馆的转型发展并使新一代图书馆在文化发展中扮演着更为重要的角色。

柯　平

南开大学商学院信息资源管理系

2023 年 10 月 8 日

目　录

第一章

绪　论

第一节　研究背景

在大数据时代，国家设立的创业创新服务管理平台，要在大数据技术的应用等方面赶超世界，让大数据来引领中国各行各业的快速发展，即让大数据的研究与应用成为中国各行各业“创新、竞争和生产力发展的前沿任务”,[①] 而图书馆建设正是国家公共文化服务体系建设的战略任务。由此可见，大数据技术对图书馆服务体系的建设具有广阔的应用前景。[②] 诚然，“大数据环境下图书馆服务体系的创新”必然成为专家学者研究的热点话题。于是，有很多专家学者提出“建设图书馆大数据服务与管理平台”的设想，并开始对大数据时代图书馆服务的优势、意义、模式、发展定位等进行研究与探讨。从笔者收集到的研究成果中可以发现，大数据时代图书馆服务、信息资源的处理挖掘和分析等方面的研究成果还不多见。为此，大数据时代图书馆服务要跟上社会快速发展的需求，适应信息社会大数据技术在各个领域应用与发展的趋势，借助大数据技术对图书馆整体建设带来的契机，解决图书馆服务体系中存在的

---

① 李广建、化柏林：《大数据分析与情报分析关系辨析》，《中国图书馆学报》2014 年第 5 期。

② 陈传夫、钱鸥、代钰珠：《大数据时代的数字图书馆建设研究》，《图书情报工作》2014 年第 7 期。

问题。①

第二节　大数据技术对图书馆工作的影响

大数据不仅有大量的信息资源，还具有种类多、流量大、容量大和价值高等特点。② 可以借助大数据技术对图书馆资源进行深度挖掘，并结合公众的需求进一步丰富服务载体，更好地满足公众的个性化要求。同时，大数据技术成为图书馆服务管理的重要技术，其应用能力等也在不断升级，从而有助于更好地提升图书馆管理与服务的效能。③ 大数据技术给图书馆发展带来机遇的同时，其建设工作也面临诸多挑战。图书馆管理服务需要不断升级，信息资料不断增加，信息安全性如何保证，如何针对大范围的数据信息进行检索等，这些都是图书馆服务管理工作面临的挑战，也是大数据技术和图书馆服务进行创新融合的方向。④

随着互联网的不断发展，大数据推进图书馆服务体系的创新，紧跟时代发展的机遇，⑤ 知识数据的服务、处理、分析和利用已经成为大数据环境中图书馆服务面临的必然局面，图书馆服务体系结构势必要转向分析和挖掘知识体系结构。而大数据时代的数据价值给图书馆服务体系创新带来巨大挑战，因此，图书馆有效数据的挖掘，对用户获取数据的真实可靠性，需要从多方面来甄别，只有这样才能更好地推动图书馆知识

---

① 李秀峰、陈守合、郭雷风：《大数据时代农业信息服务的技术创新》，《中国农业科技导报》2014 年第 4 期。

② 杨松：《浅谈大数据时代图书馆的服务创新与发展方向》，《图书情报导刊》2016 第 5 期。

③ 孙骁骁、韩海涛：《大数据时代图书馆服务创新研究》，《图书情报工作》2015 年第 12 期。

④ 王蕾：《浅析大数据时代图书馆服务创新的内容及其策略》，《才智》2018 年第 14 期；陈静：《大数据时代图书馆的服务创新与发展探究》，《辽宁师专学报（社会科学版）》2020 年第 1 期。

⑤ 张德云：《我国数字图书馆发展现状探究》，《图书情报工作》2012 年第 1 期；Y. H. Pan, "Important Developments for the Digital brary: Data Ocean and Smart Library", *Frontiers of Information Technology & Electronic Engineering*, Vol. 11, No. 11, June 2010, pp. 835 – 836.

数据价值的高效利用。[①] 用户对图书馆知识资源服务质量的需求是大数据时代图书馆服务面临的实际问题，是图书馆服务体系建设运行的挑战，也是其创新发展的重要机遇。

第三节　大数据时代图书馆服务创新的核心内容[②]

随着大数据技术的广泛应用，海量图书馆信息资源已经生成，并需要长期存储和管理。如何采取大数据技术手段来提升图书馆管理服务水平和信息资源的利用率，是当前各级图书馆服务面临的共同挑战和重点任务。为实现这个重大战略，笔者认为大数据时代图书馆服务应该构建以本体为核心的图书馆服务创新的理念，构建大数据环境下图书馆服务中异地信息资源的自动捕获和提取的动态机制，构建大数据环境下图书馆服务的创新发展路径与保障机制，来保证大数据环境下图书馆信息资源数据的异构性、真实性、完整性和可靠性，解决大数据环境下图书馆服务中异构信息资源之间的集成创新与获取、耦合关系、本体的应用与本体建设的互通、创新技术与发展动向等问题，完善大数据环境下图书馆信息资源与纸质信息资源的异地获取、检索利用、管理服务、安全保障等路径与机制，实现大数据环境下图书馆信息资源的异地利用，并自动完成各项服务功能、管理功能、整合功能、安全保障措施等，使大数据环境下图书馆信息资源的优化达到均衡化与科学化的目标。

一　探讨大数据环境下图书馆服务创新的实践基础

在大数据环境中，图书馆服务的手段、方式、理念等多方面都发生了改变，从而使图书馆服务和各个行业合作的组织协调、运营、服务类型、评价体系等方面的机制形成新的格局。图书馆数据处理与服务优势

---

①　程结晶：《大数据时代图书馆服务创新的内容及其策略研究》，《情报理论与实践》2016年第3期；王锰、郑建明、陈雅：《大数据环境下数字图书馆的基本职能》，《情报资料工作》2015年第3期。

②　程结晶：《大数据时代图书馆服务创新的内容及其策略研究》，《情报理论与实践》2016年第3期。

将得到提升，带领本区域的小型图书馆为学校、科研部门、政府机构、企事业单位、社会团体、广大公民等提供所需的图书馆知识服务。其中，大数据分析功能必然是大数据环境中图书馆服务创新的重要工作。因此，大数据环境中图书馆服务不仅要有传统图书馆、数字图书馆、电子资源与纸制资源共享互补的功能，还要具备面向数字化信息资源的采集、筛选、加工、组织与序化、集成与整合、推送、导航与获取、用户服务与管理、知识服务等功能，来实现图书馆服务大数据化。①

二 构建大数据时代图书馆服务的创新模式

根据图书馆数字资源的异构性、多样性和离散性特性，结合国际、国内标准以及行业标准，来重构面向大众服务和图书馆大数据服务的价值理念。在此基础上结合大数据特征，根据图书馆服务的优势来创建图书馆服务的个性化与大众化服务平台，系统化、科学化、法治化的价值取向与服务理念，推动大数据时代图书馆服务工作的创新。其一，以大数据平台中网络技术、调度技术、语义技术、集成服务功能为动力，构建大数据环境下图书馆异地资源的建设、存储、标引、检索、关联、交换等各环节的路径选择，构建图书馆异地资源的信息关联与共享服务模式，为用户提供快速、便捷、系统的图书馆服务资源。其二，利用大数据平台，结合互联网络体系、图书馆协作网与联盟网，构建图书馆大数据远程服务和移动服务模式，为用户创建人性化的学习园地。②

三 开发图书馆大数据服务的创新技术

数据是信息技术快速发展的集中反映，在大数据时代，图书馆已建的软件系统与工具无法对异地图书馆资源进行提取、搜索、分析、存储、共享，无法处理海量、复杂的异地图书馆大数据的集合。要达到这一目标，就要利用大数据技术中的可视化分析、数据挖掘算法、预测性分析

---

① 张国杰：《大数据视角下图书馆服务发展走向及策略研究》，《图书馆工作与研究》2014年第6期。

② 施少芳：《大数据视角下数字图书馆服务模式的创新路径分析》，《吉林工程技术师范学院学报》2015年第4期。

能力、语义引擎、数据质量和数据管理等技术，来推动图书馆创新服务平台的升级，快速实现图书馆技术与大数据技术的对接，实现图书馆大数据服务技术的智能化规范处理与融合存储，实现异地图书馆服务系统之间相互构成的图书馆大数据服务决策本体技术，实现异地图书馆“云服务”的人机交互引擎和交互控制的交互服务技术。① 虽然大数据技术已广泛应用，但是在图书馆中，大数据技术的应用还需要突破。因为在国家相关政策与相关项目的支持下，中国在图书馆建设中大数据的标准化及语义描述、异地多源图书馆异构资源之间的时空转换与空间尺度融合、异地图书馆之间出现异常资源的自动探测、异地图书馆语义分类等多种技术领域还需要创新与开发，这是为图书馆大数据服务的智能化处理建立的基础技术。②

四　构建大数据环境下图书馆服务创新保障的长效机制

大数据时代图书馆应该从技术和制度上做好服务资源、服务内容与项目、服务环境等多方面的安全保障。这就要求制定图书馆服务能力和素质提升的保障机制，要求图书馆提供的服务资源一定要按照“国家信息安全管理相关规定”，严把图书馆服务资源建设的安全系数，从网络监管、图书馆技术升级、病毒处理、咨询服务、共享服务等多方面来全力预防与制止各种不正常信息源的干扰和侵袭。同时，还要有效利用大数据环境中的海量数字资源，构建大数据时代图书馆服务的标准化和科学化处理机制。根据用户需求的调查，构建基于用户需求的图书馆服务项目和服务内容的数据库来随时吸收大数据环境中的海量资源，丰富与完善图书馆服务资源库，做到为用户提供快速、安全、及时、有效的图书馆服务资源。③

---

① 李秀峰、陈守合、郭雷风：《大数据时代农业信息服务的技术创新》，《中国农业科技导报》2014 年第 4 期。

② 陈传夫、钱鸥、代钰珠：《大数据时代的数字图书馆建设研究》，《图书情报工作》2014 年第 7 期。

③ 施少芳：《大数据视角下数字图书馆服务模式的创新路径分析》，《吉林工程技术师范学院学报》2015 年第 4 期。

五 大数据环境下图书馆服务体系创新的发展方向

图书馆用户需求的变化是推动图书馆服务体系建设在大数据时代创新与发展的动力。大数据技术对图书馆服务体系建设的影响也是多方面的，需要图书馆学家去研究与回答。随着大数据时代图书馆服务创新的顺利推进，必须从图书馆自身价值与理念的重构、服务内容和服务项目的扩大与整合、服务技术的完善与服务制度的保障、服务模式和服务方式的整合与创新、服务能力与服务素质的提升、服务资源库的建设与利用等方面来全面提升图书馆大数据的服务水平和服务质量，在此基础上构建大数据环境下图书馆智能建设、图书馆数据服务、图书馆智慧服务的长效机制与保障体系。

第四节 大数据时代图书馆服务创新存在的障碍

虽然信息技术、数字技术在图书馆服务领域得到广泛应用，但是图书馆服务技术的程度不是很高，在图书馆领域中的应用很不均衡，很多图书馆的服务技术适用面窄，同国外相比有很大差距。到目前为止，只有一些可以借鉴与参考的理论成果和建设中的“图书馆云服务”案例与经验。① 鉴于此，笔者通过对国内外相关文献的梳理，发现大数据时代图书馆服务面临如下问题。

（1）现有图书馆服务资源得不到有效整合。因此，大数据时代图书馆异地资源的融合性问题需要解决。在大数据时代图书馆信息与知识产权安全、管理服务质量与资源保障等各个环节都受到社会各界的关注，其涵盖政治、经济、文化、教育以及社会、民生、生态与环境等多个方面，需要从图书馆服务的资源联盟、共享、共建的视野来统筹考虑、通盘规划。然而当前的图书馆服务还做不到这一点，已有的图书馆资源联盟、共建共享体系还不完善，这就不利于图书馆大数据服务的主体及时

① 李秀峰、陈守合、郭雷风：《大数据时代农业信息服务的技术创新》，《中国农业科技导报》2014 年第 4 期。

做出科学的决策。因此，本书提出利用大数据技术来整合图书馆服务资源。①

（2）图书馆数字化服务质量有待提高。目前，很多图书馆网站信息重复度较高，缺乏自身的特色和针对性。各类国家级、省级、市级图书馆远离乡村、社区、街道用户，乡村、社区、街道服务站点缺少人才、技术和设备，基层图书馆的基础性资源建设工作滞后，难以提供有针对性的图书馆信息资源服务。基层图书馆的服务资源以小说、娱乐书籍、报纸类居多，而有权威性、有针对性的资源很少，结合各地实际情况开发利用的图书馆资源更是匮乏。

（3）图书馆服务技术差距较大。要达到异地资源整合这一目标，从理论上要实现大数据时代图书馆异地资源融合的规范化，需要采用大数据技术、“云服务”技术、存储的流程化管理与可视化、动态服务与互操作等多种关键技术。①因此，图书馆服务资源的异地交互技术、大数据时代图书馆服务决策本体技术、图书馆异地资源融合与智能规范处理技术等关键技术是大数据时代图书馆服务亟须解决的难题。

（4）图书馆服务创新的保障机制不健全。虽然可视化理论和技术在图书馆信息资源共享领域得到广泛的应用，也积累了丰富的经验，但在图书馆的大数据服务方面，有关服务保障机制的研究还是处于初步探讨阶段。因此，大数据在图书馆服务创新与保障机制等方面的研究将大有可为。

第五节　大数据时代图书馆服务创新的方法思路

随着网络技术、信息技术的快速发展，海量信息呈爆炸式剧增，图书馆信息资源获取的途径越来越多。大数据时代图书馆不但要保障信息资源的丰富，还要在服务机制、服务体系上不断创新，确保图书馆服务的质量。大数据技术通过对图书馆获取的海量资源进行挖掘、创造、加

---

① 李秀峰、陈守合、郭雷风：《大数据时代农业信息服务的技术创新》，《中国农业科技导报》2014 年第 4 期。

工、推送，找到用户的兴趣与偏好，及时组织有效的图书馆信息资源，赢得广大用户的关注，指导各类用户快速获取所需信息，全方位满足不同用户的个性化需求。同时，还应重视对用户数据的收集与整合，构筑大数据时代图书馆服务的核心竞争力，保证图书馆服务质量的提高。①

本书的研究思路是系统、全面地分析大数据时代图书馆建设的价值定位与实践基础、服务创新路径、创新技术、保障机制等问题，以及面临的机遇和威胁。采用统计分析、共词分析、定性与定量综合集成的方法，针对研究内容的创新问题进行求解，并运用战略数据规划、结构化分析、数据流图、面向对象分析与传统方法来分析图书馆服务创新的内容、保障机制等，解决大数据时代图书馆服务的功能、结构以及创新技术、创新路径的分析和发展方向等问题；综合运用科学计量学、可视化等理论和方法来挖掘与揭示大数据时代图书馆服务建设中异地资源之间的结构及服务机制。②

随着图书馆新功能与大数据技术的不断融合，对图书馆服务过程中存在的问题进行分析，建立图书馆数据分析的预测模型，通过智能化的数据挖掘、文本分析和知识发现技术，采用大数据技术与分析方法、语义分析及行为算法等，掌握用户需求与变化，实现大数据环境中图书馆服务流程的动态性、开放性，为图书馆服务提供有益参考。③

第六节　研究意义

大数据技术的发展，进一步推进图书馆服务体系建设从过去以技术为主导的方式转向以“大数据服务”为主导的共享模式。显然，如何进

---

① 柯平：《图书资讯的大数据时代——“第十二届海峡两岸图书资讯学学术研讨会”纪实》，《高校图书馆工作》2014 年第 5 期；马海群、姜鑫：《我国档案学研究主题的知识图谱绘制——以共词分析可视化为视角》，《档案学研究》2014 年第 5 期。

② 韩炜：《国内关于大数据推动图书馆变革的研究综述》，《山东图书馆学刊》2014 年第 5 期。

③ 杨帆、张红、薛尧予：《基于核心业务系统的图书馆大数据平台构建策略研究》，《图书馆学研究》2017 年第 6 期。

一步提升图书馆服务创新能力，更好地为读者提供良好的服务，满足个性化需求成为目前图书馆服务管理工作面临的挑战。大数据技术给图书馆自身建设和服务建设等带来较大的影响，如何借助大数据技术全面提升图书馆综合服务效能，成为目前摆在图书管理者面前的一项重大课题。①

从理论角度：搭建大数据时代图书馆服务体系创新与发展的理论框架。首先，借鉴国内外已有研究成果和经验，结合中国图书馆服务体系的现状，遵循继承与发展相结合的原则，探讨大数据时代图书馆服务体系的基础理论，界定在大数据技术中图书馆服务的内容体系，形成一个开放性的理论框架。其次，对图书馆服务体系建设的现状进行深入调查和分析，整合图书馆长远发展的各核心要素，建立大数据时代图书馆异地资源有效融合的组织与协调、共享与获取机制。最后，系统地将大数据时代各个图书馆发展指数与国家图书馆资源建设指数相结合，从整体角度探讨其适宜数值，为大数据时代图书馆服务体系的完善建立新的理论基础和指导思路。

从实践角度：系统研究大数据时代图书馆服务体系创新与发展的实施方案。本书从大数据技术的服务和管理者的角度，结合大数据的特点及图书馆工作的实际情况，将大数据技术应用到图书馆服务体系建设中，系统地探讨大数据技术在图书馆服务体系建设中的作用，研究基于大数据时代图书馆服务体系建设的实践理论、技术路线、服务路径、政策的保障等内容，对推进大数据时代图书馆服务体系的整体建设具有重要意义。

第七节　研究的创新与思考

本书借鉴国内外已有成果和经验，分析大数据时代图书馆服务体系创新中存在的各类问题，结合大数据技术应用于图书馆建设的现状，分析大数据时代图书馆服务体系创新的实践基础、创新路径、创新技术、

---

① 程结晶：《大数据时代图书馆服务创新的内容及其策略研究》，《情报理论与实践》2016年第3期。

创新机制等内容，以推动大数据时代图书馆异地资源服务的高度融合以及图书馆事业的发展。

一　研究的创新

1. 大数据时代图书馆服务知识创新

大数据服务是实现图书馆主体资源与读者直接沟通的关联节点，挖掘图书馆知识与大数据之间的用户节点关系是图书馆服务创新发展的空间。[①] 本书利用大数据关联、智能分析，重点围绕图书馆知识资源节点数据的采集、挖掘、分析、整理、展现、应用等多维流程，建设适应图书馆服务的大数据技术平台与多维流程深度融合的图书馆知识数据解决方案。[②] 提供知识数据的推荐服务、智慧服务、定制服务、个性化服务、精准服务、增值服务等创新服务内容，提高大数据时代图书馆服务质量和水平。[③]

2. 大数据时代图书馆服务功能定位的创新

21 世纪是大数据服务价值实现的世纪。图书馆服务是实现大数据应用于服务功能的重要阵地，同时大数据服务倒逼图书馆服务体系变革。推动图书馆空间环境、资源、用户、技术等领域发生巨变，快速驱动图书馆转向智慧图书馆、数据图书馆或数据中心的新形态发展。[④]

第一，大数据驱动图书馆以数据为核心进行知识数据的收集、挖掘、筛选是实现图书馆知识数据的出版、服务、开发、增值的图书馆服务新形态，即数据图书馆。[⑤]

---

① 马晓亭：《图书馆思维的变革：从小数据思维到大数据思维》，《图书馆》2016 年第 5 期；邬贺铨：《大数据思维》，《科学与社会》2014 年第 1 期。

② 李艳、吕鹏、李珑：《基于大数据挖掘与决策分析体系的高校图书馆个性化服务研究》，《图书情报知识》2016 年第 2 期；文庭孝：《大数据时代图书馆创新发展思考》，《图书馆》2019 年第 5 期。

③ 程结晶：《大数据时代图书馆服务创新的内容及其策略研究》，《情报理论与实践》2016 年第 3 期。

④ 沈杰：《大数据与图书馆信息服务工作的变革》，《图书馆》2015 年第 9 期。

⑤ 王玉林、曾咏梅：《图书馆大数据功能实现的障碍与对策研究》，《情报理论与实践》2015 年第 7 期；张峥嵘、刘亚丽：《大数据时代的图书馆开放数据服务探析》，《图书与情报》2014 年第 2 期。

第二，21世纪图书馆建设从文献中心、知识中心、信息中心建设转向数据中心建设，图书馆知识数据的存储、分析、保管、开发、服务等工作职能平台（场地），已经成为大数据时代社会广泛需求的文献资源、信息资源、数字资源服务的核心平台（场地），是图书馆知识大数据超市和知识资源数据交易平台（场地）。[①]

第三，基于大数据服务的智慧图书馆服务模式，主要从知识数据、服务平台、资源服务等层面融入人工智能功能的服务内涵，结合大数据技术分析图书馆用户行为、自身业务，以及对服务数据进行个性化、智能化分析，即智慧图书馆服务。[②]

3. 大数据时代图书馆服务路径创新

第一，图书馆服务类型的创新。随着大数据时代的到来，图书馆必须转变服务职能，满足大数据环境中用户知识服务的数据需求。[③] 第二，图书馆数据化发展。大数据时代的到来为图书馆提供诸多机会，图书馆知识资源的数据挖掘，可以优化其服务，提升竞争力。[④] 第三，图书馆服务平台创新。[⑤] 鉴于大数据服务与图书馆服务的特殊性，图书馆数据平台的建设已成必然，在数据科学服务的理论中挖掘图书馆知识资源、服务信息等。实现信息资源共享，使用户在需要获取知识信息的时候方便查找。[⑥] 第四，图书馆知识资源创新服务模式——云服务。大数据技术、移动互联网技术及云计算技术等，共同构成图书馆大数据知识挖掘的支撑技术。[⑦] 第五，图书馆工作人员综合素质的提升。大数据时代，图书馆知识资源向数据化、网络化发展，其馆员的服务职能更要即时转变。积极

---

① 袁红军：《图书馆智慧服务模式探析》，《新世纪图书馆》2017年第3期。

② 陈卫静：《智慧图书馆在大数据环境下的智慧分析》，《图书情报工作》2015年第S2期。

③ 程结晶：《大数据时代图书馆服务创新的内容及其策略研究》，《情报理论与实践》2016年第3期。

④ 缪文：《大数据时代图书馆服务创新的内容及其策略分析》，《江苏科技信息》2018年第10期。

⑤ 陈传夫：《大数据时代的数字图书馆建设研究》，《图书情报工作》2014年第7期。

⑥ 王娟：《新时代公共图书馆微信服务现况与大数据分析——基于省级公共图书馆样本分析》，《新世纪图书馆》2018年第5期

⑦ 莫绪龙：《大数据时代的图书馆服务策略探究》，《信息记录材料》2018年第5期。

培养满足用户对图书馆服务创新需求的图书馆人才团队。第六，提供个性化推荐服务。21 世纪越来越多的数据平台应用大数据技术对图书馆用户的数据需求进行分析，结合图书馆知识数据的市场实际需求，向图书馆用户数据需求市场推荐对应的用户数据服务。第七，提供图书馆智慧服务。人工智能技术的广泛应用、多源异构数据的协作融合、智慧环境的营造，为数据智能驱动下的图书馆智慧服务体系建设提供了新的发展策略。面向开放、移动、协同的图书馆智慧服务体系，要求图书馆重视智能技术平台的搭建和完善。

二 研究的思考

1. 构建大数据时代图书馆服务人才体系

大数据技术应用于图书馆服务，其操作难度大，要求图书馆必须具备懂新技术又具有交叉学科背景的图书馆专业技能人才。因此，具备大数据技术人才的挖掘与培养能力是图书馆服务领域当前的重点，从图书馆学、信息科学、情报学、计算机与网络学等多学科交叉方面做好图书馆职员服务能力和素质的培养，充分发挥图书馆领导“知人善任”的才能，根据不同学科背景和工作能力将图书馆职员进行有效调动。另外，大数据时代图书馆要重新塑造自己的形象，以良好的内外环境和优质的待遇吸引大数据、图书馆等多学科高层次人才到图书馆工作。

2. 构建图书馆大数据服务联盟共享平台

根据大数据技术的集成特点，结合图书馆服务的需求，加强图书馆建设与社会服务等多方面的有效结合，成立图书馆大数据服务联盟共享平台，实现异地图书馆大数据服务资源的共建共享。在图书馆大数据服务资源联盟共享的平台中，建立图书馆大数据服务决策本体，广泛收集与图书馆大数据服务有关的信息资源、社会服务资源，按照决策本体建设的要求，将异构资源集成到图书馆大数据服务平台上，根据用户需求随时进行图书馆语义推理和关系解析。①

① 韩翠峰：《大数据时代图书馆的服务创新与发展》，《图书馆》2013 年第 1 期。

3. 构建基于大数据的图书馆资源“智慧服务”示范模式

近年来，随着人工智能、物联网、云计算、5G、大数据等新技术及智能系统在图书馆领域的普遍应用，生成了各种各样的海量数据，用新技术对其进行有效地采集、加工、整理、开发与利用，可以形成完整、可循环的异地图书馆智慧服务联盟平台创新数据链条，就能有效促进图书馆异地资源的数字化、智能化与可视化，实现图书馆的科学管理，[①] 加快图书馆智能技术的推广，使图书馆资源的智能管理与服务成为可能，推动图书馆资源“智慧服务”进程。图书馆资源“智慧服务”是改变传统图书馆、发展数字图书馆的必然选择。因此，大数据时代的图书馆服务应选取具备较好条件和基础的图书馆来开展基于新技术的图书馆智慧服务示范模式，进行图书馆新技术的研发与应用，按照图书馆在公共文化服务体系中的角色、社会对图书馆服务发展的需求，加快建设图书馆智慧服务技术、异地资源集合、异构资源共享、异地业务协同的全国性（或区域性）图书馆智慧服务平台，协调整合现有异地图书馆智慧服务系统，使新技术应用在图书馆建设中实现其功能的最大化。[②]

4. 大数据时代需要各级财政全力支持图书馆的基础建设

大数据环境下图书馆服务建设的决策研究，从目前国内外的现状来看，还处于基础阶段的研究中，其重点任务是异地图书馆资源的采集、处理、加工、开发与利用、决策模型融合等基础性研究，现阶段难以产生直接的服务效益。[③] 而经费是图书馆得以发展的基础，也是制约图书馆发展与生存的关键。因此，各级财政要全力支持图书馆的理论研究与基础设施建设，以图书馆公益性文化服务的重要基地来吸收并联合各级政府、高校、企事业单位、乡镇社区（街道、村）等，发挥协同效应，联

① 黄晓斌、钟辉新：《基于大数据的企业竞争情报系统模型构建》，《情报杂志》2013 年第 3 期。

② 柯平：《图书资讯的大数据时代——“第十二届海峡两岸图书资讯学学术研讨会”纪实》，《高校图书馆工作》2014 年第 5 期；马海群、姜鑫：《我国档案学研究主题的知识图谱绘制——以共词分析可视化为视角》，《档案学研究》2014 年第 5 期。

③ 刘红霞、白万豪：《大数据背景下的应用情报学研究》，《情报资料工作》2014 年第 1 期。

合开发与攻关，使图书馆基础设施跟上时代发展的步伐。①

第八节 本章小结

本章为本书的先导部分，主要在于铺设大数据研究背景，构建图书馆创新服务体系的整体框架，探讨图书馆大数据时代服务的创新内涵，厘清建设中的障碍与方法思路，最后回归价值的探讨与创新的思考。

（1）大数据技术对图书馆服务体系的建设具有广阔的应用前景。图书馆是目前国家公共文化服务体系的中坚力量，大数据技术给图书馆整体建设带来契机，两者的结合必将大有可为，推动图书馆服务的创新发展。

（2）大数据时代图书馆服务创新的核心内容包含对已有实践基础的探讨、创新模式的构建、创新技术的开发、长效机制的建立以及未来的发展趋势等多个层面。大数据环境造就的新格局，催化新的实践任务，面向大众服务的价值理念的重构，推动图书馆服务工作的创新，多领域技术的汇聚为图书馆大数据服务的智能化提供支撑，同时，对应的保障机制与安全监管不可或缺，最后回归用户的需求变化，探讨图书馆服务体系在大数据时代的创新发展。不过，资源整合、服务质量、技术应用、保障机制仍是影响图书馆在大数据时代服务创新的重要因素。

（3）本书采用计量分析、共词分析等研究方法，通过提出问题、分析问题、解决问题这一研究思路展开分析，内容涵盖大数据环境下图书馆服务现状调查，技术环境、用户需求、服务机制等趋势变化探究，创新服务路径分析、创新服务技术应用、实践举证等各个层面。

（4）大数据时代图书馆服务创新体系研究具有重要的理论与实践意义，且具备较高的创新价值。一方面继承发展图书馆服务理论内涵，另一方面有助于图书馆现实业务的开展。另外，从图书馆知识服务创新、

① 江云、李凤兰：《大数据在我国图书馆的应用及推进研究》，《图书馆工作与研究》2014年第6期。

服务定位创新、路径创新等方面都能论证本研究的社会价值。

（5）大数据时代图书馆创新服务体系的建设，需要强有力的人才资源配备、有组织性的联盟平台支撑、异地“云服务”示范模式、各级财政的通力支持等多维保障，才能顺利进行并有所发展。

第 二 章

大数据时代图书馆服务体系研究现状

大数据环境是万物数据化的场景，是现在与未来知识挖掘的生产力、竞争力、创新力提升的基础，是知识技术创新的前沿。在大数据的环境下，图书馆整体生态体系发生变革，无论是组织架构、资源供给、服务路径等方面的研究，还是图书馆基础理论研究，都牵涉其中。在这无法阻挡的时代洪流中，图书馆服务体系的创新与发展是必须要面对的重要课题。

第一节　国家相关政策的解读

党的十九届四中全会指出，要坚持和完善繁荣发展社会主义先进文化的制度，巩固全体人民团结奋斗的共同思想基础。发展社会主义先进文化、广泛凝聚人民精神力量，是国家治理体系和治理能力现代化的深厚支撑。必须坚定文化自信，牢牢把握社会主义先进文化前进方向，激发全民族文化创造活力，更好构筑中国精神、中国价值、中国力量。要坚持马克思主义在意识形态领域指导地位的根本制度，坚持以社会主义核心价值观引领文化建设制度，健全人民文化权益保障制度，完善坚持正确导向的舆论引导工作机制，建立健全把社会效益放在首位、社会效益和经济效益相统一的文化创作生产体制机制。[①] 坚持中国特色社会主义

① 《中国共产党第十九届中央委员会第四次全体会议公报》，2019 年 10 月 31 日，中国共产党新闻网，http：//cpc. people. com. cn/n1/2019/1031/c64094 –31431615. html。

文化发展道路，深化文化体制改革，推动社会主义文化大发展大繁荣，必须坚持社会主义先进文化前进方向，以科学发展为主题，以建设社会主义核心价值体系为根本任务，以满足人民精神文化需求为出发点和落脚点，以改革创新为动力，发展面向现代化、面向世界、面向未来的社会主义文化，培养高度的文化自觉和文化自信，提高全民族文明素质，增强国家文化软实力，弘扬中华文化，努力建设社会主义文化强国。图书馆是公共文化服务体系的重要组成部分，是新时代中国特色社会主义思想的重要文化阵地，中国的法律政策保障公民享有平等的教育权、文化权，任何组织、个人都不能非法剥夺公民这一权利。同时，作为公益性的文化机构，免费开放服务，让知识的获取变得更加没有障碍，这是社会进步的体现，更是国家人文关怀的重要体现。

第二节　大数据时代图书馆服务创新的内涵

生产力的飞速发展，使得生产关系必须发生与之对应的变革。大数据时代，知识与科技成为生产力元素，共同引发社会领域的变革，与之对应的社会环境开始向着更加包容、多元的方向发展，公众的各种需求开始显现。同时，各领域的交叉融合也开始朝着横向、纵向发展。就在这一时期，图书馆学理论开始频频与新的理论发生碰撞，图书馆学的研究范式也发生了新的变化。

理论的发展革新，是图书馆开展服务的“源泉”，在新的时代环境下，图书馆的部分基础理论开始呈现出一定的“排斥性”，它们无法指导图书馆服务实践的正常进行。在成果经验方面，只要能够促进图书馆事业发展，推动图书馆理论进步的，都可以“为我所用”。在技术实践方面，重视数字技术、网络技术、大数据技术、人工智能技术与图书馆相关服务的融合，提高工作效率，提升用户满意度，也是图书馆服务创新内涵的体现。

一　大数据时代图书馆服务创新所涉及的因素

谈及图书馆创新服务的影响因素，就要回归对图书馆服务内容的探讨。主要包含资源建设、资源利用、阅读推广、参考咨询、读者服务五大基础业务，因此要实现服务体系的创新，就必须实现这五大基础业务的更新升级。资源建设的创新，对其他业务的开展起着决定性作用。如果资源质量不过关、结构不合理，就可能造成“源头”的先天不足。优秀的馆藏资源一定是结构合理、层次丰满、质量过关、特色突出的存在，这些都为后续知识服务、学科服务、智慧服务的开展奠定了基础。根据用户的需求，借助相关技术，提供相应服务，是资源利用最合理的状态。资源利用服务的顺利开展，一方面可以发挥馆藏资源效能，体现图书馆的社会文化使命；另一方面也对图书馆其他业务的改善提供“风向标”。阅读推广服务则是资源利用服务的延伸，一般以活动化的形式开展，主要是为了推荐馆藏与普及文化知识，它以一种大众容易理解的、有互动趣味的形式展开，让用户在书香氛围中体会阅读的乐趣。参考咨询服务是图书馆开展深层次知识服务的开端，主要是对用户进行答疑，或者利用相关数据技术方法，为用户提供编制信息报告、科技查新、课题追踪等服务。读者服务是在综合所有业务的基础上进行的辅助性补充服务，如帮助用户解决馆内突发问题。

通过对五大基础业务工作的回顾，就可以清楚发现“资源 + 人 + 技术”三位一体贯穿其中，资源创新是服务创新的基础，技术创新是服务创新的保障，人是开展创新服务的主体因素，这三者对于图书馆服务创新起着决定性作用。三元素只有协调发展，才能实现图书馆服务工作的平稳进步。

二 大数据时代图书馆服务创新的必要性

大数据时代图书馆服务创新是实现自身持续发展的内在诉求，也是社会整体进步的重要影响因素。大数据时代图书馆服务创新是符合自身历史发展规律的重要实践。首先，图书馆服务在质量、方式、内容上，总体呈现出发展上升的趋势，这符合事物的发展规律。如果图书馆停止创新，将会违背这一客观规律，终将被历史淘汰。其次，图书馆创新服务符合事物质变与量变的统一，因为创新服务是在多次的尝试中，经历多重挫折才得以确立，有着很高的现实意义与价值。最后，图书馆创新服务符合理论与实践的统一，这些创新服务最初都是基于理论的创新，在这些新理论的指引下，才实现实践创新，而这些成功的案例，又完善丰富着图书馆自身的理论，因此两者是相辅相成、互相促进的。

大数据时代图书馆服务创新是社会发展进步的必然。图书馆作为重要的公共文化服务机构，承担着普及社会知识、建设文化强国的重要使命。如何建设更好的文化体系，提供更好的文化服务，是图书馆将一直践行的初心与使命。

三　大数据时代图书馆服务创新的基本特性

大数据技术推动图书馆服务理念的创新，而服务创新既是一种竞争之道，又是图书馆的立馆之本，其主要涉及服务创新途径多样性、创新方式交互性、创新内容丰富性等方面。

1. 创新途径多样性

大数据时代图书馆服务创新主要以技术途径、制度途径、社会途径、管理服务途径等为主要方式。其中，技术途径与管理服务是常用途径。

2. 创新方式交互性

大数据时代图书馆服务创新是一个复杂动态的过程，包含图书馆内外部的相互作用。图书馆创新服务内部的交互性主要包括部门与部门、部门与个人之间的交互，图书馆外部的交互性主要包括图书馆馆员与用户、图书馆与外界机构等进行持续不断的交互作用。

3. 创新内容丰富性

大数据时代图书馆创新的内容十分丰富，主要包括对特定用户需求更新、技术创新以及图书馆服务产品开发等。图书馆可根据用户个性化的信息需求，运用创新理念来更新符合时代以及用户需求的图书馆服务产品，应用“模块化”与“系统化”相结合的方式进行服务产品的开发。

四　大数据时代图书馆服务创新的价值

大数据时代图书馆服务具有其独特的规范和价值。图书馆服务发挥了图书馆的使用价值，通过知识在传递过程中的转化与活化，满足用户对文献信息的需求，一定程度上发挥图书馆的社会教育职能，提高用户素养，用户再将吸收到的知识进行传播来实现其人生价值，从而促进全社会整体的经济效益和社会效益。

1. 有利于图书馆数据服务人员科学素质的提高

科学文化素养是个体对于世界的认知程度，主要包含科学知识、文化知识等方面的认识水平与实践能力。在现代社会，几乎每个行业都需要具备较高科学文化素养的人才，特别是在需要进行高密度知识服务的图书馆领域，专业科学人才是进行理论创新和实践创新的必备因素。

图书馆的创新服务需要各领域、各专业的优秀人才，或拥有丰富的实践服务经验，或拥有扎实的专业理论基础，只有这样才能面对图书馆用户日益复杂的信息需求。在资源建设工作中，需要图书馆专业人员进行集成管理系统调用、馆藏整体架构考量、书目筛选、新旧图书替换、排架布局等宏观管理；在资源利用方面，需要具有丰富服务经验的馆员进行馆藏检索，使用图书借还设备；在阅读推广方面，需要具有活动开展经验的馆员进行创意思索，举办具有特色化、个性化的文化推广活动；在参考咨询方面，更是需要具有情报分析技术、信息挖掘技术的人才，才能正确应对用户的数据要求。可见，图书馆的业务工作需要多层次、跨领域的人才，才能保证服务的顺利进行。此外，还要提高图书馆数据服务人员的心理素质和人际沟通及协调能力、为人师表的形象意识，塑造图书馆数据服务人员优秀的形象。

2. 有利于图书馆服务质量的提升

图书馆服务质量的影响因素主要涉及馆藏资源的质量、服务路径选择、服务人员素养、服务理念等。图书馆创新服务可以优化馆藏结构，建设用户满意的“知识宝库”，打造特色文化资源库，推动地方文化的传承与保护；还可以推动服务路径的创新，选择更加先进、更加人性化的方式来为读者提供服务，严格控制服务过程中的每一个环节，注重用户感受。服务创新并驱动馆员不断提高自身的文化素养与服务能力，可以实现与用户更有效率地交流，提升图书馆服务形象。

第三节 公共图书馆服务现状

本节以《中国图书馆年鉴》《中国文化年鉴》《中国统计年鉴》中的

数据和各家图书馆网站上发布的数据为依托，在研究内容、研究思路、研究方法、研究分析中还依托笔者调查的具体内容、项目等数据，并借鉴国家统计局等网站上发布的数据，结合用户需求，探讨大数据时代图书馆服务的途径与创新发展。

中国公共图书馆事业稳步发展，2011—2018 年全国公共图书馆机构总数量如图 2 -1 所示。2017 年和 2018 年全国共有公共图书馆机构分别为 3166 家、3176 家，2017 年较 2016 年增加 13 家，2018 年较 2017 年增加 10 家。2011—2018 年全国公共图书馆总藏量如图 2 -2 所示，2017 年和 2018 年全国公共图书馆总藏量为 96953 万册（件）、101545 万册（件）。中国人均拥有公共图书馆馆藏量持续上升，1995 年人均拥有量为 0. 27 册（件），2015 年为 0. 61 册（件），2018 年为 0. 74 册（件）。2018 年全国各地区人均拥有图书馆藏量超过 1 册（件）的有北京、天津、上海、江苏、浙江和宁夏，分别为 1. 34 册（件）、1. 20 册（件）、3. 26 册（件）、1. 16 册（件）、1. 50 册（件）和 1. 06 册（件）；人均拥有图书馆藏量低于 0. 4 册（件）的有两个地区，分别为河北（0. 36 册）、河南（0. 33 册）。

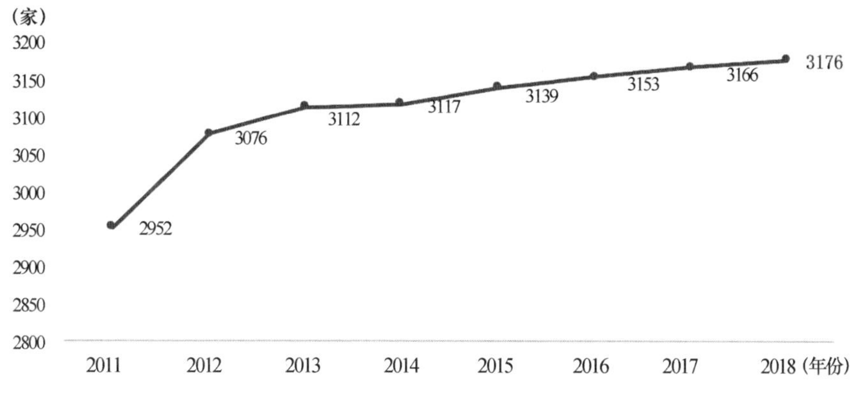

图 2 -1 2011—2018 年全国公共图书馆机构总数量

资料来源：《中国图书馆年鉴（2019）》。

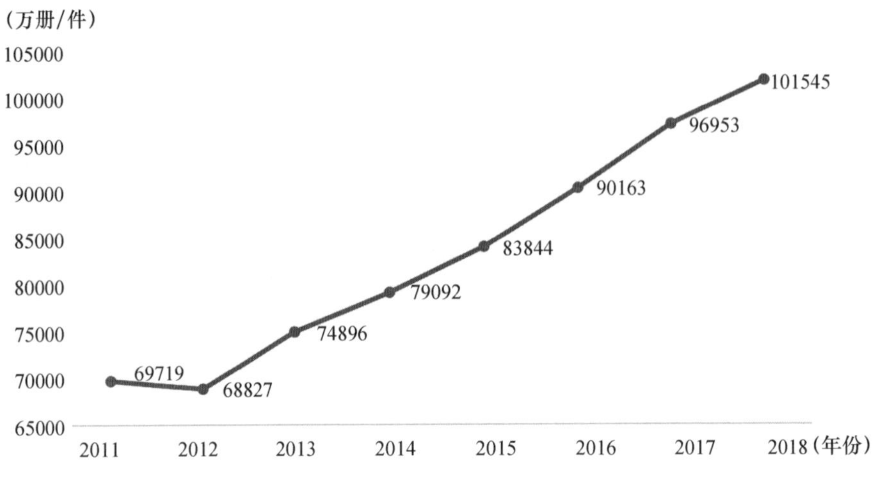

图 2-2　2011—2018 年全国公共图书馆总藏量

资料来源:《中国图书馆年鉴(2019)》。

一　华北地区公共图书馆

2018 年华北地区(北京、天津、河北、山西、内蒙古)公共图书馆基本情况如表 2-1 所示,总藏量如图 2-3 所示,北京总藏量最多,其次为河北。2018 年华北地区公共图书馆各省份电子图书总量如图 2-4 所示,2018 年华北地区公共图书馆购买报刊种类如图 2-5 所示,2018 年华北地区各省份公共图书馆为读者组织各类讲座、举办展览和培训班情况如表2-2所示。

表 2-1　2018 年华北地区公共图书馆基本情况

	机构数(家)	总藏量(万册)	电子图书(万册)	当年购买的报刊(种)
北京	23	2876.43	1412.67	22865
天津	29	1867.29	2039.57	24791
河北	173	2717.47	2033.67	33211
山西	128	1859.92	1069.37	20767
内蒙古	117	1904.09	1222.30	24251

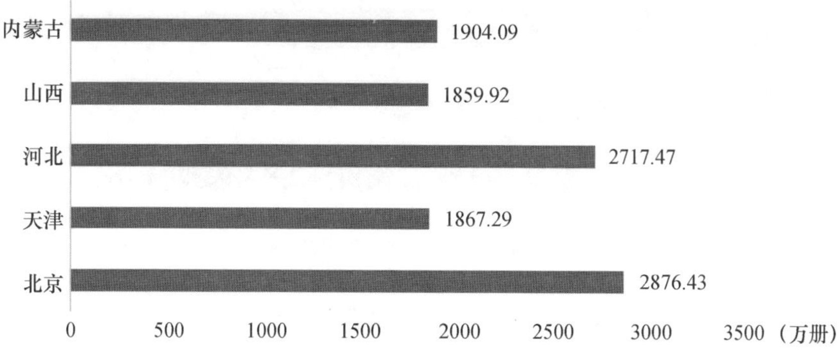

图 2－3　2018 年华北地区公共图书馆总藏量

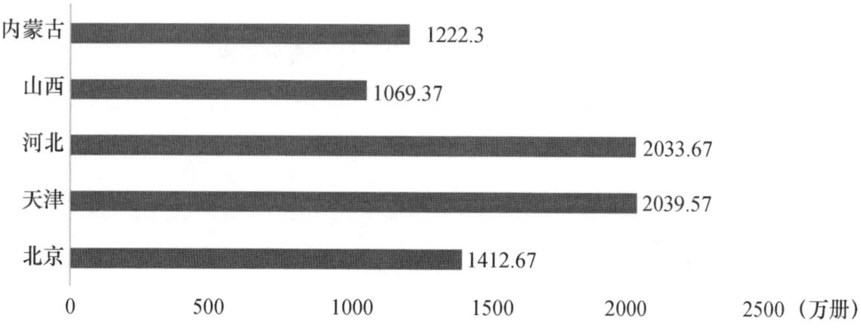

图 2－4　2018 年华北地区公共图书馆电子图书总量

表 2－2　2018 年华北地区公共图书馆为读者举办活动

	组织各类讲座（次）	举办展览（个）	举办培训班（个）
北京	2790	610	1308
天津	1869	646	574
河北	3593	1014	1644
山西	2463	693	1090
内蒙古	1153	689	550

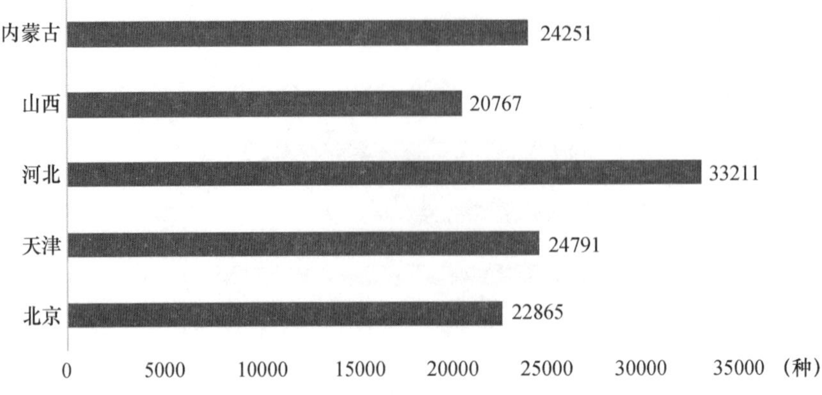

图2-5　2018年华北地区公共图书馆购买报刊种类

表2-3　　2018年华北地区公共图书馆延伸服务情况

	流动图书车（辆）	流动服务书刊借阅（万人次）	流动图书车书刊借阅（万册次）	分馆数量（个）
北京	10	4.65	47	327
天津	9	13.89	21	536
河北	80	36.85	57	424
山西	152	66.63	102	963
内蒙古	54	40.53	84	570

（一）北京

2018年北京公共图书馆总藏量为2876.43万册，电子图书为1412.67万册，购买报刊22865种（见表2-1）。2018年北京公共图书馆组织各类讲座2790次，举办展览610个，举办培训班1308个（见表2-2）。在公共图书馆延伸服务中，北京市有分馆327个，流动图书车10辆，流动服务书刊借阅4.65万人次，流动图书车书刊借阅47万册次（见表2-3）。

北京市积极开展全民阅读活动，举办展览、开展讲座等，朝阳区图书馆获评全民阅读示范基地，西城区白云驿站被评为2016年全国最美基层图书馆。北京市24家区级以上图书馆全部加入数字图书馆推广工程建设，积极推动国家重点文化工程建设，推广数字化服务。

（二）天津

天津市各图书馆通过网站、微博、微信等方式向读者提供服务，全市市区两级公共图书馆实现通借通还，全年配送通借通还图书（含设备）57次，合计15万册。

2018年天津公共图书馆总藏量为1867.29万册，电子图书为2039.57万册，购买报刊24791种（见表2-1）。2018年天津公共图书馆组织各类讲座1869次，举办展览646个，举办培训班574个（见表2-2）。在公共图书馆延伸服务中，天津市有分馆536个，流动图书车9辆，流动服务书刊借阅13.89万人次，流动图书车书刊借阅21万册次（见表2-3）。

（三）河北

2018年河北公共图书馆总藏量为2717.47万册，电子图书为2033.67万册，购买报刊33211种（见表2-1）。2018年河北公共图书馆组织各类讲座3593次，举办展览1014个，举办培训班1644个（见表2-2）。在公共图书馆延伸服务中，河北省有分馆424个，流动图书车80辆，流动服务书刊借阅36.85万人次，流动图书车书刊借阅57万册次（见表2-3）。

河北省图书馆馆训“守正启智 修学求是”，充分体现图书馆坚守优良传统、弘扬社会主义核心价值观的不懈努力。在“世界读书日”，河北省图书馆举办以“阅读塑造人生，书香润泽生活”为主题的系列宣传推广活动，并举办了“河北省读书会创新与实践论坛”。

（四）山西

2018年山西公共图书馆总藏量为1859.92万册，电子图书为1069.37万册，购买报刊20767种（见表2-1）。2018年山西公共图书馆组织各类讲座2463次，举办展览693个，举办培训班1090个（见表2-2）。在公共图书馆延伸服务中，山西省有分馆963个，在华北地区数量最多。流动图书车152辆，流动服务书刊借阅66.63万人次，流动图书车书刊借阅102万册次（见表2-3）。

山西省图书馆挂牌成立“山西省社科宣传普及基地”，文源讲坛系列讲座内容和形式创新，效益和影响扩大，晋图系列信息专刊广受好评，文化志愿者队伍扩大，组建成立山西省图书馆志愿者新媒体中心。举办山西省视障文化服务和阅读推广培训班，建立山西省图书馆视障读者交流微信群，推出“我是你的眼——阅享人生”读书栏目，开展盲人计算机免费培训班等活动。

（五）内蒙古

2018 年内蒙古公共图书馆总藏量为 1904.09 万册，电子图书为 1222.30 万册，购买报刊 24251 种（见表 2-1）。2018 年内蒙古公共图书馆组织各类讲座 1153 次，举办展览 689 个，举办培训班 550 个（见表 2-2）。在公共图书馆延伸服务中，内蒙古有分馆 570 个，流动图书车 54 辆，流动服务书刊借阅 40.53 万人次，流动图书车书刊借阅 84 万册次（见表 2-3）。

内蒙古图书馆积极利用主流媒体、网站、微信公众平台、微博等新媒体平台加强对外宣传，让图书馆走进用户的生活，提升图书馆整体服务形象。“数字文化走进蒙古包”工程、“彩云服务”借阅模式取得良好的效果。

二 东北地区公共图书馆

2018 年东北地区（辽宁、吉林、黑龙江）公共图书馆基本情况如表 2-4 所示，总藏量如图 2-6 所示，辽宁总藏量最多。2018 年东北地区公共图书馆各省份电子图书总量如图 2-7 所示，2018 年东北地区公共图书馆购买报刊种类如图 2-8 所示，东北地区各省份公共图书馆为读者组织各类讲座、举办展览和培训班情况如表 2-5 所示，延伸服务情况如表 2-6所示，包括分馆数量、流动图书车数量、流动服务书刊借阅人次、流动图书车书刊借阅册次。

表 2-4　　2018 年东北地区公共图书馆基本情况

	机构数（家）	总藏量（万册）	电子图书（万册）	当年购买的报刊（种）
辽宁	130	4175.17	1881.04	46970
吉林	66	2051.63	5081.74	21393
黑龙江	109	2232.93	1068.30	26929

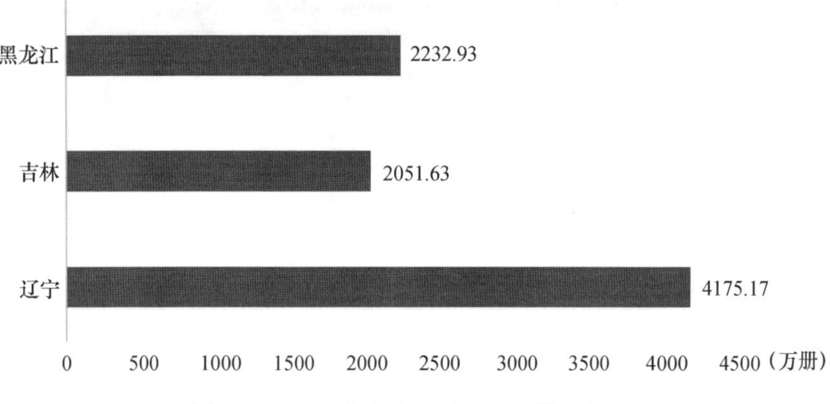

图2－6　2018年东北地区公共图书馆总藏量

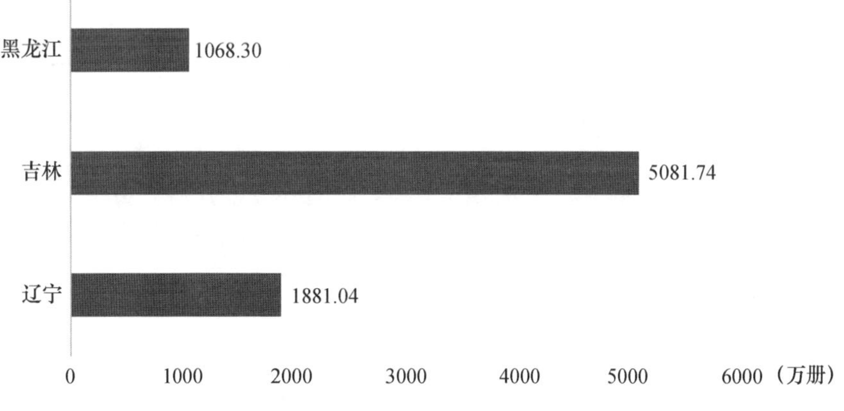

图2－7　2018年东北地区公共图书馆电子图书总量

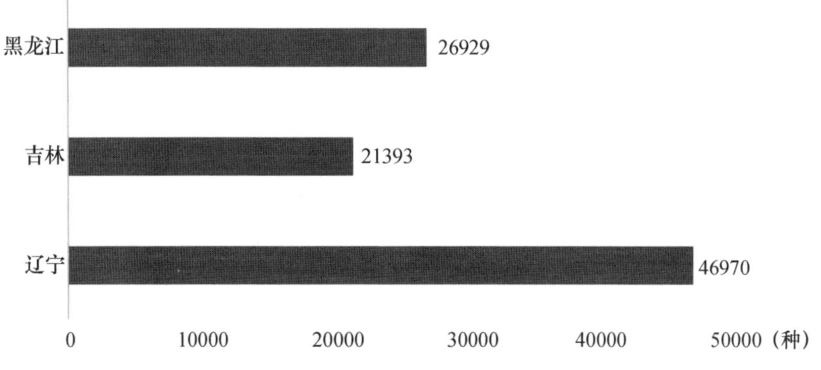

图2－8　2018年东北地区公共图书馆购买报刊种类

表2－5 2018年东北地区公共图书馆为读者举办活动

	组织各类讲座（次）	举办展览（个）	举办培训班（个）
辽宁	2719	986	3164
吉林	949	501	493
黑龙江	1259	822	1658

表2－6 2018年东北地区公共图书馆延伸服务情况

	流动图书车（辆）	流动服务书刊借阅（万人次）	流动图书车书刊借阅（万册次）	分馆数量（个）
辽宁	17	239.44	570	938
吉林	56	79.04	121	369
黑龙江	45	37.75	62	762

（一）辽宁

2018年辽宁省公共图书馆总藏量为4175.17万册，电子图书为1881.04万册，购买报刊46970种（见表2－4）。2018年辽宁省公共图书馆组织各类讲座2719次，举办展览986个，举办培训班3164个（见表2－5）。在公共图书馆延伸服务中，辽宁省有分馆938个，数量位列东北地区第一。有流动图书车17辆，流动服务书刊借阅239.44万人次，流动图书车书刊借阅570万册次，名列东北地区第一（见表2－6）。

辽宁省图书馆国家重点文化建设工程古籍保护工作、数字图书馆建设工程都取得很大进展，59部古籍入选第五批《国家珍贵古籍名录》，3家单位入选第五批“全国古籍重点保护单位”，启动全省小微古籍修复室建设工作。辽宁省图书馆作为全国首批12家“国家古籍保护中心人才培训基地”，大力开展古籍保护人才培养工作，2016年与沈阳师范大学签署合作培养古籍保护人才协议，2017年与辽宁大学历史学院合作培养“古籍保护与修复”方向研究生。这种合作模式充分调动辽宁省图书馆和各高校的优势资源，既培养人才又促进高校学科建设。全面推进图书馆文化扶贫和援建工作，持续开展“百万图书万里行”活动，打造“流动服务到您身边”品牌。

（二）吉林

2018年吉林省公共图书馆总藏量为2051.63万册，电子图书为5081.74万册，购买报刊21393种（见表2－4）。2018年吉林省公共图书馆组织各类讲座949次，举办展览501个，举办培训班493个（见表2－5）。在公共图书馆延伸服务中，吉林省有分馆369个，数量在东北地区最少。有流动图书车56辆，流动服务书刊借阅79.04万人次，流动图书车书刊借阅121万册次（见表2－6）。

吉林省图书馆新馆开馆以来，秉承“学术立馆、服务兴馆、人才强馆、合作活馆”的理念，积极开展系列读者活动，让读者能够平等、免费、无障碍地享受图书馆的服务。着力打造的“文化吉林”服务品牌，包括“文化吉林”讲坛、“文化吉林·天下书香读书会”、各类展览展示活动等，每年累计活动达100多场次。吉林省图书馆联盟、农民工子女阅读基地、“吉林云图”移动阅读、全省“两会”信息咨询服务等也成为吉林省图书馆品牌项目，全年常态化开展服务活动200余次。在外延服务方面，吉林省先后建立分馆和流通站23个、百姓书房120多家、学生书房65个，与省直机关党工委联合建立“卫星图书馆”10家，得到社会各界的广泛赞誉。

（三）黑龙江

2018年黑龙江省公共图书馆总藏量为2232.93万册，电子图书为1068.30万册，购买报刊26929种（见表2－4）。2018年黑龙江省公共图书馆组织各类讲座1259次，举办展览822个，举办培训班1658个（见表2－5）。在公共图书馆延伸服务中，黑龙江省有分馆762个，有流动图书车45辆，流动服务书刊借阅37.75万人次，流动图书车书刊借阅62万册次（见表2－6）。

黑龙江省图书馆是全国文化信息资源共享工程黑龙江省级分中心、黑龙江省古籍保护中心，是黑龙江省数字图书馆工程建设中心馆，拥有超大容量的分布式资源库群、超大规模用户的访问能力，建成全省共享的公共数字文化云计算服务平台，实现全年365天、24小时面向全球提供多媒体存取、远程网络传输、智能化检索等数字图书馆服务。

三 华东地区公共图书馆

2018 年华东地区（上海、江苏、浙江、安徽、福建、江西、山东）公共图书馆基本情况如表 2 –7 所示，总藏量如图 2 –9 所示，江苏省总藏量最多，上海市和浙江省次之。2018 年华东地区公共图书馆各省份电子图书总量如图 2 –10 所示，2018 年华东地区公共图书馆购买报刊种类如图 2 –11 所示，华东地区公共图书馆为读者组织各类讲座、举办展览和培训班情况如表 2 –8 所示，延伸服务情况如表 2 –9 所示，包括分馆数量、流动图书车数量、流动服务书刊借阅人次、流动图书车书刊借阅册次。

表 2 –7　　2018 年华东地区公共图书馆基本情况

	机构（个）	总藏量（万册）	电子图书（万册）	当年购买的报刊（种）
上海	23	7894. 21	2892. 61	50804
江苏	116	9322. 72	7036. 86	81397
浙江	103	8607. 63	7787. 14	87610
安徽	126	2909. 68	4812. 40	32396
福建	91	3744. 99	3194. 52	36871
江西	113	2522. 12	1586. 88	29652
山东	154	6212. 90	3953. 15	55180

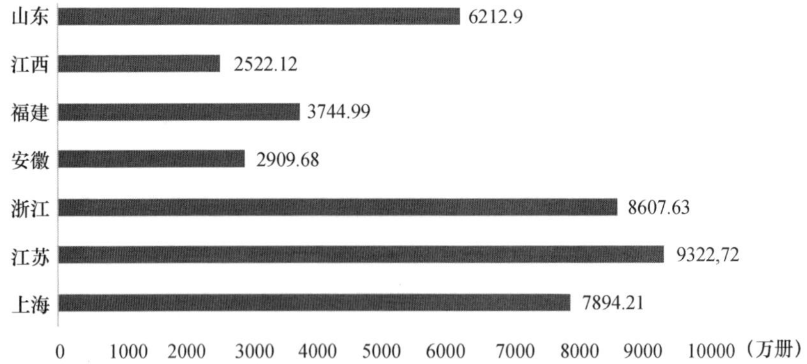

图 2 –9　2018 年华东地区公共图书馆总藏量

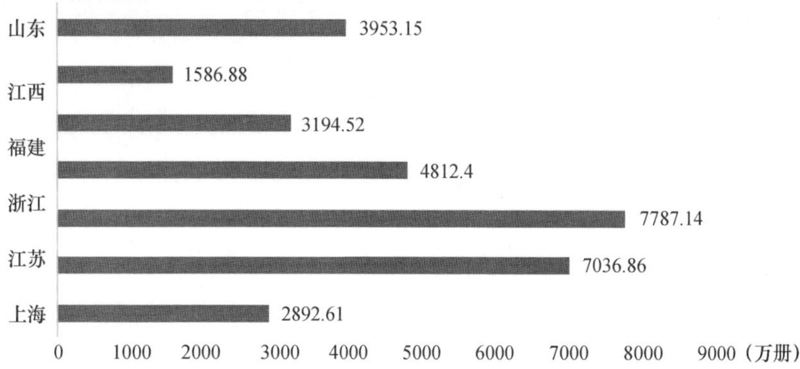

图 2－10　2018 年华东地区公共图书馆电子图书总量

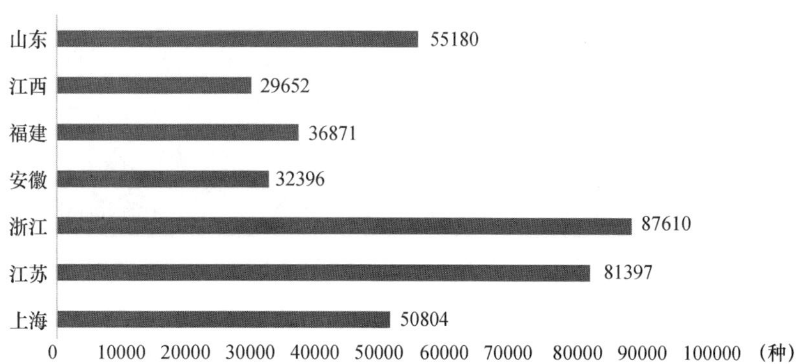

图 2－11　2018 年华东地区公共图书馆购买的报刊种类

表 2－8　2018 年华东地区公共图书馆为读者举办活动

	组织各类讲座（次）	举办展览（个）	举办培训班（个）
上海	2221	459	1699
江苏	4460	1886	3050
浙江	5587	3818	10189
安徽	3396	2028	3061
福建	2451	971	2395
江西	1782	1459	1057
山东	6721	1912	5094

表2－9　　　　2018年华东地区公共图书馆延伸服务情况

	流动图书车（辆）	流动服务书刊借阅（万人次）	流动图书车书刊借阅（万册次）	分馆数量（个）
上海	6	58.03	111	502
江苏	43	100.44	212	6057
浙江	71	319.64	684	2150
安徽	31	105.43	138	1235
福建	25	40.50	101	938
江西	42	112.54	130	533
山东	48	120.16	192	1579

（一）上海

2018年上海公共图书馆总藏量为7894.21万册，电子图书为2892.61万册，购买报刊50804种（见表2－7）。2018年上海公共图书馆组织各类讲座2221次，举办展览459个，举办培训班1699个（见表2－8）。在公共图书馆延伸服务中，上海地区有分馆502个，有流动图书车6辆，流动服务书刊借阅58.03万人次，流动图书车书刊借阅111万册次（见表2－9）。

上海图书馆、上海科学技术情报研究所是全国第一家省市级图情联合体，是大型综合性研究型图书馆，为公众提供免费借阅服务，每年都举办各种全民阅读活动，同时也发挥情报服务的优势，前沿技术、新兴产业、大都市作为重点研究领域，提供科技查新、专利分析、科技评估、竞争情报等服务，处于国内领先水平。

（二）江苏

2018年江苏省公共图书馆总藏量为9322.72万册，在华东地区位列第一。2018年江苏省公共图书馆电子图书为7036.86万册，购买报刊81397种（见表2－7）。2018年江苏省公共图书馆组织各类讲座4460次，举办展览1886个，举办培训班3050个（见表2－8）。在公共图书馆延伸服务中，江苏省有分馆6057个，远超同地区其他省份图书馆分馆数量。江苏省有流动图书车43辆，流动服务书刊借阅100.44万人次，流动图书车书刊借阅212万册次（见表2-9）。

（三）浙江

2018年浙江省公共图书馆总藏量为8607.63万册；电子图书为7787.14万册，位列华东地区第一；购买报刊87610种（见表2-7）。2018年浙江省公共图书馆组织各类讲座5587次，举办展览3818个，举办培训班10189个（见表2-8）。在公共图书馆延伸服务中，浙江省有分馆2150个，有流动图书车71辆，流动服务书刊借阅319.64万人次，流动图书车书刊借阅684万册次（见表2-9）。

（四）安徽

2018年安徽省公共图书馆总藏量为2909.68万册，电子图书为4812.40万册，购买报刊32396种（见表2-7）。2018年安徽省公共图书馆组织各类讲座3396次，举办展览2028个，举办培训班3061个（见表2-8）。在公共图书馆延伸服务中，安徽省有分馆1235个，有流动图书车31辆，流动服务书刊借阅105.43万人次，流动图书车书刊借阅138万册次（见表2-9）。

（五）福建

2018年福建省公共图书馆总藏量为3744.99万册，电子图书为3194.52万册，购买报刊36871种（见表2-7）。2018年福建省公共图书馆组织各类讲座2451次，举办展览971个，举办培训班2395个（见表2-8）。在公共图书馆延伸服务中，福建省有分馆938个，有流动图书车25辆，流动服务书刊借阅40.50万人次，流动图书车书刊借阅101万册次（见表2-9）。

福建省公共图书馆应用“互联网+”提升图书馆服务，创新服务模式、服务内容，打造图书馆服务新业态。20多家图书馆全面采用RFU技术管理，实现图书自助借还。多家图书馆通过电话预约、网上预约、在线阅读等方式提供服务，并设置无障碍通道，开展残障人士上门服务、语音提示服务，实现读者服务方式多元化。福建省图书馆开发公共数字文化服务终端“文化一点通”，有效打通公共文化服务“最后一公里”。

（六）江西

2018年江西省公共图书馆总藏量为2522.12万册，电子图书为

1586.88 万册，购买报刊 29652 种（见表 2－7）。2018 年江西省公共图书馆组织各类讲座 1782 次，举办展览 1459 个，举办培训班 1057 个（见表 2－8）。在公共图书馆延伸服务中，江西省有分馆 533 个，有流动图书车 42 辆，流动服务书刊借阅 112.54 万人次，流动图书车书刊借阅 130 万册次（见表 2－9）。

江西省图书馆创立的“赣图大讲堂、赣图展览、兰兰姐姐故事会、贝贝乐园、少儿‘双有’教育公益影视展播、中华民族传统文化艺术鉴赏、一日图书管理员”等品牌服务项目，以及各种知识竞赛、读书演讲、英语沙龙等常年开展的系列读书活动，丰富了读者的阅读生活，拓展了图书馆的社会功能。开辟的分馆和图书流通站（点）遍布社区、乡镇、学校等，是延伸服务领域的重要工作。

（七）山东

2018 年山东省公共图书馆总藏量为 6212.90 万册，电子图书为 3953.15 万册，购买报刊 55180 种（见表 2－7）。2018 年山东省公共图书馆组织各类讲座 6721 次，举办展览 1912 个，举办培训班 5094 个（见表 2－8）。在公共图书馆延伸服务中，山东省有分馆 1579 个，有流动图书车 48 辆，流动服务书刊借阅 120.16 万人次，流动图书车书刊借阅 192 万册次（见表 2－9）。

山东省图书馆形成了具有鲜明特色的藏书体系。其中轻工、医学、哲学等门类的收藏已达研究级水平，而齐鲁方志专藏、海源阁专藏、易经专藏、山东革命文献等收藏为海内翘楚。“尼山书院”是山东省文化厅在全省创新推进“图书馆＋书院”的公共文化服务模式，并以“尼山书院”命名各级图书馆的书院，以深入开发公共图书馆自身承载的历史与文化资源，增强国学氛围，强化以文化人、以文育人的功能，使图书馆在提供传统公共文化产品的基础上，成为新的文化重镇和精神殿堂，创造中华文化的新辉煌。

四　华中、华南地区公共图书馆

2018 年华中、华南地区（河南、湖北、湖南、广东、广西、海南）公共图书馆基本情况如表 2－10 所示，总藏量如图 2－12 所示，其中广东省总藏量最多。2018 年华中、华南地区公共图书馆各省份电子图书总量如图 2－13 所示，2018 年华中、华南地区公共图书馆购买报刊种类如图 2－14所示，华中、华南地区各省份公共图书馆为读者组织各类讲座、举办展览和培训班情况如表 2－11 所示，延伸服务情况如表 2－12 所示，包括分馆数量、流动图书车数量、流动服务书刊借阅人次、流动图书车书刊借阅册次。

（一）河南

2018 年河南省公共图书馆总藏量为 3168. 70 万册，电子图书为 2162. 42 万册，购买报刊 38050 种（见表 2－10）。2018 年河南省公共图书馆组织各类讲座 4280 次，举办展览 1470 个，举办培训班 1990 个（见表 2－11）。在公共图书馆延伸服务中，河南省有分馆 740 个，有流动图书车 86 辆，流动服务书刊借阅 84. 49 万人次，流动图书车书刊借阅 109 万册次（见表 2－12）。

2018 年 8 月，河南省公共数字文化系列推广活动进基层，先后到商丘、永城和南阳的镇、村举行，讲解如何利用公共文化一体机、个人电脑、宣传页获取数字资源，了解并应用河南省优秀公共数字文化资源。例如，其进行豫图讲坛直播，直播名称是“红四方面军的历史征程”，读者可以通过手机、微信扫码直接观看。

表 2－10　　2018 年华中、华南地区公共图书馆服务情况

	机构数（家）	总藏量（万册）	电子图书（万册）	当年购买的报刊（种）
河南	160	3168. 70	2162. 42	38050
湖北	115	3910. 26	4316. 55	39456
湖南	140	3305. 29	1844. 50	33455
广东	143	9547. 57	6406. 08	95933
广西	116	2749. 94	2607. 78	38038
海南	24	551. 29	934. 42	8603

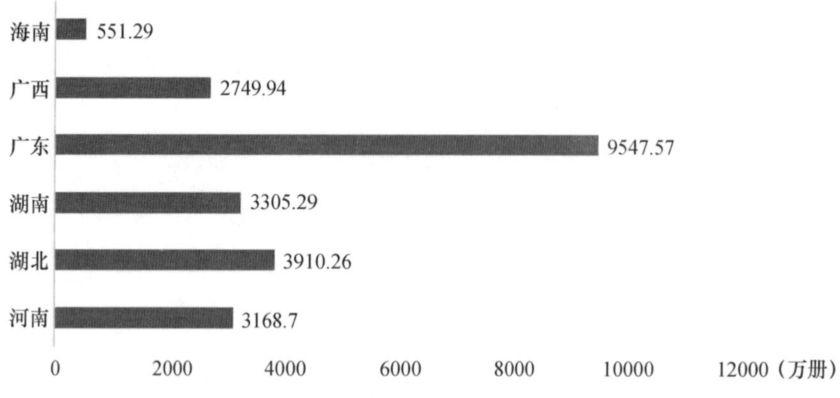

图 2－12　2018 年华中、华南地区公共图书馆总藏量

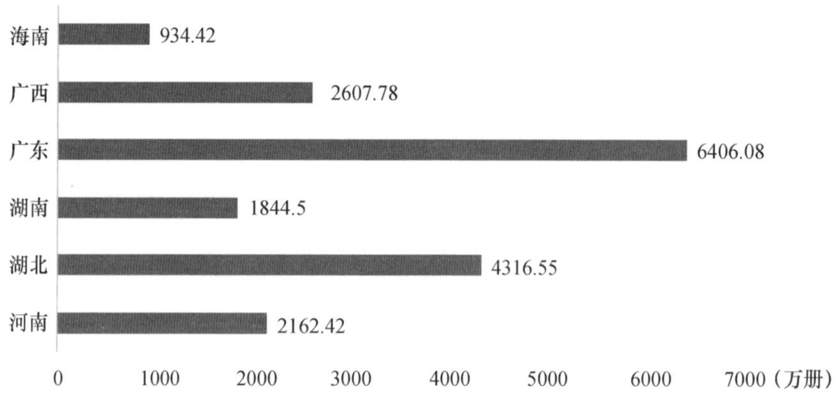

图 2－13　2018 年华中、华南地区公共图书馆电子图书总量

表 2－11　2018 年华中、华南地区公共图书馆为读者举办活动

	组织各类讲座（次）	举办展览（个）	举办培训班（个）
河南	4280	1470	1990
湖北	2554	978	1343
湖南	4408	1106	2721
广东	9996	3096	9437
广西	2021	1012	1733
海南	291	111	1902

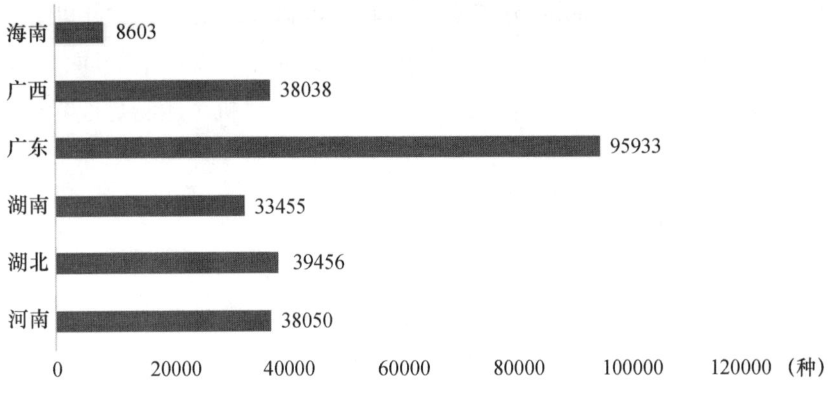

图 2－14　2018 年华中、华南地区公共图书馆购买报刊种类

表 2－12　2018 年华中、华南地区公共图书馆延伸服务情况

	流动图书车（辆）	流动服务书刊借阅（万人次）	流动图书车书刊借阅（万册次）	分馆数量（个）
河南	86	84.49	109	740
湖北	93	162.76	241	687
湖南	54	67.41	106	670
广东	427	190.18	385	1607
广西	48	42.17	91	146
海南	31	6.76	12	22

（二）湖北

2018 年湖北省公共图书馆总藏量为 3910.26 万册，电子图书为 4316.55 万册，购买报刊 39456 种（见表 2－10）。从为读者举办活动的情况来看，组织各类讲座 2554 次，举办展览 978 个，举办培训班 1343 个（见表 2－11）。在公共图书馆延伸服务中，湖北省有流动图书车 93 辆，流动服务书刊借阅 162.76 万人次，流动图书车书刊借阅 241 万册次，分馆数量为 687 个（见表 2－12）。

湖北省图书馆被誉为“楚天智海”，曾荣获“全国文化工作先进集体、国家一级图书馆、省级最佳文明单位”等荣誉称号。新馆设有全国文化信息资源共享工程湖北分中心、湖北省古籍保护中心、少年儿童图书馆、数字图书馆体验区、盲文图书馆、专家研究室以及报告厅、展览厅等，还设置了24小时自助图书馆、读者自助办证机，能满足读者全天候的借阅需求。

（三）湖南

2018年湖南省公共图书馆总藏量为3305.29万册，电子图书为1844.50万册，购买报刊33455种（见表2－10）。从为读者举办活动的情况来看，组织各类讲座4408次，举办展览1106个，举办培训班2721个（见表2－11）。在公共图书馆延伸服务中，湖南省有流动图书车54辆，流动服务书刊借阅67.41万人次，流动图书车书刊借阅106万册次，分馆数量为670个（见表2－12）。

湖南省图书馆依托“湖南地方戏剧资源库”，联合湖南省戏剧家协会，开展“走近经典戏韵三湘——湖南地方戏剧知识进校园”系列活动，为学校的音乐教师和大学生举办湘剧、花鼓戏等知识讲座。湖南省图书馆成立国家级古籍修复技艺传习所。湖南省图书馆加入湖南省智库联盟，研究经济社会发展中面临的理论与实践问题，服务党政决策。目前，湖南省图书馆建有党政机关信息服务平台、人大代表文献信息咨询平台等。湖南省图书馆特色资源有湖湘人物、馆藏字画、湖南家谱、湖南风情、地方文献、潇湘画廊、民俗民风、网上湖南等。

（四）广东

2018年广东省公共图书馆总藏量为9547.57万册，电子图书为6406.08万册，购买报刊95933种（见表2－10）。从为读者举办活动的情况来看，2018年广东省组织各类讲座9996次，举办展览3096个，举办培训班9437个（见表2－11）。在公共图书馆延伸服务中，广东省有流动图书车427辆，流动服务书刊借阅190.18万人次，流动图书车书刊借阅385万册次，分馆数量为1607个（见表2－12）。

广东省立中山图书馆是广东省省级公共图书馆、国家一级馆，建成“报图览粤——清末民初画报中的广东”多媒体资源库并免费对外开放，馆藏古籍共计3万多种47万余册，其中善本3000多种3万余册，藏量居华南地区首位。截至2016年年底，共有172部善本古籍入选《国家珍贵古籍名录》，数量居广东各大公藏单位之首。馆藏广东地方文献十多万种40多万册，包括广东地方志、族谱、广东史料、粤人著述、孙中山文献、报纸、期刊、舆图等，是国内最具规模的广东地方文献中心。

（五）广西

2018年广西的公共图书馆总藏量为2749.94万册，电子图书为2607.78万册，购买报刊38038种（见表2－10）。从为读者举办活动的情况来看，2018年广西组织各类讲座2021次，举办展览1012个，举办培训班1733个（见表2－11）。在公共图书馆延伸服务中，广西有流动图书车48辆，流动服务书刊借阅42.17万人次，流动图书车书刊借阅91万册次，分馆数量为146个（见表2－12）。

广西图书馆联盟是由广西桂林图书馆牵头，广西各公共图书馆、高校图书馆、其他各系统图书馆作为成员馆组建的。目前，广西图书馆联盟共有成员馆51个，其中有桂林等地区公共图书馆43个、高校图书馆8个。

（六）海南

2018年海南省公共图书馆总藏量为551.29万册，电子图书为934.42万册，购买报刊8603种（见表2－10）。从为读者举办活动的情况来看，2018年海南省组织各类讲座291次，举办展览111个，举办培训班1902个（见表2－11）。在公共图书馆延伸服务中，海南省有流动图书车31辆，流动服务书刊借阅6.76万人次，流动图书车书刊借阅12万册次，分馆数量为22个（见表2－12）。

海南省图书馆在做好书刊借阅、课题服务的基础上，发挥资源优势，积极开展“椰树下小书屋”、阅读推广等各种读者活动；开展“馆校合作”，建立社区书屋；创建主题图书馆（分馆），与社会各界广泛合作，建立多种模式的图书流动站。截至2017年年底，馆藏纸质文献164万余册（件），数字资源总量达88.18太字节，注册读者17万余人。

五　西南地区公共图书馆

2018年西南地区（重庆、四川、贵州、云南、西藏）公共图书馆基本情况如表2－13所示，2018年西南地区公共图书馆总藏量如图2－15

所示，四川省总藏量最多，云南省次之。2018 年西南地区公共图书馆各省份电子图书总量如图 2-16 所示，2018 年西南地区公共图书馆购买报刊情况如图 2-17 所示，西南地区各省份公共图书馆为读者组织各类讲座、举办展览和培训班情况如表 2-14 所示，延伸服务情况如表 2-15 所示，包括分馆数量、流动图书车数量、流动服务书刊借阅人次、流动图书车书刊借阅册次。

表 2-13　2018 年西南地区公共图书馆基本情况

	机构数（家）	总藏量（万册）	电子图书（万册）	当年购买的报刊（种）
重庆	43	1807.94	1406.77	28961
四川	204	3948.36	3700.01	50114
贵州	98	1467.02	1707.44	25377
云南	151	2154.09	2794.02	35046
西藏	81	221.06	57.71	5596

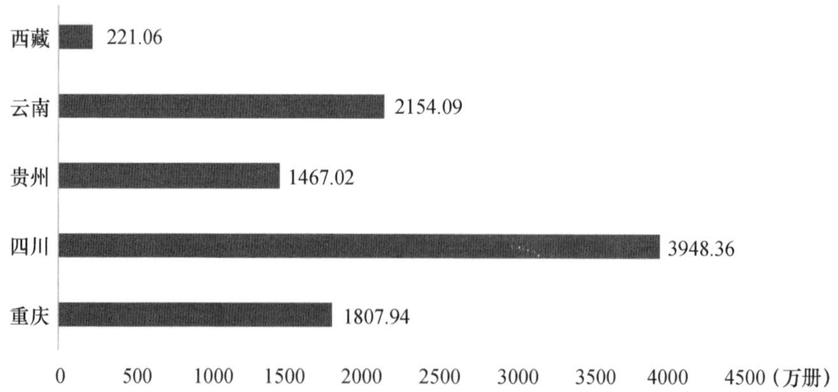

图 2-15　2018 年西南地区公共图书馆总藏量

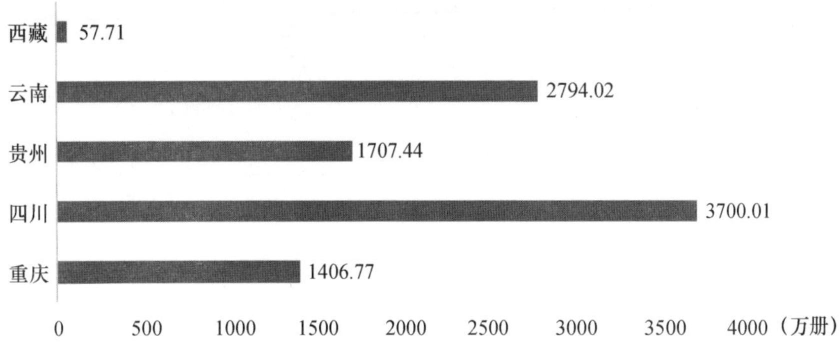

图2－16　2018年西南地区公共图书馆电子图书总量

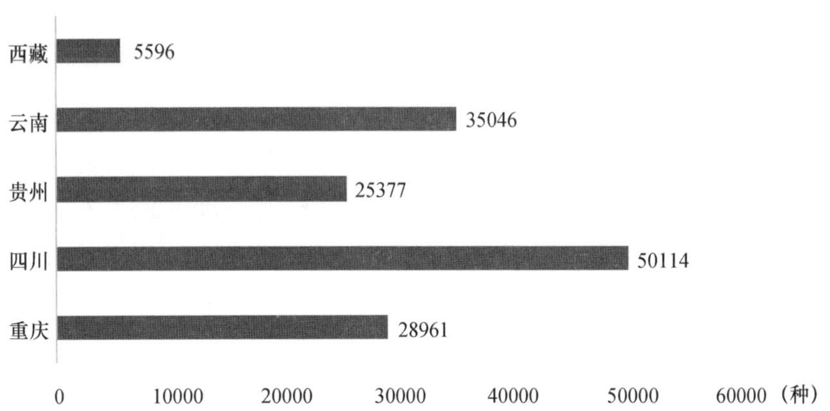

图2－17　2018年西南地区公共图书馆购买报刊种类

表2－14　　2018年西南地区公共图书馆为读者举办活动

	组织各类讲座（次）	举办展览（个）	举办培训班（个）
重庆	1556	1024	1293
四川	2899	1297	1973
贵州	1343	647	768
云南	1708	1134	1369
西藏	67	100	39

表 2－15　　2018 年西南地区公共图书馆延伸服务情况

	流动图书车（辆）	流动服务书刊借阅（万人次）	流动图书车书刊借阅（万册次）	分馆数量（个）
重庆	44	65.06	129.57	1279
四川	129	63.62	95	503
贵州	591	41.80	57.21	321
云南	96	70.33	94.74	299
西藏	75	1.28	1.28	1

（一）重庆

2018 年重庆市公共图书馆总藏量为 1807.94 万册，电子图书总量为 1406.77 万册，购买报刊 28961 种（见表 2－13）。从为读者举办活动的情况来看，2018 年重庆市举办各类讲座 1556 次，举办展览 1024 个，举办培训班 1293 个（见表 2－14）。在公共图书馆延伸服务中，重庆市有流动图书车 44 辆，流动服务书刊借阅 65.06 万人次，流动图书车书刊借阅 129.57 万册次，分馆数量达到 1279 个（见表 2－15）。重庆图书馆流动图书车是重庆市政府文化惠民工程，在 2012 年 5 月正式启动，延伸图书馆的服务半径。此外，重庆图书馆还提供电子书阅读器外借服务，满足当前群众对电子书的需求。

（二）四川

2018 年四川省公共图书馆总藏量为 3948.36 万册，电子图书总量为 3700.01 万册，购买报刊 50114 种（见表 2－13）。从为读者举办活动的情况来看，2018 年四川省举办各类讲座 2899 次，举办展览 1297 个，举办培训班 1973 个（见表 2－14）。在公共图书馆延伸服务中，四川省有流动图书车 129 辆，流动服务书刊借阅 63.62 万人次，流动图书车书刊借阅 95 万册次，分馆数量达到 503 个。

四川省图书馆馆藏丰富，截至 2017 年 12 月，拥有 500 余万册藏书，其中古籍 65 万册、民国文献 22 万册，数字资源达 150 太字节。自建数据库有绵竹年画资源库、藏族唐卡资源库、美味四川资源库、金钱板资源库、四川清音资源库、长征四川记忆资源库。每年都组织汉藏文化交流活动，开设巴蜀讲坛、艺术鉴赏和读者沙龙等品牌活动。

（三）贵州

2018 年贵州省公共图书馆总藏量为 1467.02 万册，电子图书总量为 1707.44 万册，购买报刊 25377 种（见表 2－13）。从为读者举办活动的情况来看，2018 年贵州省举办各类讲座 1343 次，举办展览 647 个，举办培训班 768 个（见表 2－14）。在公共图书馆延伸服务中，贵州省有流动图书车 591 辆，流动服务书刊借阅 41.80 万人次，流动图书车书刊借阅 57.21 万册次，分馆数量达到 321 个。

贵州省图书馆建成 40 余个数据库，资源总量超过 150 太字节。除建有各种馆藏书目数据库外，还建有“贵州府县志、贵州地方文献、贵州省民国图书”等全文数据库和“贵州农民画、贵州公开课、贵州地方特色文化”等视频数据库。馆藏古籍 117638 册，占全省汉文古籍的一半，所藏何应钦的《兵镜》《八阵合变图说》等十几部古籍兵书均属全国稀见珍本或孤本。

（四）云南

2018 年云南省公共图书馆总藏量为 2154.09 万册，电子图书总量为 2794.02 万册，购买报刊 35046 种（表 2－13）。从为读者举办活动的情况来看，2018 年云南省举办各类讲座 1708 次，举办展览 1134 个，举办培训班 1369 个（见表 2－14）。在公共图书馆延伸服务中，云南省有流动图书车 96 辆，流动服务书刊借阅 70.33 万人次，流动图书车书刊借阅 94.74 万册次，分馆数量达到 299 个。

（五）西藏

2018 年西藏公共图书馆总藏量为 221.06 万册，电子图书总量为 57.71 万册，购买报刊 5596 种（表 2－13）。从为读者举办活动的情况来看，2018 年西藏举办各类讲座次数为 67 次，举办展览 100 个，举办培训班 39 个（见表 2－14）。在公共图书馆延伸服务中，西藏有流动图书车 75 辆，流动服务书刊借阅 1.28 万人次，流动图书车书刊借阅 1.28 万册次，仅有 1 个分馆。

西藏自治区图书馆进一步推进古籍普查工作，2018 年 10 月摸清各县寺庙馆藏的古籍藏量和保存条件并进行登记。西藏图书馆以世界读书日为契机，不断延伸社会服务，加强阅读推广，通过开展“阅读引领未来”

读书活动、盲文摸读比赛、数字文化进校园、非遗系列丛书捐赠等系列活动，为奋力推进“书香西藏”建设起到很好的效果。

六 西北地区公共图书馆

西北地区（陕西、甘肃、青海、宁夏、新疆）公共图书馆基本情况如表2－16所示，2018年西北地区公共图书馆总藏量如图2－18所示，陕西省总藏量最多，甘肃省次之。西北地区公共图书馆各省份电子图书总量如图2－19所示，购买报刊情况如图2－20所示，西北地区各省份公共图书馆为读者组织各类讲座、举办展览和培训班情况如表2－17所示，延伸服务情况如表2－18所示，包括分馆数量、流动图书车数量、流动服务书刊借阅人次、流动图书车书刊借阅册次。

表2－16　　2018年西北地区公共图书馆基本情况

	机构（家）	总藏量（万册）	电子图书（万册）	当年购买的报刊（种）
陕西	111	1892.74	3859.26	24939
甘肃	103	1559.95	428.13	20709
青海	51	478.89	229.36	33932
宁夏	27	732.30	409.32	11731
新疆	107	1420.40	644.02	28047

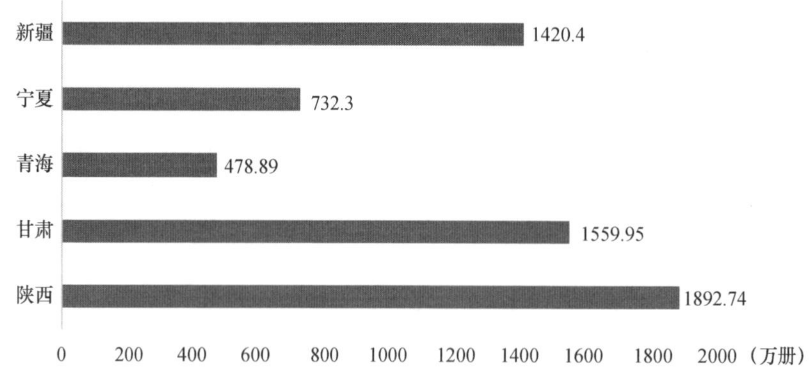

图2－18　2018年西北地区公共图书馆总藏量

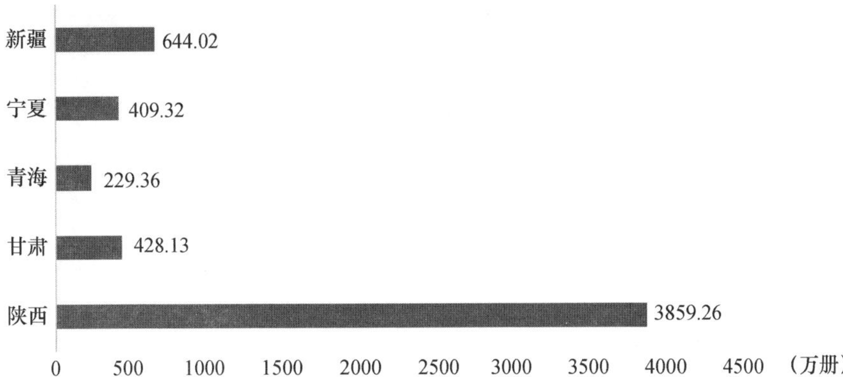

图 2－19　2018 年西北地区公共图书馆电子图书总量

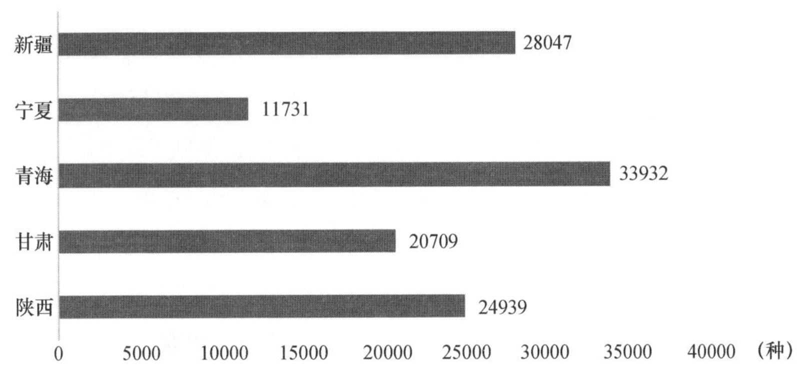

图 2－20　2018 年西北地区公共图书馆购买期刊种类

表 2－17　2018 年西北地区公共图书馆为读者举办活动

	组织各类讲座（次）	举办展览（个）	举办培训班（个）
陕西	1769	1287	1776
甘肃	1307	537	453
青海	242	176	213
宁夏	215	231	173
新疆	699	670	418

表2－18　2018年西北地区公共图书馆延伸服务情况

	流动图书车（辆）	流动服务书刊借阅（万人次）	流动图书车书刊借阅（万册次）	分馆数量（个）
陕西	101	57.49	75	582
甘肃	61	36.41	62	179
青海	51	15.60	27	20
宁夏	14	39.24	75	89
新疆	58	17.02	25	177

（一）陕西

2018年陕西省公共图书馆总藏量为1892.74万册，电子图书总量为3859.26万册，购买报刊24939种（见表2－16）。从为读者举办活动的情况来看，2018年陕西省举办各类讲座1769次，举办展览1287个，举办培训班1776个（见表2－17）。在公共图书馆延伸服务中，陕西省有流动图书车101辆，流动服务书刊借阅57.49万人次，流动图书车书刊借阅75万册次，分馆数量为582个（见表2－18）。如表2－19所示，就陕西省图书馆三个季度服务数据统计情况来看，三个季度接待读者人次呈逐年下降趋势，其中，2018年第二季度最少。网站点击量、数字资源下载浏览量、电子书下载以及办理数字证均以2017年第四季度数量最多，外借人次（含续借）、外借册次（含续借）、办理借书证数量为2018年第一季度最多。

表2－19　陕西省图书馆三个季度服务数据统计

	2017年第四季度	2018年第一季度	2018年第二季度
接待读者人次	743669	715167	666449
外借人次（含续借）	170894	180246	167064
外借册次（含续借）	562459	583484	558205
网站点击量	884415	817433	838521
数字资源下载浏览量	1298236	990899	1127453
电子书下载（册）	159220	148248	151960
办理借书证（个）	9113	9201	7401
办理数字证（个）	1018	821	321

资料来源：陕西省图书馆网站读者服务数据。

以陕西省图书馆为代表，陕西省图书馆截至2017年年底，累计馆藏总量达507万余册（件），其中图书399万余册，古籍32万余册，报刊60.5万余册。另有电子图书359万余册，视听文献、缩微制品等其他文献14.4万余册。目前年入藏新书20.6万余册，年订中外文印刷型报刊5000余种，建筑面积为4.7万平方米，设计藏书容量500万册、阅览座位2000个。自建专题数据库陕甘宁边区事件库，建有陕西省图书馆藏古籍目录检索系统，收录陕西省图书馆藏1912年以前的古籍。

（二）甘肃

2018年甘肃省公共图书馆总藏量达1559.95万册，电子图书总量为428.13万册，购买报刊20709种（见表2－16）。从为读者举办活动的情况来看，2018年甘肃省举办各类讲座1307次，举办展览537个，举办培训班453个（见表2－17）。在公共图书馆延伸服务中，甘肃省有流动图书车61辆，流动服务书刊借阅36.41万人次，流动图书车书刊借阅62万册次，分馆数量为179个（见表2－18）。

甘肃省目前有全国古籍重点保护单位四个，包括甘肃省图书馆、兰州大学图书馆、拉卜楞寺藏经楼和天水市图书馆，甘肃省古籍重点保护单位包括西北民族大学图书馆、敦煌研究院、甘肃简牍保护研究中心、兰州文理大学图书馆和西北师范大学图书馆。自建特色数据库有四库全书研究资源数据库、西北地方文献图像数据库、西北民族宗教史料文摘数据库、丝绸之路文献叙录和沙尘暴研究专题数据库。

（三）青海

2018年青海省公共图书馆总藏量为478.89万册，电子图书总量为229.36万册，购买报刊33932种（见表2－16）。从为读者举办活动的情况来看，2018年青海省举办各类讲座242次，举办展览176个，举办培训班213个（见表2－17）。在公共图书馆延伸服务中，青海省有流动图书车51辆，流动服务书刊借阅15.60万人次，流动图书车书刊借阅27万册次，分馆数量为20个（见表2－18）。

（四）宁夏

2018年宁夏公共图书馆总藏量为732.30万册，电子图书总量为409.32万册，购买报刊11731种（见表2－16）。从为读者举办活动的情况来看，2018 年宁夏举办各类讲座 215 次，举办展览 231 个，举办培训班 173 个（见表 2－17）。在公共图书馆延伸服务中，宁夏有流动图书车 14 辆，流动服务书刊借阅 39.24 万人次，流动图书车书刊借阅 75 万册次，分馆数量为 89 个（见表 2－18）。

（五）新疆

2018 年新疆公共图书馆总藏量为 1420.40 万册，电子图书总量为 644.02 万册，购买报刊 28047 种（见表 2－16）。从为读者举办活动的情况来看，2018 年新疆举办各类讲座 699 次，举办展览 670 个，举办培训班 418 个（见表 2－17）。在公共图书馆延伸服务中，新疆有流动图书车 58 辆，流动服务书刊借阅 17.02 万人次，流动图书车书刊借阅 25 万册次，分馆数量为 177 个（见表 2－18）。

西部省级公共图书馆联盟是在原“西部地区市地州图书馆协作网、中国西部少数民族地区图书情报网、川陕甘滇黔渝图书情报协作网”基础上整合而成，其成员单位遍布中国西部地区 12 个省份，旨在统筹、协调中国西部地区公共图书馆资源，促进区域内公共图书馆之间资源共享、协作联动、互补多赢。

第四节　高校图书馆服务现状

高校图书馆是图书馆的重要类型之一，是为教学和科研服务的重要机构，高校图书馆服务体系正在转型。一方面，进入信息时代，用户逐渐掌握获取互联网上信息的多样化渠道，高校图书馆以“文献信息中心”为核心的传统服务体系受到极大冲击，需要创新服务以谋求出路；另一方面，用户群体的逐步扩大、信息需求的日益提升，要求高校图书馆融合信息技术，开展支持高校建设、参与公共文化建设的新型服务。在此背景下，中国高校图书馆展开积极的尝试，进行服务体系的改革和发展。基于高校图书馆服务的内涵，对中国高校图书馆服务体系的研究和建设现状进行调查并分析，为进一步深化服务提供参考。

一　研究思路与数据来源

（一）研究思路

第一，结合文献调查法和科学计量法，了解当前高校图书馆服务主要内容，以此设计调查具体框架。

第二，本书根据教育部公布的数据开展研究，截至2019年6月，中国高校总数为2956所，普通高等学校为2688所（含独立学院257所），成人高等学校为268所。在这些高校中，根据研究需要，本书选取两种方法对2956所高校进行随机抽选，即采用高校随机抽选方法一、高校随机抽选方法二的思路开展调查分析。

高校随机抽选方法一。在这些高校中，笔者结合地域与高校权重等多因素的考虑，随机抽取部分代表性高校图书馆作为调查对象。分别从42所一流大学建设高校、95所一流学科建设高校、非“双一流”高校中抽取20家高校。

高校随机抽选方法二。本书采用随机抽样中的“等距抽样”方法在2956所高校中进行抽样，即以教育部公布的“学校标识码”为依据对高校进行升序排序，以1—2956对其进行编号，然后随机地抽取一个编号作为样本的第一个单元，样本的其他单元则按照等距原则进行抽取。

第三，按照调查框架，通过网络调查法和文献调查法，获取上述高校图书馆服务体系现状信息，加以汇总和简要分析。

第四，总结中国高校图书馆服务体系建设现状，对其进一步深化发展提出建议。

（二）高校随机抽选方法一的数据来源

研究数据主要来源于中国知网“中国学术期刊全文数据库”、高校图书馆网站、微信公众号、微博。用于文献调查和科学计量分析的文献和数据来源于中国知网“中国学术期刊全文数据库”。检索来源为核心期刊，以“高校图书馆”和“服务现状”为检索式检索2015—2020年8月12日的文献131篇，经过筛选去重，获取115篇作为这部分研究样本和阅读文献。

由于中国高校数量众多，本书综合考虑高校建设水平和所处地域，随机抽取二十家高校图书馆作为调查对象。其中，一流大学建设高校十所：北京大学、吉林大学、复旦大学、南京大学、浙江大学、中山大学、武汉大学、重庆大学、西安交通大学、兰州大学；一流学科建设高校五所：北京邮电大学、暨南大学、东北师范大学、南京农业大学、陕西师范大学；非“双一流”高校五所：上海理工大学、南京工业大学、深圳大学、黑龙江大学、武汉科技大学。

（三）高校随机抽选方法二的数据来源

研究数据主要来源按照“等距抽样”方法，以“学校标识码”为依据，从 2956 所高校中选取 30 所高校作为第一组研究样本，具体名单如表 2－20 所示，此组样本命名为“随机组”。其中包含普通本科学校 14 所、普通专科学校 13 所、成人高等学校 3 所，所在行政区域涵盖 19 个省、两个自治区、4 个直辖市，样本的选取覆盖面广，具有普遍性。另外，为便于研究国内图书馆学学科理论发展及实践应用比较靠前的高校图书馆，在中国学科期刊指标分析平台（CESI）中以 2008—2018 年“图书情报与档案管理”学科的中外文期刊发文的引证量进行排序，选取排名靠前的 10 所高校作为第二组研究样本名单（见表 2－21），此组样本命名为“前沿组”。这 10 所学校在图书馆学的学科发展上走在全国前列，其中 8 所属于教育部直属高校，在图书馆学以及大数据的研究和发展上都具有相对优势，这组样本在高校图书馆的发展中具有代表性。对以上两组高校图书馆进行调研，来分析大数据环境下高校图书馆的发展现状。

表 2－20　　30 所第一组研究样本高校

序号	学校名称	学校标识码	主管部门	所在地	办学层次	备注
1	清华大学	4111010003	教育部	北京市	本科	
2	天津职业技术师范大学	4112010066	天津市	天津市	本科	
3	衡水职业技术学院	4113012786	河北省	衡水市	专科	
4	山西水利职业技术学院	4114012892	山西省	运城市	专科	
5	大连理工大学	4121010141	教育部	大连市	本科	

续表

序号	学校名称	学校标识码	主管部门	所在地	办学层次	备注
6	大连汽车职业技术学院	4121014228	辽宁省教育厅	大连市	专科	民办
7	齐齐哈尔医学院	4123011230	黑龙江省	齐齐哈尔市	本科	
8	上海立达职业技术学院	4131012587	上海市教委	上海市	专科	民办
9	常州纺织服装职业技术学院	4132012807	江苏省	常州市	专科	
10	浙江工商大学	4133010353	浙江省	杭州市	本科	
11	蚌埠医学院	4134010367	安徽省	蚌埠市	本科	
12	安徽汽车职业技术学院	4134014298	安徽省	合肥市	专科	
13	南昌大学	4136010403	江西省	南昌市	本科	
14	山东科技大学	4137010424	山东省	青岛市	本科	
15	山东电子职业技术学院	4137013856	山东省	济南市	专科	
16	鹤壁职业技术学院	4141012793	河南省	鹤壁市	专科	
17	湖北汽车工业学院	4142010525	湖北省	十堰市	本科	
18	湖北铁道运输职业学院	4142014553	湖北省	武汉市	专科	
19	湖南信息学院	4143013836	湖南省教育厅	长沙市	本科	民办
20	广东岭南职业技术学院	4144012749	广东省教育厅	广州市	专科	民办
21	广西财经学院	4145011548	广西壮族自治区	南宁市	本科	
22	重庆城市管理职业学院	4150012758	重庆市	重庆市	专科	
23	成都理工大学工程技术学院	4151013668	四川省教育厅	乐山市	本科	民办
24	贵州建设职业技术学院	4152014516	贵州省	贵阳市	专科	
25	西安交通大学	4161010698	教育部	西安市	本科	
26	河西学院	4162010740	甘肃省	张掖市	本科	
27	新疆兵团警官高等专科学校	4165013563	新疆生产建设兵团	五家渠市	专科	
28	四平农村成人高等专科学校	4222050249	吉林省			成人高校
29	湖北兵器工业职工大学	4242050717	湖北省			成人高校
30	新疆生产建设兵团广播电视大学	4265051210	新疆生产建设兵团			成人高校

表 2－21　　全国 10 所图书馆学学科发展较好高校

序号	学校名称	学校标识码	主管部门	所在地	办学层次
1	武汉大学	4142010486	教育部	武汉市	本科
2	北京大学	4111010001	教育部	北京市	本科
3	南京大学	4132010284	教育部	南京市	本科
4	中山大学	4144010558	教育部	广州市	本科
5	南开大学	4112010055	教育部	天津市	本科
6	上海大学	4131010280	上海市	上海市	本科
7	中国人民大学	4111010002	教育部	北京市	本科
8	吉林大学	4122010183	教育部	长春市	本科
9	华东师范大学	4131010268	教育部	上海市	本科
10	黑龙江大学	4123010212	黑龙江市	哈尔滨市	本科

二　高校图书馆服务体系调查内容分析

（一）方法一的数据分析

针对高校图书馆服务体系现状，笔者选取 115 篇研究文献为数据，借助中国知网计量可视化分析功能中的关键词共现网络，将节点出现频次设置为 3，得到关键词共现图。关键词共现图通过连线，将关键词汇聚成一个个紧密的“团体”，归纳这些“团体”，可以总结出相关领域的研究主题。

处于最中心位置，也是出现频次最多的是“信息服务”。这表示信息服务成为高校图书馆服务体系转型的侧重点与大方向。除此之外，当前研究大致形成七个簇，分别以“知识产权信息、科技查新、信息共享空间、社会服务、信息素养教育、移动服务、微信服务”为中心。关键词汇聚的“团体”，代表研究的某一主题。将每簇中的关键词加以分析总结，合并“知识产权信息”和“科技查新”，得出相应的五个主要研究主题：科研支持服务、空间服务、社会服务、教育支持服务、移动服务。此外，笔者通过阅读文献（所选 115 篇研究文献），对研究主要内容进行补充。除上述归纳的五个主题外，当前研究内容还涉及智慧服务、智库服务、社会文化服务等。

综合以上分析，笔者将高校图书馆服务主要内容分为三个维度，即对象维度、目标维度、方式维度。以这三个维度为基础，建立现状调查的内容框架。其中，服务的对象维度包括面向本校师生服务、面向社会服务；服务的目标维度包括科研支持服务、教学支持服务、决策支持服务；服务的方式维度包括智慧服务、移动服务、空间服务。

笔者通过图书馆网站信息、微信公众号、微博账号，图书馆年度报告、图书馆阅读报告，辅以文献补充阅读，对抽取的20所高校图书馆进行调查。其中黑龙江大学图书馆网站无法进入，微信公众号只提供座位预约服务，亦未开通微博账号，因此难以获得服务详情。除此之外，其他19所高校图书馆服务体系现状如表2－22所示。

表2－22　　20所高校图书馆服务体系现状调查

	服务对象		服务目标			服务方式		
	本校师生	社会服务	科研支持	教学支持	决策支持	智慧服务	移动服务	空间服务
北京大学图书馆	√	√	√	√	√	√	√	√
吉林大学图书馆	√	√	√			√	√	√
复旦大学图书馆	√	√	√	√	√	√	√	√
南京大学图书馆	√	√	√	√		√	√	√
浙江大学图书馆	√	√	√		√	√	√	√
中山大学图书馆	√	√	√			√	√	√
武汉大学图书馆	√	√	√			√	√	√
重庆大学图书馆	√	√	√	√		√	√	√
西安交通大学图书馆	√	√	√			√	√	√
兰州大学图书馆	√	√	√		√	√	√	√
北京邮电大学图书馆	√	√	√		√	√	√	√
暨南大学图书馆	√	√	√			√	√	√

续表

	服务对象		服务目标			服务方式		
	本校师生	社会服务	科研支持	教学支持	决策支持	智慧服务	移动服务	空间服务
东北师范大学图书馆	√	√	√		√	√	√	√
南京农业大学图书馆	√	√	√			√	√	√
陕西师范大学图书馆	√		√	√		√	√	√
上海理工大学图书馆	√	√	√			√	√	√
南京工业大学图书馆	√	√	√			√	√	√
深圳大学图书馆	√	√	√			√	√	√
黑龙江大学图书馆	*	*	*	*	*	*	*	*
武汉科技大学图书馆	√		√			√		√

1. 服务对象

高校图书馆服务体系转型的重要一环就是服务群体范围的扩大。众多高校图书馆纷纷打破以往只服务于本校师生的固有观念，将目光投向社会。校外普通公众、校外研究人员或机构、政府、企业等主体逐渐被纳入图书馆服务对象范畴。通过向校外人员开放借阅权限、开展面向社会的教学和培训、向各类组织和个人提供知识服务，高校图书馆将越来越多的服务项目对校外开放。如表 2－23 所示，在调查的高校图书馆中，10 所一流大学建设高校图书馆均面向普通公众和校外研究人员或机构提供服务，5 所一流学科建设高校中仅有陕西师范大学图书馆未向校外提供服务，4 所非“双一流”高校图书馆均未同时面向校外公众、研究人员或机构提供服务。由此可见，在“双一流”高校中，图书馆基本已经普及对校外各类人员的服务，全面发挥社会服务功能。此外，一些高校图书馆将服务延伸至政府机构和企业，为其提供查新、知识产权、情报等服务。例如，重庆大学图书馆、浙江大学图书馆、南京农业大学图书馆面向政府机构、企业、科研院所开展科技查新相关服务，武汉大学图书馆为企事业单位、地方经济产业发展提供知识产权信息服务。

然而，高校图书馆向校外提供的服务深度各有不同，服务广度也并不乐观。尤其是对普通公众而言，高校图书馆对普通公众提供的网络资源，基本仅是极少部分的免费资源或培训材料。同时，19 所高校图书馆许可校外人员办理本馆借阅证的仅有 11 所，但基本为临时借阅证，办理手续复杂（如需提供单位证明或社区证明），需要额外的服务费或押金，同时也设置限制条件和不同权限。

2. 服务目标

有学者指出，科研支持服务是由学科服务、知识服务等图书馆服务深化发展而来。① 科研支持服务是将这些服务中有关科研的部分提取出来，重新整合。本书以科学研究的过程为线索，将高校图书馆的科研支持服务分为科研资源导航、培训与教育、科学数据服务、科研论文指导、成果检索与分析、数据存储六部分。

表 2－23　　部分高校图书馆服务对象一览

	本校人员	普通公众	校外研究者或机构
北京大学图书馆	√	√	√
吉林大学图书馆	√	√	√
复旦大学图书馆	√	√	√
南京大学图书馆	√	√	√
浙江大学图书馆	√	√	√
中山大学图书馆	√	√	√
武汉大学图书馆	√	√	√
重庆大学图书馆	√	√	√
西安交通大学图书馆	√	√	√
兰州大学图书馆	√	√	√
北京邮电大学图书馆	√	√	√
暨南大学图书馆	√	√	√

① 袁红军：《“双一流”高校图书馆科研服务现状及发展对策研究》，《图书馆学研究》2019 年第 23 期。

续表

	本校人员	普通公众	校外研究者或机构
东北师范大学图书馆	√	√	√
南京农业大学图书馆	√	√	√
陕西师范大学图书馆	√		
上海理工大学图书馆	√	√	
南京工业大学图书馆	√		√
深圳大学图书馆	√	√	
武汉科技大学图书馆	√		

如表2－24所示，笔者调查的所有高校图书馆均提供不同程度的科研支持服务。从具体内容看，这些图书馆的服务各有侧重，很多已经发展出独有特色。例如，北京大学图书馆的科研数据管理栏目和GIS数据服务，帮助用户掌握使用数据和整理数据的能力，另外还新加入数据验证等功能；武汉大学图书馆建立起服务平台，以帮助用户保存、管理和共享数据；兰州大学图书馆为科研团队提供科研产出及影响力分析，为科研团队提出发展建议。

当然，目前的科研支持服务还存在很大空白。除北京大学图书馆、复旦大学图书馆和武汉大学图书馆涉及表2－24中所列的全部服务内容外，其余高校图书馆在服务内容上均有所缺失。其中，科研数据服务仅有4所高校的图书馆展开。数据存储服务方面，大部分图书馆仅建立本校的文库，建立专门机构知识库的则只有北京大学图书馆、武汉大学图书馆、重庆大学图书馆、兰州大学图书馆、北京邮电大学图书馆等。

其一，教学支持服务。除传统嵌入教学的素养教育服务外，高校图书馆开展的新型服务并不多。目前，在19所高校图书馆中，将教学支持服务单独设置一个版面模块的仅有4所，其他高校图书馆通常将这类服务分散在学科服务、素养教育、读者服务中，服务内容也基本是传统素养教育服务和学习培训。但在将其单独列出的几所高校图书馆中，因已经将其作为服务的大方向加以建设，这几所图书馆已经初步取得成果。例如，北京大学图书馆在这一版面模块发展出丰富的内容，分为一小时讲座、体验与创新服务、宣传推广活动、数字加工服务四个方面；复旦大学图书馆建立了中外教材、教参书系统。此外，陕西师范大学图书馆虽然未单独划分教学支持版面模块，但其专家导引室独具特色，通过师生互动与交流，帮助研究生解决学习和科研问题，提高其相关能力。

表 2－24　部分高校图书馆科研支持服务现状

	科研资源导航	培训与教育	科学数据服务	科研论文指导	成果检索与分析	数据存储
北京大学图书馆	√	√	√	√	√	√
吉林大学图书馆	√	√		√	√	√
复旦大学图书馆	√	√	√	√	√	√
南京大学图书馆	√	√		√	√	
浙江大学图书馆	√	√	√	√	√	
中山大学图书馆	√	√		√	√	√
武汉大学图书馆	√	√	√	√	√	√
重庆大学图书馆	√	√		√	√	√
西安交通大学图书馆	√	√		√	√	
兰州大学图书馆	√	√		√	√	√
北京邮电大学图书馆	√	√		√	√	√
暨南大学图书馆	√	√		√	√	√
东北师范大学图书馆	√	√		√	√	√
南京农业大学图书馆	√	√		√	√	√
陕西师范大学图书馆	√	√		√	√	√
上海理工大学	√			√	√	
南京工业大学图书馆	√	√		√	√	
深圳大学图书馆	√	√			√	√
武汉科技大学图书馆	√	√				√

其二，决策支持服务。目前主要有面向科研团队、学校各单位、企事业单位、政府机构的情报信息服务或智库服务。其本质是基于数据的知识和情报的转化，为相关单位的决策提供支持。高校图书馆开展智库服务主要有两种形式：参与智库建设的服务和智库型服务。前一种形式

较为常见，图书馆为学校智库建设提供相关信息资源；后一种形式是图书馆自身独立展开智库服务，实践案例相对较少。在19所高校图书馆中，10所一流大学建设高校图书馆中有4所提供决策支持服务，5所一流学科建设高校图书馆中仅有2所提供决策支持服务，4所非“双一流”高校图书馆均未开展相关服务，具体如表2－25所示。

表2－25　部分高校图书馆决策支持服务内容

	栏目名称	服务内容
北京大学图书馆	学科分析报告	定期分析北京大学的科研影响力和学科竞争力，并形成报告
复旦大学图书馆	情报研究	为图书馆、学校职能机构、机关部处、院系单位提供基础数据和决策支持服务，出具各类与科研成果相关的分析与评估报告
浙江大学图书馆	决策咨询	为学校、学部、院系、科研院所等单位的规划决策、学科评估、建设发展等过程提供基于事实数据、信息情报等的调研与分析服务
兰州大学图书馆	情报分析研究	通过文献计量数据监测跟踪科学研究的发展状况和演变态势，为学校科学研究、技术创新和科研管理提供信息支持
北京邮电大学图书馆	情报分析服务	为学科、团队、实验室等提供基于文献计量的决策信息支持与评价咨询服务
东北师范大学图书馆	科研分析报告	为学校、院系、科研团队、师生个人提供学科竞争力分析、科研竞争情报分析服务

3. 服务方式

其一，智慧服务。智慧服务是在下一代图书馆系统的统筹下，通过智慧图书馆为用户带来各项智慧服务，包括智慧咨询、智慧借阅、智慧资源导航、智慧空间、个性化定制服务等。当前的高校图书馆已经或多或少地开始尝试智慧服务，但距离真正的智慧服务还有相当长一段距离。在被调查的高校图书馆中，智慧服务水平较高的，是已经初步建成下一代图书馆系统的南京大学图书馆。该图书馆依托 NLSP 下一代图书馆管理系统，提供智慧盘点、智慧问答、室内定位等智慧服务，处于国内领先水平。而其他高校图书馆还未将智慧服务作为专项服务去建设发展。

其二，移动服务。移动服务是图书馆提供服务的一种形式，通过这种形式，用户可以借助移动设备接受图书馆服务。[①] 从短信平台到移动网站、社交媒体平台，移动服务使用户可以随时随地享受图书馆绝大多数的服务。早在 2010 年，北京大学图书馆已经利用短信平台提供移动检索和阅读、个性化定制等服务。目前，被调查的 19 所高校图书馆均开通了微信公众号服务平台，提供简单的个人信息绑定、图书查询、活动预告等服务。同时，有 11 所高校图书馆能够提供匹配手机等移动终端设备屏幕的图书馆网页。而提供图书馆 App 的有 10 所，有些是独立 App，也有高校图书馆依托学习通、超星等平台提供移动服务。陕西师范大学图书馆虽然也涉及移动服务，但仍借助短信平台实现借阅。值得一提的是，武汉科技大学图书馆开发了微信小程序，为用户提供一系列图书馆服务。

其三，空间服务。空间服务指在图书馆中“与藏书关联不多，旨在为读者提供学习、研究、交流的文化场所”。[②] 例如，北京大学图书馆的音乐赏析区、数字应用体验区、文化工作坊等，南京农业大学图书馆供师生研究交流的信息共享空间，具体如表 2 – 26 所示。当前高校图书馆空间服务种类繁多，大多可以在网上进行预约，方便用户使用。尤其是新型的信息共享空间，这种空间一般配置计算机、有线电视、投影仪等设施及常用的专业软件，为用户提供信息交互和共享的场所。但受限于经费和服务理念，这种形式的空间服务尚不多见。大多数空间服务的设施和服务水平较低。“双一流”高校图书馆的空间服务一般较具特色，而非“双一流”高校图书馆的空间服务则多是传统的研讨室。

总体看来，中国高校图书馆基本已经开始服务体系的转型。从服务对象看，服务群体已经扩大到校外；从服务内容看，图书馆服务由单纯

① 郭亚军、孟嘉、胡雅悦：《中美一流大学图书馆移动服务比较研究》，《图书情报工作》2019 年第 11 期。

② 肖珑：《后数图时代的图书馆空间功能及其布局设计》，《图书情报工作》2013 年第 20 期。

的文献信息服务向深度的知识服务、智慧服务发展；从服务手段看，图书馆将信息技术、多媒体等元素融入服务，方便用户使用服务。然而，当前的服务在广度和深度上仍有欠缺。服务人群虽扩大到校外，但服务内容单一，对校外人员利用高校图书馆资源亦有诸多限制。服务内容虽多样，但在网站上分布零散，划分不清，阻碍了用户对其的了解和利用。服务形式虽逐渐多样，但设施和资金的不足令其难以进一步发展。而“双一流”和非“双一流”高校整体差距也较为明显，非“双一流”高校在服务体系的创新上大都处于初级水平。

表 2－26　　部分高校图书馆空间服务现状

	服务内容
北京大学图书馆	音乐赏析区、数字应用体验区、文化工作坊
暨南大学图书馆	朗读亭、研修间、讨论空间、论文撰写专区、创智坊、培训空间
浙江大学图书馆	信息共享空间
西安交通大学图书馆	iLibrary Space、学习与辅导空间、星空报告厅
南京农业大学图书馆	1902 信息共享空间
深圳大学图书馆	学习空间、读者沙龙、咖啡屋

（二）方法二的数据分析

根据高校随机抽选方法二的数据来源表 2－20、表 2－21 中的数据，通过对“随机组”与“前沿组”这两组高校图书馆进行调研，分析大数据环境下高校图书馆的发展现状。

1. 指标的选取

根据反映图书馆服务情况的要素，结合大数据环境的特点，笔者选取以下六个大类来分析高校图书馆的发展现状：组织结构现状、馆藏资源现状、教育服务现状、智慧服务现状、空间服务现状、文化建设现状。

（1）组织结构现状

图书馆的组织结构表明其对工作任务如何分工、分组和协作，其本质是为实现图书馆服务读者的战略目标而采取的一种分工协作体系。高校图书馆中不同的组织结构反映其工作任务、工作重点以及协作方式的不同。对大数据环境下高校图书馆的组织结构现状进行分析的意义在于，一是体现图书馆的管理形态，二是体现图书馆的任务分工，三是通过部门设置体现图书馆服务的主要发展方向。

（2）馆藏资源现状

馆藏一直是图书馆工作的重点，是图书馆服务的基础。图书馆会根据不同的发展形势，制定不同的馆藏发展策略。高校图书馆的馆藏资源分为纸质资源和数字资源，主要体现在藏书册数和数据库个数两个指标上。另外，馆藏资源中的特色资源是反映图书馆工作特征的重要内容，如古籍、特藏、自建文献、自建数据库等特色资源。

（3）教育服务现状

图书馆在高校机构设置中的定位属于教辅机构，其主要任务是服务于高校的教学与科研。在大数据环境下，高校图书馆服务于教学与科研的职能除传统的图书流通与阅览外，主要体现在科研情报服务、创新创业服务、信息素养教育、慕课（MOOC）教育、机构知识库等前沿领域。

详细来说，科研情报服务包括但不限于学科服务、科技查新、查收查引、代查代检、数据服务、知识产权服务等一系列为高校的科学研究提供情报服务的工作内容。

为加强大学生创新创业教育，培养创新创业能力，高校图书馆开始关注为读者提供基于馆藏资源与图书馆空间再造的创新创业服务，体现在为创新创业者们提供的信息服务与创客空间等。

信息素养教育指为启发人的信息意识、提高人的信息能力、提升人的信息道德水平所进行的一系列社会教育和培训活动。其目的不仅是培养人们的信息检索技能和计算机应用技术，更重要的是培养人们对现代信息环境的理解能力。

慕课（MOOC）即大规模开放在线课程，是“互联网＋教育”的产物。课程不是搜集，而是一种将分布于世界各地的授课者和学习者通过某一个共同的话题或主题联系起来的方式方法。高校图书馆承担着“第二课堂”的教育责任，在工作实践中为在校师生搜集整理各类文献、数据库等教育资源，已有部分高校图书馆开展慕课（MOOC）教育专栏，旨在为大学生提供自主选择的、开放式的学习课程。

机构知识库是一种基于全球开放理念的新型知识组织与传播的门户，便于全球学者、机构之间的学术交流与分享。它是一个机构建立的，以网络为依托，以收集、整理、保存、检索、提供利用为目的，以本机构成员在工作过程中所创建的各种数字化产品为内容的知识库。

（4）智慧服务现状

智慧图书馆的服务是指图书馆可以在任何时间和地点为读者提供随时需要的服务。随着大数据技术的发展，图书馆的智慧服务已经在逐步实现。在大数据时代，智慧服务给用户带来多种体验和更高的服务质量，智慧服务是绝对不可或缺的，并且是图书馆行业的立身之本和发展之源。

笔者查阅图书情报领域学者的研究成果，结合中国图书馆发展的实际情况，选取自助借还、移动图书馆、一站式知识服务检索、RFID、个性化信息推送、智能机器人等指标进行分析。

图书馆自助借还书设备是通过与图书馆自动化系统数据相连接，由读者自行借还馆内图书资料；帮助图书馆在有限的人力资源条件下，增进图书流通速率、简化借还流程，进而提高图书馆从业人员工作效率及服务品质的一种自助设备。目前，图书馆使用的自助借还书设备通常支持使用 RFID 芯片借还和条码扫描借还，并与图书馆后台管理系统实现无缝对接。

在大数据发展的时代背景下，移动图书馆通常指在移动终端上可以访问和使用图书馆资源的系统，用户只要下载移动图书馆客户端，与图书馆建立关联，就可以随时访问图书馆，随时获取图书馆的电子资源，常见的有微信图书馆。微信图书馆是依托腾讯公司旗下微信公众号的上线而产生的，图书馆可在微信平台上实现和特定群体的文字、图片、语音、视频的全方位沟通、互动，形成一种主流的线上线下互动服务方式。

一站式知识服务检索主要体现为对图书馆馆藏资源的整合检索，区别于传统的检索方式，即根据不同的检索要求，进入相应的检索界面分层搜索。传统的检索服务很难在效率和效度上满足人们获取信息的需求，而在大数据技术应用下能够很好地解决这一问题，帮助人们在便捷、高效的“一站式”发现服务中满足多样化的学术需求，能够有效地支撑科研、教育、学术等方面的信息应用。

随着时代的不断前进，咨询文化愈加发达，知识经济现象也日益显著，图书馆已成为咨询服务的要地。而中大型的图书馆由于进出人数众多，以及大量的馆藏图书，经常遇到诸如图书失窃、长时间排队借还书、无法快速准确的盘点图书等问题。实施 RFID 管理系统，就可解决这些问题，并实现如下功能：首先，读者可自助借、还书；其次，可快速盘点作业；最后，有防盗门禁系统。

个性化是指为适应特定个体而提供的服务，有时与一组或一群个体绑定。随着科技的发展，个性化的信息推送服务已经引起人们的广泛关注，现阶段信息推送服务已广泛应用到数字图书馆中，多数体现在各个数据库系统、手机图书馆 App 系统集成的功能上。图书馆个性化信息推送更好地满足用户的个性化信息需求，表现在根据读者阅读爱好和阅读习惯，主动给读者提供可能需要的阅读资源。

近年来，在全球“机器取代人工”大趋势下，图书馆管理也逐步进入智能化管理的新模式。图书馆顺应时代的发展及服务创新需求，正从数字化向智能化迈进，智能服务机器人的到来将开启图书馆智能化的时代，现在机器人可以实现信息查询、人机交互、自主借书等功能。例如，现阶段应用较为成熟的主要包括深圳盐田区图书馆的中智科创安保服务机器人“欢欢”和清华大学图书馆的“小图”机器人。“欢欢”具备图书信息查询、自主借书服务、个性化的人机交互等功能，同时还兼具 24 小时移动安保监控，异常报警系统，可谓“文武全能”。“小图”则具有学习与记忆的功能，能够实现智能人机交互，甚至无障碍交流。

（5）空间服务现状

20 世纪 90 年代，图书馆界围绕“作为空间的图书馆”（Library as Space）及“作为场所的图书馆”（Library as Place）开始学术探讨与学术研究。虽然随着网络计算机技术的发展，读者越来越习惯于电子化阅读，图书馆纸本馆藏借阅量逐年减少，但仍有众多学生来到图书馆内寻找学习、社交、休闲的空间。馆舍空间逐渐成为图书馆的核心价值之一，高校图书馆不得不重新思考其角色与职能的定位。甚至有学者提出“空间即是服务”（Space as Service）的理念，实体馆舍空间从图书馆服务的载体转变为图书馆核心服务之一。在新的信息技术、数字化时代，开放知识环境、科技与人文融合，以及文明复兴的大背景下，传统图书馆物理空间、社会空间、文化空间的重新定位与积极改造，促进图书馆空间IT化、空间多元化、空间体验化、空间意义化、空间人性化。①

本书主要考察图书馆除传统的借阅室、阅览室以外的新型空间服务，如美国公共图书馆中新兴的创客空间，华东师范大学的创意空间、影视欣赏室等。

（6）文化建设现状

图书馆是校园文化的重要组织部分，在大数据环境下，文化平台的重要组成部分——高校校园文化建设正在发生巨大的变革。本部分构建高校图书馆文化的指标体系包括高校制度、物质文化、精神文化三个一级指标，其中校园物质文化建设是重中之重。研究发现，高校图书馆文献资源建设的保障、数字资源建设到知识资源挖掘、馆员与读者（用户）构成的合理性、图书馆核心价值观的公信度、馆藏数据资源分布的合理性、服务周期与服务时间、图书馆服务的道德规范、图书馆业务素质等是高校图书馆文化建设的重要方面。研究结果对合理推进高校图书馆文化建设，提高高校图书馆文化建设水平具有积极的促进作用。

2. 现状分析

为了解中国高校图书馆的前沿发展情况，对“前沿组”中的10所高校图书馆进行网络调查，检索图书馆网站、学校网站、图书馆手机App、微信公众号、中国知网论文、各级各类政府网站及其他网络来源信息，重点记录前文六类研究指标的相关情况，对调查所得的一手资料进行整理与分析。

（1）“前沿组”组织结构现状

图书馆根据本身的工作内容、职能规划进行组织结构的划分，是体现全馆各级各类业务机构排列顺序、空间位置、聚散状态、联系方式以及各活动要素之间相互关系的一种结构体系。因此，从各馆的组织结构

---

① M. Spencer, S. Watstein, “Academic Library Spaces: Advancing Student Success and Helping Students Thrive”, 2019, https://www.clir.org/pubs/reports/pub162/.

中可以直观地看出图书馆的工作方向和工作重点。

图书馆组织结构的形成受到来自社会诸多因素的影响，其组织结构现状的发展具有以下特征。

首先，传统服务功能仍在发挥基础作用。除了挂靠的科技查新工作站、省级文献信息服务中心、高等教育文献保障系统等机构外，所有的图书馆都设有具备采编、流通、阅览等职能的部门，完成图书馆收集、整理、保存、传播文献并提供给读者利用的基本功能。只是细化程度及叫法上有所区别。例如，南京大学图书馆把采编功能细化为“采访部”和“编目部”两个部门，上海大学图书馆把流通和阅览功能合成为“读者服务中心”，武汉大学图书馆称之为“文献借阅中心”，北京大学图书馆流通和阅览功能则是“学习支持中心”部门职能的一部分，中山大学图书馆则在“公共服务部”中设置了“流通阅览组”。虽然在名称和细化程度上各有不同，但在功能上仍然以图书及杂志的采访、编目、流通、阅览为基础，满足读者的基本文献需求。表明图书馆仍在发挥着传统的文献收集、整理、保存与传播的基础服务功能。

其次，数字化、情报服务功能凸显。10 所高校图书馆全部设置了技术类部门，一般命名为“技术部”或“系统部”，负责统筹全馆自动化工作，维护图书馆各类计算机系统和网络系统的运行，保证各类自动化管理系统全天 24 小时不间断、安全可靠地稳定运行，维护和管理各类数据库，为全馆各部门提供技术支持。一些高校图书馆设置具备数字化与数字服务职能的部门。例如，南京大学、华东师范大学设置了“数字化建设部”，北京大学图书馆的“信息化与数据中心”，组织和引导图书馆信息化与数据建设工作，负责数字图书馆建设项目的规划与实施，数字资源长期保存研究与应用、资源数字化加工与发布服务、数字图书馆系统平台研究与开发、数字图书馆建设相关标准与技术研究等工作。在信息服务及情报服务方面，10 所高校都设置信息服务类的部门，一般命名为“信息服务部”、“参考咨询部”或“研究支持中心”，面向读者开展读者咨询及科研支撑服务，有的图书馆为凸显知识情报服务的重要性便直接命名为“情报部”，如上海大学图书馆的“情报部”和华东师范大学的“情报咨询部”。另外，10 所高校图书馆都为读者提供科技查新、查收查引、学科分析等科研情报类的服务，其中7所高校的图书馆设有教育部部级科技查新工作站。

最后，积极探索图书馆服务创新与转型。大数据环境下，为更好地满足人们生活生产的需求，社会的各个行业综合大数据时代的特点，从自身行业特点出发，创新服务模式与转型。华东师范大学图书馆的组织机构中设有“文化推广部”，南开大学的“文化建设与推广部”，主要负责校区内的阅读推广、文化推广、馆藏资源推广等相关工作，包括主题书展、文化展览、学术讲座、读书会、影视沙龙、新媒体推广、文创纪念品设计等工作。

（2）“前沿组”馆藏资源现状

在纸质藏书方面，10所高校图书馆的纸本藏书平均为515万册，其中最少的是南开大学图书馆的307万册，最多的是北京大学图书馆的800余万册。从数据可以看出，这些高校的图书馆馆藏资源建设较完备，这与这些高校的办校历史、办学质量和经费来源是分不开的。“前沿组”样本的10所高校中，8所属于教育部公布的世界一流大学和一流学科（简称“双一流”）建设高校，8所属于全国“985”工程重点建设高校，9所属于全国“211”工程重点建设高校。从这些头衔上可以看出，这些高校的科研实力较强，经费来源也较有保障。

在数字资源方面，10所高校图书馆平均拥有321个数字资源数据库（含自建资源），其中最少的是黑龙江大学图书馆的46个，最多的是北京大学的958个。北京大学图书馆是中国最早的现代新型图书馆之一，其前身为建立于1898年的京师大学堂藏书楼，办馆历史久、办学经费充足，在纸质藏书和拥有的数据库数量上是所有高校图书馆中最多的。

在特色资源方面，除上海大学外，其他高校的图书馆都或多或少地有一些自己特色的文献收藏或自建的特色资源数据库。其中在文献收藏方面较有代表性的是北京大学，北京大学图书馆有超过150万册的中文古籍馆藏，还包含5—18世纪的多达二十万册的馆藏，是中国的文化瑰宝，同时也被国务院批准为首批国家重点古籍保护单位。在自建数据库方面较突出的是吉林大学图书馆，吉林大学图书馆自建东北亚研究、地学、汽车、满铁资料等12个数据库。

（3）“前沿组”教育服务现状

①科研情报服务

学科服务现已成为图书馆重要的一项服务内容，学科馆员制度也正在不断壮大。学科服务即由学科馆员对接高校的各个院系，根据学校院系设置进行学科馆员团队配置，负责学科馆员工作；组织开展嵌入式学科服务、专题服务、定题服务；进行学科前沿探测分析、学科发展态势跟踪分析，为各院校的学科发展提供参考；进行学科评价、学者评价、学术影响力分析，为学科评估提供数据支持；进行科研人员数据分析，不断探寻用户多样性需求，及时把握发展态势，为科研和教学提供支持。

在科研情报服务方面，除南京大学图书馆和黑龙江大学图书馆外，另外 8 所院校图书馆都已开通学科服务项目。学科服务对馆员的素质要求较高，需要具有信息创新能力、熟悉图书馆的现实馆藏和虚拟馆藏、文献检索技能较高、具有某学科专业知识、熟悉教学科研情况的学科馆员作为院系科研人员的信息收集者、信息宣传者和信息利用的指导者，缩短他们获取文献信息的时间，能够显著提高科研效率。在“前沿组”中，学科服务的普及率达到 80%，说明学科服务已经是高校图书馆服务的一种普遍趋势。

科技查新是指查新站通过委托人所提交的信息来查证其学术新颖度的过程，按照《科技查新规范》（国科发计字〔2000〕544 号）操作，经过文献检索与对比分析，作出结论，生成查新报告。样本中的 10 所高校图书馆全部开展科技查新服务，科技查新在“前沿组”高校图书馆中普及率达到 100%，并且其中 7 所高校的图书馆设有教育部部级科技查新工作站。

此外，在“前沿组”样本中的 10 所高校图书馆中，有 7 所开展查收查引服务，2 所开展代查代检服务，2 所开展定题服务，1 所开展情报分析服务，1 所开展引文统计服务，1 所开展数据服务和知识产权服务。其中，北京大学图书馆开展的科研情报服务最为全面，包含学科服务、学科分析、科技查新、查收查引、数据服务、知识产权服务六个种类。

②创新创业服务

在创新创业服务方面，高校图书馆开展专门服务的并不多见，只有武汉大学图书馆开展相关服务。自“大众创业，万众创新”的口号提出以来，一些高校图书馆尝试开展针对大学生创新创业的信息服务，至今仍处于探索初期。

在创新创业服务实践中，武汉大学图书馆于2016年在馆内开设了创客空间，包括触屏电子资源阅读器区、双屏IT云教育体验区、MAC电脑体验区，虚拟现实体验、3D打印、视频编译等各功能区。创客空间服务的开展，使得图书馆开展阅读推广等文化建设活动有了更丰富的开展形式，也为用户提供了更多元和新鲜的实践机会。

③信息素养教育

在“前沿组”研究对象中，所有高校图书馆都开展信息素养教育，可以说信息素养教育是一所图书馆应该具备的基础服务功能。只是在教育的形式和种类上有所区别。所有高校图书馆都针对大学生开展入馆教育，开设文献检索通识课或培训课程、培训讲座等。部分高校图书馆开展图书馆学研究生培养，这是图书馆开展的高层次的信息素养教育。

④慕课（MOOC）教育

慕课的诞生不仅使每个人可以随时使用资源，也可以为普通人提供一个分享资源的平台，个人既是内容使用者又是内容创作者，逐步营造全民学习的良好氛围。在“前沿组”高校图书馆中，只有武汉大学图书馆和吉林大学图书馆针对慕课（MOOC）教育开展专门服务。

武汉大学图书馆原创的系列微课程，被命名为“小布微课”专栏，以3—5分钟的短视频教会大家如何更好地利用图书馆，如何提高信息素养。在武汉大学图书馆网站的资源中，设有“网上开放课程”专栏，汇集国内综合类开放课程平台、国内外高校开放课程视频以及武汉大学校内精品课程视频，方便学生获取校内外各个主题和学科慕课资源，让大学不再有围墙。

吉林大学图书馆在网站上开设“网上开放课程”专栏，为校内读者收集大量国内外精品公开课程，有助于读者开阔视野、提升能力。

⑤机构知识库

在机构知识库方面，10所高校图书馆中有4所开展此项服务，分别是武汉大学图书馆、北京大学图书馆、上海大学图书馆和中国人民大学图书馆。自从2004年国内初步接触到机构知识库，中国高校图书馆在机构知识库的理论研究和工作实践上都有长足的发展。与国外的机构知识库建设的高速发展相比，中国目前仍处于起步阶段。

虽然机构知识库的建设需要克服很多困难和障碍，受到信息资源获取途径及项目经费来源的限制，但是它可以给本校师生提供资源共享和学术交流的平台，便于展示本机构的科研实力，促进学术信息交流和资源共享，也引领图书馆服务的深化。

“前沿组”样本中最早建设机构知识库的是北京大学图书馆，于2013年建设完成并发布北京大学机构知识库Beta版。北京大学机构知识库作为支撑北京大学学术研究的基础设施，收集、保存与展示北京大学教师和科研人员的学术与智力成果，为北京大学教师、科研人员和学生的学术研究和学术交流提供系列服务，包括存档、管理、发布、检索和开放共享。Beta版的功能如下。首先，提交著作、期刊论文、研究报告、演讲介绍等学术成果。提供存档、管理、发布、检索和开放共享等服务，有效地保存学者的学术成果；展示学术成果，提升学术影响力；与校科研部门合作，集中提交、收集学术成果。其次，管理个人主页。学术成果与个人主页的更新维护服务，及时发布用户的最新研究成果。最后，检索、浏览北京大学教师、研究人员与学生学术成果。后来几经升级改版至北京大学机构知识库3.0版，新版平台的改进更新包括如下方面：为嵌入北京大学科研信息管理系统做好整合准备；面向教师学者，突出科研成果的学术价值和影响力；全面回溯北京大学历年学术成果，累积整理收录41万余篇；采用响应式设计优化移动设备访问支持，界面美观、易用；引入替代计量学（Altmetrics）理念，全面揭示成果文献的社会影响力。

武汉大学机构知识库是典藏武汉大学创造的各类知识成果的综合信息服务平台，系统目前收录该校46万余种各类知识作品，其中期刊论文29万余篇、学位论文12万余篇，并采集330余位重点学者的学术信息。系统由成果库、学者中心、数据分析系统等组成。“成果库”全面展示武汉大学自1928年以来各个历史阶段（包含武汉水利电力大学、武汉测绘科技大学、湖北医科大学）的学术成果，对于期刊和会议论文，整合各类收录引用与影响力信息，论文作者可随时查看论文被 WoS 等收录的情况、引用的频次，以及是否为“ESI 热点论文”“ESI 高被引论文”等方面的信息。同时，该校教职员工都可以通过一卡通账号登录“学者中心”，进行自身学术成果的提交、认领、全文上传、管理等操作；“学者中心”前端可全面展示学者简介信息、成果信息、各类奖励信息、科研项目信息、指导研究生论文信息，并提供可视化合作者关系分析、研究词频分析、论文年代统计分布信息等；“数据分析系统”可为用户提供不同授权范围（本人、本院、本校、院系对比、校际对比）在科研成果、ESI 学科态势指标、大学排行榜、高水平论文发展态势等方面的统计与分析。机构知识库为本校授权用户提供全文数据库链接地址以便获取全文，机构知识库也支持本校师生上传全文，促进武汉大学知识作品在互联网的传播和利用，提升作品可见度和引用水平。机构知识库是在学校信息中心支持下，由图书馆牵头联合相关部门合作开发建设，并由图书馆负责更新维护。

（4）“前沿组”智慧服务现状

①自助借还

在图书馆自助借还方面，除黑龙江大学图书馆暂未开通自助服务外，其他 9 所高校图书馆都已经向读者提供自助借还服务，“前沿组”样本自助服务覆盖率为 90%。

②移动图书馆

移动图书馆服务大致分为图书馆微信公众号、移动图书馆手机 App、手机图书馆网站。在公众号方面，“前沿组”10 所高校图书馆全部开通移动图书馆微信公众号，为用户提供馆藏查询、借阅查询、续借、电子资源访问及新闻通知等功能。在移动图书馆手机 App 方面，有 9 所高校图书馆开通并持续运行着提供本馆移动服务的 App，覆盖率达到 90%，只是在手机 App 的设计和形式上有所区别。具体来说，9 所高校图书馆中有 8 所都采用了超星集团的移动图书馆产品，即超星学习通或超星移动图书馆。超星学习通 App 和超星移动图书馆 App 都是超星集团的产品，前者是后者的升级版，两者为读者提供的功能大致相同。另外也有部分高校图书馆采取单独开发手机图书馆的形式，如北京大学图书馆。在手机图书馆网站方面，有 2 所高校拥有手机图书馆的专门网站，如华东师范大学的手机图书馆网站和南京大学图书馆的掌上汇文手机网站。

③一站式知识服务检索

在一站式知识服务检索方面，“前沿组”10 所高校图书馆全部在自己的网站上提供一站式知识服务检索功能。比较有代表性的是北京大学图书馆的未名学术搜索，未名学术搜索是北京大学图书馆自 2011 年起部署上线的统一资源发现系统，提供一站式的学术文献搜索服务，轻松摘录参考文献，快捷下载在线全文。北京大学校园网合法用户均可借由未名学术搜索获取北京大学图书馆订购的电子期刊、电子图书、学位论文等数据库资源，并探索其他开放学术资源，如专利报告、政府公文等。

④应用 RFID 技术

在 RFID 应用方面，“前沿组”高校图书馆中有 7 所高校已开始应用 RFID 技术为读者提供智能服务，占比达 70%。应用 RFID 技术对图书的标签进行改造，在原有图书磁条的基础上加贴 RFID 安全标签，实现 RFID 和磁条双功能。既能有效读写数据，又能进行良好的防盗。所有书架上都布局了层架标签，方便图书定位盘点。另外，利用 RFID + 磁条功能可以实现自助借还书，由读者轻松的自助完成图书借阅工作。在借还书的同时能完成图书的充消磁，以简化借书流程，实现快速流通。

⑤个性化信息推送

在个性化信息推送方面，“前沿组”中有 60% 的高校图书馆提供个性化信息推送服务。例如，中山大学图书馆通过登录认证“智慧搜索”提供多项个性化的服务，包括利用电子书架保存检索结果和检索式、查看借阅和预约状态、设置定期提醒和 RSS 订阅，添加标签和评论的功能等；华东师范大学图书馆提供个性化新书通报、个性化图书推荐服务。

⑥智能机器人

在智能机器人方面，“前沿组”高校图书馆中只有南京大学图书馆开展智能机器人服务，占比为 10%。南京大学图书馆于 2017 年推出自主研发的图书馆智能机器人“图宝”，它是由计算机科学与技术系和图书馆通过产学研合作推出的智慧图书馆中配套的机器人设备，极大地提升了图书馆的管理效率。智能机器人是智慧图书馆的馆员，具备引导、图书查询、简单交互咨询等功能，“图宝”拥有操作指南及知识数据库，并且与图书馆系统相连接，能智能化地满足用户的需求，可以称为机器人馆员。

（5）“前沿组”空间服务现状

空间是现代高校图书馆的重要服务载体和资源。图书馆为读者提供图书借阅与阅览服务需要相应的空间作为载体，但这只是图书馆传统的服务功能。在本书中，图书馆的空间服务现状主要是考虑在大数据时代，图书馆以大楼内部空间为载体给读者提供的区别于传统图书借阅和阅览的其他服务。

“前沿组”中，有 7 所高校图书馆都对自身馆舍空间加以整合利用，为读者提供除图书借阅、阅览以外的空间服务，占比达 70%。这些空间多设置为音乐图书馆、多媒体空间、创意空间、研究空间、学习共享空间、休闲讨论空间、报告厅、展厅、放映厅等。

（6）“前沿组”文化现状

高校图书馆每年都会举办多种多样的读书推广活动，只是活动形式和数量有所区别。[①] 图书馆的基本职能是保存人类文化遗产——藏书之用。高等教育的根本价值在于培养全面发展的人，高校必须以文化育人为灵魂和基础。这给图书馆建设发展带来新动力，推动图书馆领域专家学者的新思考——高校图书馆文化育人建设。[②]

①建立高校图书馆文化育人规划与保障

图书馆文化育人既是高校图书馆的使命，又是一项长期的、艰巨的、系统性的工作。这需要高校图书馆根据自身特色在长远规划、组织机构、设施建设、管理办法、人员配置等方面进行多角度考虑。很多图书馆在这方面做出了不少努力，制定了完善的举措，如东南大学图书馆在“十三五”规划中明确提出，要多开展文化活动，不断发挥其文化育人的

① 胡开胜、周玉波：《高校图书馆文化育人功能的价值追求与途径探索》，《图书馆》2020 年第 2 期。

② 柯平等：《“十三五”时期我国高校图书馆发展的战略重点——基于国内外战略规划样本的分析》，《图书情报研究》2016 年第 3 期。

作用。[①]

②建立高校图书馆创新文化育人活动途径

对于高校而言，开设文化育人相关课程是最直接和最有效的途径，能够用比较系统的理论知识来提升学生的文化素养。除此之外，学校的整体文化环境和新的文化活动模式也需要不断拓展，可以以各种形式组织文化活动。例如，很多高校通过开展信息检索课程来提高学生的信息素养，西南交通大学开通不一样的文化育人课程，《阅读与欣赏》等能在趣味中提升学生的文学素养；而浙江大学、上海交通大学等高校图书馆开展了多种多样的文化育人活动，包括文化展览、人文讲座、知识问答等多种形式的实践活动。[②]

③完善高校图书馆文化育人服务体系

文化育人体系的构建能使图书馆的文化育人功能不断实现。高校图书馆的用户群体只有师生，但为了更好地做好有针对性的文化服务，可以将群体进行细分，为其提供更加个性化的服务，包括不同年级、不同专业的师生。例如，湖南师范大学就根据不同群体构建了文化育人服务体系。第一，针对低年级刚入学的新生，开展新生入馆教育、信息素养基础培训等；针对高年级有科研需求的学生，开展数据库知识讲座、数据库使用培训等。第二，根据本科生和研究生的需求差别，开展不同的信息服务，本科生主要包含书籍的推荐鉴赏等，研究生会涉及学科服务、最新文献的检索办法、论文的写作和投稿等。第三，针对不同的院系和专业，提供多元的信息素养教育，对文科生、理科生、艺术生等进行多方面的培养。

④建立高校图书馆文化育人的机制

图书馆文化育人功能是高校开展教育的重要组成部分，图书馆需要与其他部门联动，协同共建完善的育人机制。其一，图书馆作为文化传播机构，需要有内部的育人机制，各部门间要相互配合，凝聚团体力量，

---

① 王姝、曹京、魏群义：《重庆大学图书馆文化服务架构与实践》，《图书情报工作》2013年第12期。

② 胡开胜、周玉波：《高校图书馆文化育人功能的价值追求与途径探索》，《图书馆》2020年第2期。

共同通过多种形式、多种途径来开展更有效率的文化传播和文化育人服务。其二，图书馆应走出去，与校内其他部们联合，共同建立系统性的长效机制，使育人功能得到更大的发展空间。

第五节　少年儿童图书馆服务现状

随着移动智能终端、电子阅读器、数字图书馆以及场景识别技术的不断提升，少年儿童的阅读需求也发生了巨大的变化。与成年人的阅读服务有所不同，图书馆少儿阅读服务方面的实践工作在于激发少儿对于阅读的潜在兴趣以及培养其基本的阅读素养。了解儿童的阅读需求，是为儿童提供有针对性、个性化阅读服务的基础。目前，中国对于儿童阅读服务的相关研究越来越多，但主要集中于模式思考和阅读策略方面，对于儿童阅读服务现状本身的研究较少。现阶段儿童阅读已经得到一定的重视，相信随着图书馆学、教育学、心理学、医学等多个领域的共同努力，儿童阅读需求将更加明晰，更加贴近儿童真正的发展需求。为帮助儿童激起阅读兴趣、提升阅读体验，中国开始通过设置公共图书馆少儿区域或者独立建制的少年儿童图书馆，帮助少儿深入参与阅读服务。

一　公共图书馆少儿阅读服务现状

（一）公共图书馆少儿阅读服务概况

笔者选取具有代表性的中国国家图书馆少儿馆作为少儿阅读服务的实践案例，分析公共图书馆少儿阅读服务的具体服务内容。中国国家图书馆少儿馆位于中国国家图书馆总馆北区东侧，于 2010 年正式面向未成年人开放，为6—15 岁儿童提供少儿图书以及数字资源的阅读服务。少儿馆目前配置数字资源用机 8 台、中英文电子阅读器 8 台，并提供绘本伴读屋、触摸屏、朗读亭等设备供少年儿童读者使用。[①] 首先，国家图书馆少儿馆由于附属于中国国家图书馆，可借助国家数字图书馆平台，通过数

① 《少儿馆介绍》，国家图书馆少年儿童馆、国家少儿数字图书馆网站，http：//kids. nlc. cn/newxdzzn/segjs/。

字图书馆推广计划，将少儿阅读服务逐步拓展至全国公共图书馆、少儿图书馆、中小学与乡镇等，推动全国公共图书馆以及少儿图书馆的信息资源共建共享。其次，该馆以线下真人阅读与线上慕课平台相融合的互动性服务方式来改善儿童阅读模式。再次，国家图书馆少儿馆依托移动图书馆、全媒体技术为少年儿童提供个性化、情景化的阅读资源。最后，中国国家图书馆少儿馆还提供具有旨趣性、创新性的阅读服务活动，如“读书小海盗竞赛、文化布袋、少儿智慧银行、小书虫国学堂”等趣味活动，激发少儿读者积极参与沉浸式阅读服务。

（二）公共图书馆少儿阅读服务存在的问题

经笔者调查分析，中国部分处于经济发达地区的公共图书馆根据其自身资源优势开展儿童阅读服务的水平较高。但从全国范围来看，大多数公共图书馆的少儿服务仍存在以下一些问题。

第一，儿童阅读推广不足。大多数公共图书馆少儿阅读推广工作缺乏一定的系统性，阅读推广活动形式较为单一，举办的活动数量也呈现出逐年减少的趋势。阅读推广活动的服务对象以家长作为主体，针对家长这一群体，各图书馆主要以定期或不定期阅读讲座为主导，逐步向家长交流沙龙、少儿图书资源推荐、音乐美文鉴赏、阅读咨询以及儿童教育征文等活动进行拓展。然而，针对儿童本身的阅读推广存在诸多局限性。由于儿童独立阅读、文字认知的能力有限，且容易在阅读书籍时出现分神、注意力不集中等现象。因此，图书馆应鼓励家长和儿童共同参与公共图书馆阅读服务来培养少儿对阅读的兴趣。

第二，少儿文献资源的数量和种类缺乏。大多数综合性的公共图书馆总经费十分有限，而儿童图书文献的采购经费往往也包含在其中，导致少年儿童图书资源较为匮乏。公共图书馆儿童阅读服务设立在公共图书馆少儿部或者少儿区域，一般规模较小，部分公共图书馆对儿童阅读服务宣传较少，导致很多读者用户不了解公共图书馆设立的儿童借阅部，利用程度相对较低。此外，少儿图书资源中低幼读物明显不足，尤其是0—6岁的低幼读物几乎没有。由此可见，中国公共图书馆在少儿阅读的资源采购方面需进一步提高重视。

二 独立建制的少年儿童图书馆服务现状

（一）独立建制的少年儿童图书馆服务案例

少儿阅读逐渐从公共图书馆的一个部门分离出来，成为独立建制的少儿图书馆，标志着图书馆少儿服务的事业发展到一个新的阶段。本部分以上海少年儿童图书馆为例进行分析，上海少年儿童图书馆建于1941年，是一家独立建制的中国省级少儿图书馆。经过历史的变迁，上海少年儿童图书馆积累深厚的历史文化底蕴，成为上海市少年儿童图书资源的"心脏"，以"读者第一，服务至上"的宗旨创造多种阅读推广品牌，丰富少儿阅读服务的内涵。[①] 鉴于上海少年儿童图书馆的时代特征以及地域文化，其具体服务功能主要包括以下几个方面。第一，阅读推广及阅读素养教育功能。新馆采用分层级阅读的方式，即按照用户不同年龄段特征以及不同兴趣需求，选取相适应的阅读书本。此外，通过为亲子家庭提供交流共享服务平台，帮助儿童养成终身阅读的良好习惯。第二，知识与学习功能。新馆贯彻"以知识为主体"的理念，通过提供静态的阅读空间和动态的交流区、活动创造区域，让儿童在立体式、交互性的空间内进行学习。第三，资源建设与共享功能。新馆根据0—16岁儿童的阅读需求进行少儿文献资源的采集，该馆还加强特色数字资源的建设工作，融入特色文化背景，正确引导儿童的文化审美。

（二）独立建制的少年儿童图书馆阅读服务存在的问题

第一，对于家长、教师等角色的替代阅读过分依赖。从独立建制的少年儿童图书馆阅读服务来看，大多数家庭教育都是家长陪同儿童参与阅读，甚至是家长以及老师自身单独进行书籍阅读，通过"说"的方式进行知识传递，儿童扮演"倾听者"的角色，很大程度上忽略儿童才是阅读的主体。这种阅读方式在幼儿时期尤为常见，儿童通常被动地接受知识，但是随着儿童年龄的增长，这种固化的阅读理念对儿童未来阅读素养的培养会产生不利的影响。

---

① 韩怡华：《省级少年儿童图书馆的功能定位——以上海少年儿童图书馆新馆为例》，《内蒙古科技与经济》2019年第1期。

第二，片面注重儿童的阅读结果，个性化阅读需求难以满足。不难发现，部分家长在给儿童购买书籍时过分注重阅读产生的结果，让儿童阅读大量知识性、文学性的著作，一定程度上不符合少儿身心发展特征以及阅读水平。随着人们逐渐开始重视家庭教育，家长对教育资源方面的投资力度加大，但是大部分家长没有意识到儿童阅读是一个潜移默化的过程，迫切希望儿童获得阅读之后的显著效果，而忽略儿童兴趣爱好的培养。此外，家长购买的图书资源很大程度上不能完全契合儿童的兴趣，导致儿童对阅读产生逆反心理，无法满足其个性化的阅读需求。

第三，缺乏专业少儿服务工作人员。目前，少儿图书馆仍存在服务人员未从事过与儿童相关的工作，没有进行学前教育、儿童心理学以及图书馆学等学科知识理论系统地学习，甚至没有受过专业儿童阅读服务的培训，缺乏对少儿以及幼儿身心发展特征的了解等现象。此外，部分少儿图书馆由于馆员的缺乏，对于开展儿童阅读服务工作无法做到细致深入的研究。

第六节　图书馆新媒体服务现状

近年来，随着移动互联网络、智能终端的快速发展，公众获取资源的方式逐步趋于移动化。图书馆也顺应时代潮流，开展一系列图书馆新媒体服务。这些基于微媒体的移动信息服务正契合“泛在图书馆”的理念，以微信、微博、QQ 为代表的社交媒体平台为图书馆的智慧化建设创造机遇。

一　微博、微信与 QQ 等移动信息服务情况

（一）微博、微信等移动信息服务的发展状况

2009 年 8 月，中国门户网站新浪推出“新浪微博”，成为第一家提供微博服务的门户网站，微博正式进入人们的视野。[①] 据微博 2019 年第四

① 张际：《我国地市级少儿图书馆微博与微信服务现状调查分析》，《四川图书馆学报》2018 年第 4 期。

季度及全年财报的数据，截至2019年年底，微博月活跃用户达5.16亿，相比2018年年底净增长约5400万，其中移动端占比达94%；日活跃用户达2.22亿，年增长2200万。微博在满足用户需求方面确实一直做出新的尝试，比如增加“绿洲”丰富用户发布的个人动态、促进与电商的深度合作等方面。因此，高校图书馆与公共图书馆也意识到微博多元化的交互性，相继开始注册并认证新浪微博，帮助用户提升图书馆使用体验感。

2011年年初，腾讯公司开发推出微信App，作为一个即时通信聊天应用程序，它具有丰富的用户体验，很快成为当前最热门、用户群体最多的社交信息平台。2012年，微信又推出微信公众平台，使用户之间的沟通更加紧密。数据报告显示，截至2018年3月，微信月用户数量已经超过10亿。[①] 截至2019年，微信月活跃账户数约为11亿。

（二）图书馆微博、微信与QQ具体服务内容

图书馆微博主要提供的具体服务内容包括以下几类。第一，宣传、发布资源信息。无论是高校图书馆还是公共图书馆，均可通过微博发布开放通知、活动与讲座预告、书籍推荐等信息。其中，信息的形式主要包括文字、图片、视频等。第二，读者以及同行互动。读者用户可通过关注微博账号并私信、评论以及转发的方式与图书馆进行交互。第三，功能扩展。主要包括分享其他平台（如微信、微博等）的推文、问卷调查以及投票、微博粉丝群等拓展型的功能应用。

通常情况下，微信公众号平台主要提供资源动态推送服务、图书续借服务、热门图书推荐服务等来满足用户一些基础性的服务。微信公众号平台主要包括订阅号和服务号两种类型。图书馆微信公众号菜单栏一般设有“我/我的图书馆”栏目，这一栏目主要包括用户的个人信息。以南京大学图书馆微信公众号平台为例，用户可通过二维码进行扫描关注，菜单栏分为“我、微视频、活动资讯”三个模块，其中“我”模块可提供账号绑定、资源荐购、个人信息的修改、借阅请求信息的查看、新书

---

① 王婷：《公共图书馆微信公众号阅读推广服务的现况调查与策略研究——基于第15次全国国民阅读调查报告的分析》，《晋图学刊》2019年第2期。

通报以及修改密码等服务。此外，微信公众号平台还提供“自动回复”功能，读者用户可通过留言与图书馆进行24小时交流。

图书馆提供的QQ服务以创建读者QQ群为主要方式，通过图书馆员开展网络社区进行信息交流。QQ群具有超大规模的组织优势，最多可容纳读者用户群体2000人。在群内的读者能够与拥有共同兴趣爱好的朋友进行聊天、分享资讯。除此之外，QQ群应用模块还可提供文件资源共享、发起语音视频、群相册、群日历、发起匿名投票、组织群活动等多功能应用模块。具体的服务内容主要有以下几点。第一，发布大众化信息。主要包括图书馆活动预告、讲座信息通知、新闻报道、数据库使用指南以及开馆与闭馆通知等。第二，实时咨询。主要包括与馆员进行私聊和读者相互之间解疑答惑两种方式。第三，嵌入科研服务。主要由部分高校图书馆学科馆员针对某一领域科研人员提供课题资源定制与跟踪服务，帮助其开展定题服务，提供相应的课题分析报告与论文投稿指南等。

（三）图书馆微信、微博等移动信息服务存在的主要问题

第一，平台发文重复、信息良莠不齐。随着碎片化阅读时代的到来，用户生活节奏逐渐加快，越来越多的人喜欢在上下班、坐公交等闲暇之余进行浅层次、趣味性的电子阅读，而微信公众号与微博正好契合当前信息资源共享迅速、用户自由获取的特征，传播面也较广。笔者通过对各个省级公共图书馆以及部分高校图书馆新媒体服务进行调查发现，即使部分图书馆微信公众号做到每日或者每周定期更新推文，但是公众号的关注量以及阅读量仍达不到标准。这是由于在保证数量时忽略了推送文章的质量，过于追求趣味性，而使得图书馆陷入满足碎片化阅读需求、缺乏文章的深度和广度的困境。然而，部分公共图书馆则存在微信平台和微博发文重复的问题，推文多为普适性内容，无法契合读者的心理需求，导致其阅读推广效果不明显。此外，图书馆的读者QQ交流群一般群聊内容较多，且群内聊天杂乱无序、掺杂广告等，使得用户往往容易忽略重要信息的发布，图书馆馆员管理与维护也较为困难。

第二，平台利用率低、信息推送不及时。由图书馆微信公众号和微博发布文章的浏览量、点赞数、转发数与留言评论数可知，大部分高校

图书馆用户黏度不高、互动数量较少。以上海图书馆为例，在新浪微博搜索“上海图书馆信使”微博账号，其粉丝数量达到17万，通过筛选检索出原创微博两万多条，该微博号几乎每天都会推送与图书馆相关的视频或者文章，但是其微博的点赞数和评论以及转发量几乎为个位数。因此，图书馆微博信息服务只有突出个性化，才能提高传播速度、扩大社会影响力。

第三，功能单一、个性化服务不明显。目前各图书馆微信公众号的阅读推广形式较为单一，原创文章极少，缺乏创新、个性化的阅读推广服务，难以满足用户多元化需求。部分图书馆对于馆藏资源的共享设置一定的权限，如公共图书馆设置地域限制，而高校图书馆则需要绑定本校的学生一卡通号才可浏览其资源。此外，图书馆新媒体服务多以活动报道为主，上海、杭州等公共图书馆个性化服务较为突出。然而，少数公共图书馆已经开启本馆的个性化服务实践，如深圳市福田区图书馆“创意工坊”体验式阅读推广、合肥图书馆“阅读马拉松”与“快递到家”等特色服务，值得每一个图书馆学习与借鉴。[①]

二 数字化、电子阅读器的服务情况

根据中国互联网络信息中心（CNNIC）发布的调查报告，截至2020年3月，中国网民规模为9.04亿，互联网普及率达64.5%，为数字经济打下坚实的基础。其中，中国手机网民规模为8.97亿，中国网民使用手机上网的比例高达99.3%，较2018年年底提升0.7个百分点，手机等移动智能终端已经逐步成为网民上网的第一大终端。[②] 近年来，随着移动互联网络以及通信技术的不断发展，人们使用手机、iPad、Kindle等智能移动终端的频率越来越高，也同样带动基于移动终端的移动信息服务的发展。

---

① 王婷：《公共图书馆微信公众号阅读推广服务的现况调查与策略研究——基于第15次全国国民阅读调查报告的分析》，《晋图学刊》2019年第2期。

② 《CNNIC发布第45次〈中国互联网络发展状况统计报告〉》，2020年4月28日，中国政府网，https://www.gov.cn/xinwen/2020-04/28/content_5506903.htm。

（一）电子阅读器在图书馆应用中的发展状况

2007年11月19日，Amazon公司发布第一代Kindle电子阅读器，上市仅五个半小时就被抢购一空，并于2013年6月7日传入中国。① Kindle电子阅读器基于电子墨水（E-Ink）屏技术的支撑，帮助读者获得与纸质书籍一样的体验并降低对眼睛的伤害。此外，Kindle电子阅读器外观小巧、携带便捷，与其他移动智能终端一样，可支持无线网络功能，用户可自由高速地下载数字资源。以上这些优点为Kindle电子阅读器带来成功，进一步促进电子阅读器在各行业大规模推广。

2008年，Sparta公共图书馆成为世界第一家提供Kindle电子阅读器出借服务的图书馆。最初，数字化、电子阅读器Kindle处于试用流通状态，各个图书馆投放数量较少。除Kindle阅读器以外，以Sonny、Nook为代表的阅读器也开始逐渐用于满足用户经典文学著作以及最新出版书籍的阅读需求。在图书馆出借对象方面，各个图书馆仅面向年满18周岁的成年人，部分图书馆需要收取一定押金并告知读者须妥善保管，如若丢失或者损毁则需要对其进行一定的赔偿。在出借时间方面，需要根据用户的阅读需求以及借阅Kindle的类型进行一定的调整。在国外，借阅Kindle DX阅读报纸文献的时间较短，一般不超过一天；而借阅普通的Kindle电子阅读器阅读文学著作时，其借阅时长一般为数周。在图书馆Kindle阅读资源的建设方面，不同的图书馆对图书资源的采购有不同的限制要求，部分图书馆允许用户自由在Amazon网站上购买下载自己感兴趣的数字资源，而其他图书馆则限制用户的购买权利，完全由馆员来决定购买电子资源。在图书馆的流通模式方面，通常图书馆的一个使用账号与多台Kindle阅读器进行绑定。读者用户想要阅读更全面的电子书籍则需要借阅多个电子阅读器，一定程度上为用户的阅读带来障碍。

（二）电子阅读器在图书馆应用服务中存在的问题

第一，以Kindle为代表的数字化电子阅读器面临政策的压力。早期，根据Kindle阅读器的使用条款，用户不可将数字内容或其任何部分的任

---

① 刘菊红、王丽贤、罗新：《Kindle电子阅读器在图书馆的应用》，《图书馆杂志》2011年第5期。

何权利出售、出借、出租、分发、传播或分配给第三方。但随着国内外图书馆相继开展 Kindle 电子阅读器的出借服务，有部分馆员就认为图书馆作为一个公益性的文化机构并没有将其用作商业用途，仅仅通过出借 Kindle 电子阅读器为读者提供阅读数字化图书资源，可以不受 Kindle 电子阅读器服务条款的约束。因此，虽然获得 Amazon 公司的默认，但仍然存在违反条约的可能性，各个图书馆最好提前与 Amazon 公司进行洽谈商量，获得正式许可后再继续 Kindle 电子阅读器的出借服务。

第二，电子阅读器 Kindle 价格较为昂贵。最初，大多数图书馆由于 Kindle 阅读器的价格过于昂贵，仅做到小规模的采购并试验，并没有进行大规模的流通应用。一方面，图书馆有限的经费主要用于图书以及硬件设备等的采购，而电子阅读器仅作为图书馆微不足道的一部分，难以支持大批次的购买；另一方面，电子阅读器很容易受到损坏，除最初采购需要的机身费用，对电子阅读器日常的人工维护以及屏幕损毁的维修费用也不可忽视。

第三，电子阅读器 Kindle 在技术上存在不足。其不足主要表现在以下两个方面。一方面，使用缺乏灵活性与丰富性。Kindle 阅读器在使用时翻页速度较慢、容易出现卡顿现象，且仅提供黑白页面，缺乏色彩的丰富性。另一方面，功能较为单一。Kindle 阅读器不提供文件夹功能，用户无法对电子书进行组织与分类，注释、标记功能也受到一定的限制。此外，数字化、电子阅读器 Kindle 可支持的格式有限，不支持 epub 格式的电子书。

第七节　本章小结

本章作为整个研究的现状分析部分，主要以已有政策成果解读评议为切入点，再作大数据时代图书馆服务创新体系的内涵阐释，紧接着以大量基于现实数据、材料的各地区、各类型、各层面的图书馆服务现状为依据，深入展开讨论。

1. 国家政策解读

从党的十八大到党的二十大，社会主义先进文化建设一直都是国家治理体系和治理能力现代化的深厚支撑，坚定文化自信，需要全社会的文化主体共同参与。这是图书馆参与社会文化建设事业的重要政策依据。

2. 大数据时代图书馆服务创新的内涵

为承接本书的先导论述，方便后续框架的展开，本章论述了图书馆服务创新的内涵，涵盖影响因素、必要性与价值性、基本特性与内容层面等，为后续研究奠定基础。

3. 各类图书馆服务现状调查

在公共图书馆服务现状调查中，通过实地走访、线上咨询、文献查找，获取华北、东北、华东、华南、西南、西北六大地区的公共图书馆服务开展的基本情况，包含资源建设、阅读推广、资源利用多个层面，还对各地区的典型图书馆进行单独介绍，调研具有较高的真实性与参考价值。同时，也对高校图书馆、少儿图书馆进行现状调查，拓宽研究的广度。另外，还分析了图书馆新媒体服务现状，增加研究的深度。

第三章

大数据时代图书馆服务创新实践体系

在全球数据革命和技术革命的时代背景下，数字资源的内容形式、利用方式发生改变，图书馆作为数据资源的传播枢纽，在服务理念、服务内容、服务手段上也在发生变化。本书通过调研当前图书馆服务馆藏资源和技术手段，归纳总结大数据时代图书馆服务体系和模式，提供大数据驱动下图书馆服务发展策略，实现大数据环境下图书馆服务的创新和发展。

第一节　大数据时代图书馆服务概述

大数据环境下，技术革命性的发展和信息数据爆炸式的增长，使得传统图书馆中借阅服务、咨询服务等传统服务模式很难满足用户的数据需求。图书馆试图通过大数据、物联网、智能感应等新兴信息技术，将图书馆场馆建筑、设备、资源、用户等各大要素连接起来，从而为用户提供专业化、人性化的服务。大数据时代图书馆发展呈现新的发展态势。如何在“互联网+”时代开展图书馆服务已经成为国内外共同关注的焦点，《2016年美国图书馆状况报告》提出将发展图书馆智慧服务列入重要战略。

国外图书事业与时俱进，中国图书馆的发展进程也在不断加快。随着图书馆事业的不断发展，中国对推动图书馆利用新技术开展服务的呼声不断高涨。《关于加快构建现代公共文化服务体系的意见》指出，要推动公共文化服务和科学技术共同发展。2016年，文化部也提出，图书馆、文化馆、档案馆等部门要加快文化资源的数字化进程，促进文化与科技融合，创新文化资源表现形式。①

一　资源体系向融合变革

大数据、物联网等蓬勃发展的新兴技术，使得图书馆的信息资源在数量、质量、模态、应用等多个方面都发生了颠覆性的变化，昔日纸本资源已经逐步发展成信息资源，图书馆的资源体系不再是单纯的实体，而是多种形式信息资源的聚合，资源内容向海量化、关联化和富媒体化发展。

当前图书馆的资源体系以文献资源和数据资源为核心，数据的类型已经涵盖图书、专利、报纸刊物、会议文献、科技报告等传统资源以及结构化、半结构化、无结构化数据等资源体系。大数据环境下，图书馆一方面要继续丰富传统实体馆藏和数字馆藏，建设全方位、立体化、体系丰富的文献资源；另一方面要充分利用数据挖掘、物联网、知识图谱等技术，充分挖掘大数据时代数据的“富矿”价值，使结构化和半结构化的交易数据与多元异构的交互数据在新技术的应用下转变为可供图书馆揭示规律、提供发展思路和对策的智慧数据，使馆藏资源变成图书馆网络资源中的一个网络节点，随时可以更新，满足用户需求。

二　服务技术向创新发展

以技术的发展推动图书馆升级换代，依托层出不穷的新技术、新手段、新平台将图书馆信息、知识以及个性化产品传递给用户，建立起知识服务和数据服务圈。物联网、云计算、“互联网 +”、大数据等技术使图书馆呈现出新的发展态势，新技术被纳入图书馆发展中，满足不同读者个性化和多元化的需求。放眼全球国内外，早已不乏图书馆服务手段创新的实例。从国外来看，2014 年德国洪堡大学运用数据标签、人工智能以及 GIS 导航开发出图书搬运机器人，运用自动技术传输书刊。2015

---

① 《文化部关于印发〈“十三五”时期全国公共图书馆事业发展规划〉的通知》，2017 年 7 月 7 日，中国政府网，https：//www. gov. cn/xinwen/2017 - 07/07/content_5230578. htm。

年，澳大利亚悉尼科技大学通过馆内定位技术以及射频标签技术开发出机器人管理员程序，实现高密储存馆藏。在国内，2010 年清华大学就开始运用人工智能技术、知识图谱技术等进行服务。

三 服务理念转向用户化

各级图书馆不同服务形式和服务模式日益凸显出以用户为中心的理念，这一理念逐步成为图书馆的出发点和归宿点，成为衡量图书馆能效的主要指标。互联网的便捷性使得读者无需到馆就可以使用搜索引擎检索自己所需要的信息，也可浏览图书馆的网站。对于图书馆来说，这是机遇也是挑战。如何吸引用户到馆，需要图书馆树立以读者为中心的服务理念，利用新技术创新服务形式，为读者提供个性化服务。在大数据环境下，图书馆正在逐渐改变被动的服务状态，以新兴技术、创新形式、丰富资源为突破点更加积极主动地为用户服务。

四 空间管理日益智能化

在大数据时代，智能驱动的图书馆服务体系可以实现馆内空间的创新。图书馆运用人工智能、AI 等技术，使图书馆空间升级为真实场景和虚拟场景两者紧密结合的智慧空间，打通图书馆之间、用户之间、用户与馆内文献信息资源之间相互联系的通道，无形中拓展馆内的服务空间。馆内“三位一体”的空间布局突破时间和空间的限制，用户在哪里图书馆就在哪里，使得图书馆服务空间泛在化趋势日益凸显。

第二节 大数据时代图书馆服务主要技术

一 自然语言处理技术

在大数据时代，想要精准对接图书馆服务的数据链，在海量的数据孤岛之间建立联系，需要语义技术来实现。语义技术为多源异构数据之间的无缝连接和数据相互操作提供技术基础。在大数据时代的图书馆智慧化服务中，要着重考虑怎样将语义自动融入文献信息中。若采用人工标注的形式，工作量大、复杂性强、变化多，所以语义的自动融入显得尤为重要。苏新宁指出，在相关词典的帮助下，利用语义分析技术等自动标注数据间的语义关系，这样多元数据、结构化和半结构化数据之间才能建立语义联系，从而促进馆内文献资源的深挖，同时方便用户获取知识。①

数据聚类是信息高效利用的有效手段之一，在大数据环境下真正得到开发利用的数据只是一小部分，而聚类在繁杂的数据海洋中将彼此有关联的数据聚合在一起，为其价值挖掘和开发利用提供良好的途径。例如，利用数据聚类技术将信息资源或数据资源划分为相互关联的数据集合，方便用户对数据的检索、分析。数据聚类技术还可以应用于用户需求和行为的聚类，为用户的个性化服务提供数据支撑。

二　生物信息识别技术

生物信息识别技术在身份安全识别问题上具有显著优势，如其中的指纹识别、虹膜识别、人脸识别、DNA 识别等，但是虹膜识别和 DNA 识别设备成本较高，指纹识别在高校目前主要用于人员考勤，而人脸识别技术，具有伪造程度低、易获取、非接触性、直接性等突出特点，在图书馆得到广泛的应用。人脸识别在对人的面部生物特征进行信息采集后进行检测，利用人脸识别技术算法从图像的多维特征中解析到特征，从而进行匹配。它包括人脸检测、人脸追踪、人脸对比三个阶段。② 自 2017 年开始，国内许多图书馆已经引人脸识别技术，将其应用在自助借还、门禁功能、座位预约、信息推送、用户行为采集等业务中，提升服务的便捷性、用户的愉悦性，并以此促进自身向智慧服务转型。

三　物联网技术与 RFID 技术

简单来说，物联网技术是各类传感器和现有的互联网相互衔接的一个新技术，它包含 RFID 射频识别、红外感应器、激光扫描器等信息传感

---

① 苏新宁：《大数据时代数字图书馆面临的机遇和挑战》，《中国图书馆学报》2015 年第 6 期。

② 吴凡：《智慧图书馆人脸识别技术应用研究》，《图书馆学刊》2019 年第 7 期。

设备，将信息传感设备与互联网连接起来，从而达到智能化识别、追踪、监管。身为物联网中的主要技术，RFID 无线射频技术通过射频识别搭建实物与互联网连接的桥梁，有效实现将图书馆、馆员、用户、文献资源等相连。[①] 随着万物互联、万物智能时代的到来，智慧图书馆的重要特征之一就是全面感知，而 RFID 无线射频识别技术的应用能提升图书的智能感知，成为智慧图书馆的代表性应用。RFID 利用无线电信号精准识别目标，并对相关数据进行记录，不依赖接触实现两者之间的联系。[②] RFID 能够实现图书智能化管理、自助借还、智能上架盘点、三维智能导航检索等，增强了图书馆、馆藏资源、图书馆馆员、用户、馆内设备等之间的关联性。

四 区块链技术

区块链作为数字经济时代人机物融合的信息虚拟空间中最重要的价值交换交易标准，已经受到政府、教育、文化、金融、互联网等诸多行业和部门的重视。区块链是一个分布式的共享账本和数据库，被金融业、文化产业、版权保护等诸多领域看好，它具有去中心化、不可篡改、全程留痕、可以追溯、公开透明等特点。[③] 在不远的将来，虚拟信息空间中的发展机会将远远超过现实物理空间。数字图书馆当前面临的数字资源建设问题、管理与服务问题都会随着区块链理论、技术的应用迎刃而解。未来馆内数字资源的授权合同、专利、知识产权等不需要多方谈判，而是基于区块链构建的在线身份验证、授权登记验证等迅速判断是否合乎规则。区块链技术所构建的数字图书馆使得图书馆、用户、信息资源之间的关联关系更加生动化和人性化。

---

① 郑元元、罗艳：《智慧图书馆构建过程中“信息孤岛”问题探究——基于“互联性”的视角》，《图书馆工作与研究》2018 年第 6 期。

② 冯银花：《基于人工智能的无人图书馆》，《大学图书情报学刊》2019 年第 4 期。

③ 李晨晖、张兴旺、秦晓珠：《图书馆未来的技术应用与发展——基于近五年 Gartner〈十大战略技术趋势〉及相关报告的对比分析》，《图书与情报》2017 年第 6 期。

第三节　大数据时代图书馆典型服务模式与实施方式

一　以资源建设为核心的服务模式

文献信息是图书馆开展所有服务的基础，随着数字时代的到来，传统的纸质文献资源开始被纸电资源同时覆盖，而且数字资源的使用情况在逐步上升。兼顾纸质文献、数字资源、数据资源类型，兼容结构化、半结构化、非结构化数据状态，采用新技术，最终达到丰富、融合、共享状态的资源体系。匹配资源体系变化，可以发现服务资源的建设模式呈现四种转变趋势。

第一种是资源采集方式自动化。面对“云时代”的海量信息，单纯依靠资源采购、被动获取传统资源的采集方式已无法适应图书馆服务要求，智慧图书馆需要借助云计算、大数据等数据处理技术，自动化管理海量数据。这些数据既要包含用户需求的资源，又要兼顾图书馆数据系统，日常服务留下的半结构、非结构数据。

第二种是资源保管的云存储化。分布式的云端存储技术，在安全、高效、方便的特点下，允许用户自由获取、传输、上传数据信息。可以说云存储技术为图书馆数字资源长期保存提供了可能，也节省了图书馆软硬件建设成本，实现资源效益的提升。

第三种是资源建设主体跨界化。高校图书馆、公共图书馆、政府、企业、社会团体、用户等不同主体加强协作的同时，更加强调“用户参与”。图书馆资源建设开始趋向“图书馆—读者共同体”协同模式，读者与馆员间、读者群体间有机联动，主动或被动地将需求传达给图书馆，开始兼具数据生成者与使用者的角色，与资源建设的原主体图书馆实现资源价值共创。

第四种是资源加工深度化。在资源的深度加工上，图书馆已经从单纯的文献提供服务转换为知识提供服务，这不是简单意义上的服务内容转变，是在对原有信息深度加工的基础上，实现的信息增值服务。它不仅需要对馆内原有信息资源的全局收集管理，更要融合词表工具和数据聚类、挖掘技术，在繁杂的知识之间建立语义关联和融合，对知识和数据进行新的建构，挖掘新的知识。在大数据挖掘、云计算等技术和工具的有力支撑下，图书馆为用户提供更加深层次的知识服务成为趋势，尤其是高校图书馆在这方面的服务走在前列。

二 以新技术应用为导向的服务模式

在图书馆从纸质时代到数字时代的发展过程中，技术始终是促进其向前发展和迈进的关键因素和核心动力。图书馆服务与新技术融合发展，始终是图书馆发展的趋势。在大数据时代，图书馆的核心技术发生转变，云计算、大数据、物联网、语义网等技术的出现，引发图书馆服务思维、服务内容、服务层次、服务对象以及组织结构的重大变革。例如，国家图书馆“中国记忆”项目推行，以新媒体方式完成传统文化遗产的新型文献建设。

面对时代赋予的新兴技术，一方面，图书馆不断吸纳新技术，拓展新的服务领域，更好地满足用户需求。例如，备受瞩目的人工智能技术，① 它作为计算机科学的一个分支，以强大的数据处理能力、超强的网络传输汇聚能力，构建基于人类机体思维扩展的智能体系。目前，其他行业已经开始实践智能系统中的“万物互联”理念，图书馆也可以根据此研究热点进行尝试，体现用户、服务、资源之间的互联。

另一方面，图书馆将新兴技术应用到传统图书馆服务中，保证核心服务业的传承。在资源建设方面，利用新媒体平台技术的成熟性，发送资源需求调查问卷，或者在新媒体平台上开展相关互动活动——“你选书，我买单”“心愿书单”等，并长期增设此荐购模块，允许用户资源推荐行为成为常态化资源建设项目。在资源利用方面，利用各种智慧技术，为读者带来新的科技体验。例如，“清华大学网红送书小车”可以实现校园内自助借还书籍，让师生感受到图书馆的创新服务。在阅读推广方面，在选取用户感兴趣的文化主题的同时，借助数字技术提升活动的吸引度。例如，澧县图书馆为迎接《中华人民共和国公共图书馆法》的颁布，为

① 李立睿：《人工智能视角下图书馆的服务模式重构与创新发展——基于英国〈人工智能：未来决策的机遇与影响〉报告的解析》，《图书与情报》2017 年第 6 期。

小学生开启了一场“智慧之旅”，学生通过 VR 设备学习外语，还通过手部的运动隔空操作计算机为海洋动物涂色等，在寓教于乐的氛围中，普及科技知识，让小读者们初步了解《中华人民共和国公共图书馆法》的基本服务理念，是一次极为成功的文化推广活动。

三　以用户需求为中心的服务模式

大数据环境下，“以用户为中心”的理念成为图书馆服务的出发点和最终归宿点，也是图书馆参与社会公共文化建设、履行社会义务、实现时代使命的重要动力内核。图书馆要更多地关注如何将用户、资源、空间关联起来，以读者为中心实现基于资源、技术、空间的读者服务，最大程度地满足读者需求。为实现以用户为中心的图书馆服务元素间的关联，强化与用户间的互动成为图书馆的必然选择。通过用户画像技术，图书馆要尽量全面、细致地捕捉读者的画像信息，进行需求挖掘，满足读者的个性化需求。这类服务模式主要体现在深度个性化服务中。

图书馆的个性化服务在现有服务的基础上，进一步转向“大数据 + 小数据”的服务方式。大数据包含开展图书馆资源、业务、活动等各类关联数据，是图书馆展开个性化服务的基础。而小数据是以单独个体为中心，围绕不同个体采集相关思想、行为、个性、爱好等动态信息和静态信息。在传统个性化服务的基础上，图书馆借助大数据、云计算、移动终端，获取读者特征和周围环境，将庞大且复杂的图书馆应用微小化，转化为移动服务，形成“大数据 + 小数据”的服务，建立用户电子书签，根据书签的表达确定用户真实的个人需求，精准地为用户提供数据检索、推荐信息、资源定制等服务。

四　以空间再造为趋向的服务模式

图书馆服务的空间再造，要从空间上颠覆以书为中心等布局方式，在空间设计中融入创意、文化、艺术等元素，打造有思想、有主题，舒适互动的空间氛围。传统图书馆将空间与实体资源、文献服务结合在一起，图书馆空间构造以文献服务为中心，预留大量文献存储与流通区域。而随着智慧时代的到来，图书馆资源更多地转向数据资源，剥离实体资源后，图书馆服务更多转向除单纯文献服务以外的多类型文化服务，将用户吸引到图书馆，发挥图书馆作为空间的作用，是大数据时代图书馆服务功能的关键。将空间新定位与新兴数字技术结合，探讨空间的新延伸，是图书馆在智慧时代服务体系的核心。目前，国内外大量的图书馆都在空间重构方面展开实践，图书馆的空间重构尝试从最初的共享空间转向学习共享空间、研究型空间，再到目前广受关注的创客空间、城市阅读空间等。图书馆将以技术为依托，将不同性质、功能的空间融合，这为图书馆实现智慧服务提供可能，同时也给用户更多个体发展的道路选择，因为可以借助这些融合各类资源的空间实现各种事务的尝试，为创新事业提供孵化平台。

作为虚拟空间的典型尝试，线上图书馆在国内外图书馆移动服务建设中占据越来越重要的位置。运用云计算、云服务、物联网等技术，将分布式存储、按需使用等方式纳入移动图书馆资源服务体系架构中，使其具有传统移动图书馆并不具备的动态性、灵活性和可扩展性，提升图书馆服务效能。云图书馆基于读者客户端，提供数字图书馆的一切服务，并实现资源的云端获取。同时，其具备动态交互性，可进一步采集读者情境信息，基于读者画像开展个性化推送服务，满足读者的个性化定制需求。

在线下空间方面，文化体验空间是图书馆扩展空间功能、丰富资源展示渠道、创新服务方式的集中体现。传统的图书馆资源展示方式始终要与“书”联系在一起，随着虚拟现实、增强现实、多点触控、大屏展示等技术的出现，图书馆拥有更加创新的资源展示方式，得以脱离书本的既定形式，可借助展厅展示资源内容。通过对图书馆资源的挖掘，数字展厅既可以展示如古籍等珍贵资源的仿真模型，也可以展现原创的图书馆文化故事、业务流程、讲座活动。同时，图书馆可以根据对象特征嵌入不同的技术，如基于地面触摸感知的少儿展厅、基于大屏显示的青少年教育展厅、基于虚拟仿真的盲人展厅，实现静态空间与动态空间、实体空间与虚拟空间、物理空间与精神空间的融合。

第四节　大数据时代图书馆服务能力及实践

在数字化、智能化、网络化的大数据环境下，图书馆服务资源、服务理念和服务平台都发生新的变化。在大数据、自然语言处理、生物信息识别、物联网与 RFID、区块链等新技术的发展下，图书馆进一步把握新科技革命的发展机遇，构建出以资源建设为核心、新技术应用为导向、读者需求为中心、空间再造为趋向的新型服务模式。在新的技术环境中，数据社会给科技发展带来无限的潜力，在数据包容、科技向善的价值观下，[①] 数据的价值得到彰显。对科学数据开放获取和科研数据生命周期进行有效的管理，是促进数据的合理利用和深度开发的基础。深度挖掘数据，借助社会网络分析等手段，对海量数据的分析处理并将其可视化展示也是科学发现的重要成果。将数据嵌入实践范式，才能促进科研数据的应用与共享。以下图书馆创新服务案例充分展示出图书馆数据管理与服务的发展潮流与趋势。

一　信息化环境下公共图书馆从业人员绩效评价

（一）研究背景

公共图书馆的未来是向数字图书馆迈进，而建立信息化公共图书馆涉及许多相关因素，如资金、技术、设备、体制、管理、人力资源等，其中人是最基本、最关键、最活跃的因素，在公共图书馆发展中起着决定性的作用。[②] 未来的公共图书馆竞争实质上是人才的竞争，在不断更新的环境下，面对新技术的挑战，他们将作为提高图书馆的工作质量和效率的领航员。目前，公共图书馆从业人员的素质参差不齐，一方面大多数公共图书馆的从业人员知识结构博而不精，另一方面又严重缺少既懂技术又懂管理的公共图书馆从业人员。因此，公共图书馆当前的重要任务之一是培养一支高素质、高水平的人才队伍。

---

① 王世伟：《论面向未来的公共图书馆包容性发展》，《中国图书馆学报》2020 年第 2 期。

② 党芬、王敏芳：《我国信息化人才培养的问题与对策》，《现代情报》2005 年第 11 期。

绩效评价是绩效管理中的一个重要环节，是一项长期而系统的工作，人才绩效评价同一般人才评价一样，都是对他们工作中产生的业绩进行评价，从而推动员工创造更大的价值。[①] 近年来，人才绩效评价的研究越来越受到社会各界关注与重视，多种多样的评价理论、内容、方法被相继提出，图书馆界也不例外，中国在公共图书馆从业人员绩效评价研究方面已经产生大量的研究成果，大部分采用 ANP 和 AHP 以及其他一些定性的方法来研究评价体系，也有的仅仅是从理论方面进行研究。[②] 公共图书馆从业人员是公共图书馆服务、管理的主体，在公共图书馆从业人员评价过程中要避免主观臆断与测量的偏差。本部分将采用聚类分析与因子分析相结合的方法，对公共图书馆从业人员绩效评价体系进行研究。笔者根据中国公共图书馆从业人员培养与社会需求的特点，结合前人的经验选取公共图书馆从业人员绩效评价指标，利用 SPSS19. 0 软件中聚类分析对评价指标进行分类，并采用因子分析法确定关键指标的权重，最终得到公共图书馆从业人员绩效评价模型。

（二）公共图书馆从业人员绩效评价指标的选取

1. 信息时代对公共图书馆从业人员的要求

为了更好地促进公共图书馆信息化建设，从业人员应当转变思维方式，努力成为复合型人才。综合相关文献，笔者认为信息化环境下的公共图书馆从业人员应具备以下几点。第一，专业技术强。公共图书馆信息化建设需要从业人员掌握各种专业技能，除了具备基本的信息检索、科技查新等技术外，编写程序、网站设计维护、信息编目、数据库技术等现代图书馆的核心技术也需要灵活掌握运用。第二，服务意识强。公共图书馆属于公共服务部门，主要是为用户或读者服务（外借、阅览、参考咨询、科技查新、定题服务等），因此公共图书馆从业人员必需具备良好的公共服务意识和服务理念。[③] 第三，综合能力强。公共图书馆服务

---

① 杨杰、方俐洛、凌文铨：《关于绩效评价若干基本问题的思考》，《自然辩证法通讯》2001 年第 2 期。

② 刘曰波、魏津瑜、毕强：《基于 ANP 的信息化人才绩效评价研究》，《情报学报》2007 年第 12 期。

③ 陈有志、余俊丽：《图书馆从业人员素质模型研究》，《图书馆》2007 年第 2 期。

是人与人之间互动的工作，沟通能力是图书馆从业人员必备的素质之一。同时，随着公共图书馆不断推出满足用户需求的个性化服务，公共图书馆从业人员自身为了在竞争中处于优势，必须先从工作过程以及学习过程中提升自己理论与实践相结合的能力和创新能力；还要快速适应环境和知识更新，成为适应型人才。第四，职业道德高。信息化环境下，公共图书馆从业人员应当树立正确的人生观、价值观，热爱图书馆事业，且具有全心全意为用户服务的职业素养。

2. 公共图书馆从业人员绩效评价指标

公共图书馆从业人员绩效评价的目的主要包括两点：一是发展目的，如公共图书馆如何激励员工、培训员工、帮助员工完成职业目标；二是评价和决策目的，如图书馆员工的晋升、薪酬等级设定等。根据信息化环境下公共图书馆从业人员的特点，并结合绩效评价目的及前人的研究情况，本书选取的公共图书馆从业人员绩效评价指标如表3－1所示。

表3－1　　公共图书馆从业人员绩效评价指标及含义

	含义
工作效率（X_1）	指处理问题的时间与效果的综合情况
工作数量（X_2）	指在规定时间内工作完成的质量情况
工作质量（X_3）	指任务完成的公众满意度如何
诚实正直（X_4）	指遵纪守法、公正廉政，不泄露工作隐私，不接受不正当利益
忠诚度（X_5）	指处处做事从图书馆角度考虑；发现问题及时提出建议；是否有决心与图书馆共同发展
服务用户（X_6）	指善于站在用户（读者）的角度考虑问题，具有服务群众的意识
沟通能力（X_7）	指与读者交流、同事相处时的表达能力、倾听能力等
创新能力（X_8）	指创新思维，敢于打破局限性，拥有独特的想法
学习能力（X_9）	指无论在什么环境下自我求知、发展、做事的能力
专业技术能力（X_{10}）	指所在岗位要求具备的专业技能，以及具备图书馆基本的专业知识
团队精神（X_{11}）	指具有较强的协作意识，很乐意与同事讨论问题、解决问题
敬业精神（X_{12}）	指在所处的工作岗位上认真负责，兢兢业业，开拓进取，精益求精
勤奋积极（X_{13}）	指在工作过程中积极主动，一丝不苟，严于律己

（三）结果讨论与分析

本书运用聚类分析和因子分析方法建立公共图书馆从业人员绩效评价模型，结合调查数据的分析与实证检验得出以下结论。

（1）聚类分析主要是将相似程度较高的指标聚为一类，客观反映不同指标在评价体系中所起的作用。从以上利用聚类分析法对公共图书馆从业人员绩效评价指标的分类结果中，能够更容易地发现从业人员缺乏哪方面的素质，为公共图书馆确定人才培养方向提供科学依据。

（2）公共图书馆从业人员绩效评价指标通过因子分析提取四个公因子，即四个关键指标。第一个因子“工作业绩”包含的指标有“工作效率”（X_1）、“工作数量”（X_2）、“工作质量”（X_3），其中“工作效率”的重要性要高于另外两个指标，它是影响公共图书馆从业人员绩效评价最重要的指标，说明高效率的工作是公共图书馆要求从业人员达到的目标。第二个因子“能力指标”包含的指标有“沟通能力”（X_7）、“创新能力”（X_8）、“学习能力”（X_9）、“专业技术能力”（X_{10}），其中“沟通能力”和“学习能力”的因子载荷值相对较高，表明在进行公共图书馆从业人员绩效评价时，必须考虑从业人员的沟通能力以及学习能力；此外，“创新能力”和“专业技术能力”也不能忽视，这表明公共图书馆在不断鼓励从业人员提高工作业绩时，也需要关注从业人员的发展潜力，通过规范继续教育来提高从业人员各方面的能力。第三个因子“思想品质”包含的指标有“诚实正直”（X_4）、“忠诚度”（X_5）、“团队精神”（X_{11}）、“服务用户”（X_6），其中影响该因子最大的指标是“忠诚度”，其次是“服务用户”，这表明公共图书馆重视从业人员的思想品质，特别是从业人员的“忠诚度”和“服务用户”的态度，提高从业人员的忠诚度能够避免人才的大量流失，而加强从业人员服务用户的意识能够提高用户的满意度。同时，其他两个指标也应该引起公共图书馆的重视。第四个因子“工作态度”包括的指标有“敬业精神”（X_{12}）、“勤奋积极”（X_{13}），而从业人员“敬业精神”的重要性相对大于“勤奋积极”。结果表明，笔者初步选取的13个指标都是影响公共图书馆从业人员绩效评价的重要指标。

最后得到公共图书馆从业人员绩效评价函数，笔者发现四个公因子中，“工作业绩”因子的贡献率最大，为35.8%；“能力指标”因子的贡献率第二，为25.2%；“思想品质”因子的贡献率为14.3%，排名第三；“工作态度”因子的贡献率最小，为9.98%。计算发现贡献率越大，权重也越大，证明公共图书馆在评价从业人员绩效时，“工作业绩”指标是最主要的，同时也确定“思想品质”和“能力指标”是图书馆从业人员绩效评价必要的因素。由此可知，公共图书馆通过了解从业人员的思想品质和能力情况，才能更好地开展技能培训，培养优秀的人才，从而发挥馆员的潜力，加强从业人员的个人素质，提高公共图书馆信息服务水平。“工作态度”指标贡献率虽然最小，但在评价图书馆从业人员绩效时不能忽视。①

（3）公共图书馆希望把从业人员培养成高素质的复合型人才。评价一个公共图书馆从业人员是否优秀，除工作业绩突出外，还应当考虑其他指标。同时培养一个优秀的公共图书馆从业人员，除了培养他们工作能力外，还需要关注以下内容。一是提高公共图书馆从业人员的忠诚度，防止人才的流失；② 二是加强公共图书馆从业人员服务用户的意识，提高用户信息需求的满意度；三是加强公共图书馆从业人员思想品质教育，营造文明和谐的图书馆环境；四是开展有针对性的专业培训，提高公共图书馆从业人员的专业水平；五是建立公平公正的竞争激励机制，调动公共图书馆从业人员的积极性和创造性。③

二 国际科学数据共享领域进展

科学数据共享的范围和参与度正在逐步拓展，从科学研究到经济发展，从科学数据本身到开放科学，其影响范围也逐渐拓宽。本部分对2013年至今国际科学数据共享的实践进展进行追踪，归纳国际不同领域科学数据共享的实践动向，总结其特点，并为中国科学数据共享实践发展提出建议。

---

① 陈有志、余俊丽：《图书馆从业人员素质模型研究》，《图书馆》2007年第20期。

② 郭淑华：《新时期图书馆人才危机及其对策刍议》，《内蒙古科技与经济》2013年第2期。

③ 王玉春：《新环境下图书馆人才队伍建设》，《科技信息》2013年第2期。

（一）科学数据逐渐成为国际多个领域关注的焦点

科学数据是科学研究的成果，也是科学研究的重要基础之一。科学研究的跨学科发展以及科学数据的跨领域现状，带来的是多个领域对科学数据的关注。

1. 科学数据方面的战略与跨领域合作

欧盟于2011年发布《开放数据：创新、增长和透明治理的引擎》，旨在推动各国在开放数据领域开展合作。2015年12月，“地平线2020”工作组发布2016—2017年工作框架，其中科学数据的开放共享成为继出版物开放获取之后的又一重要任务。① 科学数据共享理念、技术和实践的迅速发展，带来国家或地区之间数据共享的新问题，欧美政府高层针对数据共享和交换等问题进行规则的调整。2015年10月6日，欧洲高等法院宣布数据转换协议——安全港协议无效；② 11月3日，美国副总统乔·拜登（Joe Biden）与欧盟委员会主席让—克洛德·容克（Jean-Claude Juncker）就制定新的跨大西洋数据共享协议进行电话磋商。③

银行领域将数据共享提上日程，国际结算银行（Bank for International Settlements，BIS）数据共享小组于2015年1月向BIS行长提交了《数据共享：问题和良好实践》报告，对近年来各国数据共享的实践和存在的问题进行概括。④ 文化教育领域将科学数据共享作为推动科学研究发展的重要途径。芬兰教育文化部于2014年11月发布《2014—2017年开放科学与研究路线图》，指出对公共资助的科研项目所产生的研究成果，特别是科学数据要开放和共享。⑤

---

① “Horizon 2020 Work Programme 2016-2017”，http：//ec. europa. eu/research/participants/data/ref/h2020/wp/2016_2017/main/h2020 – wp1617 – swfs_en. pdf.

② Mark Scott，“Data Transfer Pact Between US and Europe Is Ruled Invalid”，2015，http：//www. cnbc. com/2015/10/06/data – transfer – pact – between – us – and – europe – is – ruled – invalid. html.

③ “EU，US Strike Deal in Principle on New Data-Sharing Pact”，2015，http：//thehill. com/policy/cybersecurity/258182 – eu – us – strike – deal – in – principle – on – new – data – sharing – pact.

④ “Data-Sharing：Issues and Good Practices”，2015，http：//www. bis. org/ifc/events/7ifc – tf – report – datasharing. pdf.

⑤ “The Open Science and Research Roadmap 2014-2017”，2015，http：//www. minedu. fi/export/sites/default/OPM/Julkaisut/2014/liitteet/okm21. pdf? lang = en.

2. 科研机构对科学数据的重视

2014 年 8 月，联合国成立“数据革命促进可持续发展独立专家咨询小组”（IEAG）。2014 年 11 月，IEAG 应联合国秘书长潘基文的要求，提交《一个可追责的世界：活用数据革命促进可持续发展》，该报告围绕科学数据共享提出五条建议，包括建立全球共识性的原则与标准，共享技术与创新，探索长期发展目标项目的快速解决方案等。可见科研机构将科学数据作为重要的研究和实践对象，针对科学数据的共享和管理开展一系列项目，并注重数据共享领域的标准建设。①

3. 科研资助机构的政策支持

剑桥大学科学数据管理工作组对 20 个资助高校科研机构的科学数据政策进行概括，均从共享、开放或可获取性等方面对科学数据共享进行规定。② 经济合作与发展组织（OECD）制定了数据开放共享政策，规定公共资助的科学数据应当开放共享。英国皇家科学院（The Royal Society）制定数据共享与数据挖掘政策，对数据开放、辅助材料的共享、数据的可获取性等问题进行详细规定。科研资助机构通常从自身资助的科学研究出发，对科学数据共享相关事宜进行规定，从科学数据共享角度来看，科研资助机构的政策所涉及的学科领域较为广泛，同时为科学数据共享与管理提供了良好的环境和氛围；对科研机构和科研人员而言，科研资助机构科学数据相关政策的提出为其开展科学数据共享实践提供了行动指南。③

4. 图书馆领域对科学数据的关注

2015 年 10 月，美国图书信息资源委员会（Council of Library and Information Resources，CLIR）发布《全球视角下培养支撑数字化学术的专

---

① “Data Sharing Agreement with Statistics Unit：Population and Migration Statistics”，2016，http：//www. gov. je/Government/PlanningPerformance/Pages/MinisterialDecisions. aspx? showreport = yes&docid = 1f73d71aababe1afec8d2632210e3980_MDs2013.

② “Data Sharing Agreement with Statistics Unit：Population and Migration Statistics”，2016，http：//www. data. cam. ac. uk/funders.

③ “OECD Principles and Guidelines for Access to Research Data from Public Funding”，2015，http：//www. oecd. org/science/sci – tech/38500813. pdf；“Open Access Science”，2015，http：//www. sanger. ac. uk/about/who – we – are/policies/open – access – science.

门人才》报告，充分考虑数字化技术带给科学研究和学术交流的改变。其中，将数据素养、数据管理技能作为未来数字化学术专门人才的必备技能。CLIR 与数字图书馆联盟（Digital Library Federation，DLF）联合提供科学与社会科学领域科学数据管理博士后奖学金项目、中世纪研究中的科学数据管理奖学金项目，并在 CLIR 科研图书馆奖学金基础上提供近代早期研究中的科学数据管理奖学金项目等，其对科学数据的关注从研究、实践向人才培养深入拓展。[①] 可见，科学数据的管理、保存等已经成为图书馆关注且积极参与的重要工作，图书馆在参与科学数据共享过程中，充分发挥其专长，既开展相应的组织和管理工作，又探索科学数据共享领域的人才教育。

总体而言，从欧盟到八国集团，从图书馆机构、图书馆会议到高等学校，从政治经济领域到科学研究领域，科学数据吸引世界不同地域、不同领域的广泛关注。

（二）科学数据共享与管理专门机构相继成立

科学数据管理机构由来已久，新需求环境下的专门机构应运而生。

1. 共享需求下的科学数据组织涌现

科学数据共享为科学技术的进步和科研成果的进一步融合提供更多可能。英国联合信息系统委员会（JISC）组建了数据管理中心（DCC），该组织积极从事科学数据的存储、管理和共享等领域的实践。近年来，DCC 和科学研究数据全球联盟（RDA）已经在科学数据共享和管理等研究和实践领域崭露头角，在科学数据的相关实践中发挥重要的领导和促进合作的作用。除了旨在推动宏观数据共享的组织外，近些年还涌现出特定领域数据共享或者针对数据共享具体实现的组织，如美国设立非营利组织开放数据基金。

2. 管理需求下图书馆科学数据管理部门的设立

美国大学与研究图书馆协会（Association of College and Research Libraries，ACRL）成立了数字人文科学数据管理研究所，将研究视角定位于科学数据管理的基本概念、入门级实践、数字人文中科学数据管理的

① "Data Curation", 2015, http://www.clir.org/initiatives-partnerships/data-curation.

特殊问题和挑战。[①] 诸多高校如加利福尼亚大学、牛津大学等图书馆成立专门的科学数据管理职能部门或工作小组，开展科学数据管理的多项工作，同时针对科学数据共享、组织、管理等开展相应的培训和教育。欧洲科研图书馆联盟成立学术交流与研究基础设施指导委员会，探索科学资源与元数据的再利用等问题。研究基础设施委员会关注支撑学术交流体系发展、转变所需的基础设施建设，[②] 总之，其核心任务和工作重心在于学术交流体系转变过程中诸如开放存取、科学数据管理、文本和数据挖掘、版权等关键性问题。

早期科学数据管理机构或组织主要来自科学数据存储的需求，且多是国际科学领域的组织机构成立的下属机构，专门面向科学数据管理的组织少见，且未将科学数据共享作为明确的目标和实践工作。科学数据共享和开放的研究和实践需求催生专门从事科学数据管理、共享和开放等实践的机构，此类机构通常在国际视野下开展相关工作，合作、开放和共享成为此类机构开展工作的主要特征。

（三）科学研究领域开展一系列科学数据共享项目

随着科学数据价值认可度的提升、科学数据共享需求的日趋显现，科学数据共享项目数量迅速增加，项目着力点也开始从共享实践向共享理念推广等方面拓展。

1. 对科学数据共享的大力投入

近年来，科研资助机构等对科学数据共享进行大力的资金支持。例如，加利福尼亚大学圣地亚哥分校电信与信息技术研究所的数据共享项目“健康数据探索”于2015年2月向五个项目提供20万美元的资助，以支持通过个人健康数据的共享和利用来促进科学研究。无论是科研机构，还是政府部门，对科学数据共享的资金支持均不在少数，且有增长之势。

2. 科学基金资助科学数据共享项目

2013年1月，丹麦电子研究图书馆、德国科学基金会、荷兰高等教

---

① “Digital Humanities Data Curation Institute”, 2015, http://connect.ala.org/node/214265.

② “Scholarly Communication & Research Infrastructures”, 2016, http://libereurope.eu/committees/scholarly-research/.

育与研究信息通信技术协作组织、芬兰教育与文化部管理的信息技术科学中心、英国联合信息系统委员会五个科学资助机构共同设立知识交换（Knowledge Exchange）项目，在欧洲范围合作开展高等教育和科学研究领域开放科学数字化基础设施建设。

3. 重视科学数据共享推广

尽管当前科学数据共享项目在全世界范围内已经较为普遍，但科学领域对科学数据共享的接受和认可程度还不尽如人意。科学数据共享项目（Scientific Data Sharing Project）由此产生，并致力于在科学最广泛领域推广科学数据共享的理念与实践。无论是科学数据共享理念，还是科学数据共享的价值和收益，都是推广科学数据共享的有效途径。对科学数据共享的推广，也是当前科学数据仓储和科学数据共享基础设施建设项目所努力的领域。

（四）学术出版界的科学数据共享探索

数据的共享离不开数据的出版，近年来，学术出版界积极探索出版领域的科学数据共享实践。

1. 传统学术出版者涉足科学数据存储与共享领域

随着科学数据价值的不断提升，以及科学研究领域对科学数据全生命周期管理需求的增长，科学数据的出版成为学术出版重要的新兴领域。传统学术出版者为应对此趋势，迅速做出政策和具体实践的调整。Elsevier 数据库公司通过一揽子政策和措施参与科学数据相关实践、推动科学数据管理与共享，发布专门针对科学数据的政策，以鼓励其收录文献作者所持科学数据的存储，同时以专门的数据仓储和数据与文献关联的技术手段实现科学数据的共享。[①] Wiley 数据库近些年将数据共享服务提上日程，目前 Wiley 与 Figshare 合作，为作者提供一站式数据提交、存储和共享支持。[②] 2014 年 8 月，汤森路透公司宣布与 DataCite 合作，以拓展对科学数据的发现和探索。无论是与数据存储或数据管理者合作，还是自

① “Research Data”, 2016, https://www.elsevier.com/about/company-information/policies/research-data.

② “Wiley's Data Sharing Service”, 2015, http://olabout.wiley.com/WileyCDA/Section/id-826764.html.

身探索科学数据的关联与出版，传统学术出版者都已将矛头直指科学数据领域，开展科学数据的存储、共享等领域的探索和实践。①

2. 开放存取出版者拓展开放内容

美国科学公共图书馆 PLOS 于 2013 年 12 月发布针对科学数据的新政策，以匹配早先提出的研究文献开放存取政策。② Hindawi 出版社与 SAGE 出版社合作，开展期刊文献开放存取的合作。此外，两者就科学数据的开放共享达成共识，认为开放科学数据将成为下一个大的运动，并根据其开放存取出版基础开展文献支撑数据以及基因数据的共享。③ 开放存取出版机构从政策、出版形式、出版内容等方面探索科学数据的共享与开放，并积极开展数据共享领域的合作。

3. 学术出版团体的数据共享政策

学术出版团体的数据共享实践从政策的制定开始探索，并呈现较为明显的合作状态。科学技术与医学出版团体签署《布鲁塞尔声明》，声明原始科学数据应当对所有科研人员免费提供。出版者鼓励作者将作为科研产出的原始数据公开发布，向期刊提交文章的同时所提交的科学数据集应当尽可能的向其他科研人员免费提供。④ 由科研人员、图书馆馆员、档案人员、出版者和科研资助者构成的学术团体 FORCE11，旨在推动学术交流体系的转变，特别是科学研究成果的数字化出版。该团体的参与者共同发布《数据引用原则联合声明》，将其原则归结为重要性、信用与署名权、证据、唯一标识、可获取性、持久性、特殊性和可验证性、互操作性和灵活性等。⑤

---

① “Thomson Reuters Collaborates with DataCite to Expand Discovery of Research Data”, 2015, http: //thomsonreuters. com/en/press - releases/2014/thomson - reuters - collaborates - with - datacite - to - expand - discovery - of - research - data. html.

② “PLOS'New Data Policy: Public Access to Data”, 2015, https: //www. plos. org/data - access - for - the - open - access - literature - ploss - data - policy/.

③ “Journal Unites Research Articles With Raw Data”, 2016, http: //www. researchinformation. info/features/feature. php? feature_id = 186.

④ “Brussels Declaration”, 2015, http: //www. stm - assoc. org/public - affairs/resources/brussels - declaration/.

⑤ “Joint Declaration of Data Citation Principles”, 2015, https: //www. force11. org/group/joint - declaration - data - citation - principles - final.

（五）图书馆界重视并纷纷开展科学数据管理服务

图书馆界特别是图书馆管理机构、高校图书馆和科研图书馆，对科学数据管理和共享持积极参与的态度。

1. 图书馆界对科学数据管理的认同提升

科学数据成为大学图书馆领域最关注的热点趋势，大学图书馆在科学数据领域出现新的机构和合作机遇，科研人员、机构仓储和期刊出版社之间的合作愈加明显，大学图书馆对数据发现和数据复用相关实践的参与度提升。① 2015 年6 月召开的欧洲科研图书馆联盟年会围绕“迈向开放科学”的主题展开，其中题为“图书馆与科学数据：迈向新的领导角色”的研讨会，对科学数据管理政策、激励措施以及科学数据管理相关培训的情况进行总结。

2. 图书馆着力开展科学数据管理服务

联机计算机图书馆中心（OCLC）于 2013 年发布高校科学数据管理政策研究报告，呼吁高校高层制定覆盖全校范围、科学数据管理全环节的科学数据管理政策。同时，该报告对高校科学数据管理的不同利益相关者进行详细解剖，并指出图书馆在制定科学数据管理政策时应当与相关利益者充分沟通，从而得到积极支持，如此高层次的数据共享与管理政策才会得到支持和得以持续。② 国家科学基金会（NSF）等重要的科研资助或管理机构纷纷制定政策，规定申请资助的图书馆必须在资助申请书中制定明确的、可行的科学数据管理策略。

（六）科学数据逐渐成为开放存取的对象

科学数据共享、管理和开放等与科学研究范式、理念和方式的转变相辅相成，相伴而生。

1. 开放科学视域下的科学数据开放存取

近年来，开放存取运动的影响从出版领域拓展到整个学术交流体系，开放科学成为继开放存取之后的又一重要走势。开放科学致力于将科学

① “Top trends in academic libraries”，2015，http：//crln. acrl. org/content/75/6/294. full.

② “Starting the Conversation：University-wide Research Data Management Policy”，2015，http：//www. oclc. org/content/dam/research/publications/library/2013/2013 – 08. pdf.

研究的成果、科学数据等内容向社会各阶层，包括专业人士或者业余爱好者开放提供。开放科学和数据密集型研究范式的走向，使得科学数据的学术价值逐渐得到重视。在科学研究逐渐朝着开放科学转变的过程中，科学数据因其巨大的学术价值逐渐成为科学研究领域开放存取的重要对象。

英国皇家科学院发布的《科学：开放事业》认为作为开放事业的科学研究，需要紧抓现代技术下的数据洪流，以维系开放的原则，同时以创造第二个开放科学革命的方式来探索数据。[①] 联合国教科文组织（UNESCO）在其推动科学信息开放存取的说明中指出，需要进行开放存取的，除期刊和会议论文等文献，还需要对科学数据集等进行开放存取。近年来，OECD 也关注开放科学领域，并指出大多数 OECD 成员国已经意识到来自公共资助项目的数据共享和利用，具有较大的益处，许多国家已经开始加强监管框架、投入更多的技术和人力资本以推动科学数据共享和合作，并从数字化数据存储基础设施、开放数据、开放存取和合作等方面对成员国进行考察。[②] 结果表明，诸多国家已经通过科学数据共享、开放等实践工作的开展来推动开放科学的发展。

2. 开放科学数据实践

欧洲研究与技术发展第七框架（FP7）、欧盟“地平线 2020”战略等要求其资助的科研项目的出版物和科学数据等科研成果进行开放存取。2013 年，欧盟就发起科学数据开放存取先导计划，要求其资助的科研项目开展科学数据的开放存取，仅 2014—2015 年对该计划的资助就高达 30 亿欧元。[③] 2013 年欧盟委员会发布《欧洲研究领域开放数据获取政策和策略》，对 2000 年以来欧洲研究领域、巴西、加拿大、日本以及美国的科学数据开放存取政策与策略进行探究。政府、科研机构等将科学数据

---

① “Science as an Open Enterprise”，2015，https：//royalsociety. org/ ~ /media/Royal_Society_Content/policy/projects/sape/2012 – 06 – 20 – SAOE. pdf.

② “Open Science”，2015，http：//www. oecd. org/sti/outlook/e – outlook/stipolicyprofiles/interactionsforinnovation/openscience. htm.

③ “Commission launches Pilot to Open up Publicly Funded Research Data”，2015，http：//europa. eu/rapid/press – release_IP – 13 – 1257_en. htm.

作为开放存取的重要内容，并以政策的形式加以保证。[①] 开放知识基金（Open Knowledge Foundation，OKF）发布声明，指出经济学研究结果、数据和分析等都应当免费公开。[②] 欧盟 FP7 资助成立欧洲科学数据开放存取政策推荐项目，从政策的视角推动科学数据的开放存取实践。美国癌症研究协会（American Association for Cancer Research，AACR）于 2015 年 11 月启动注册站点计划，用以集成参与者临床基因序列数据，以完善病人的治疗决策，促进临床和转化研究。[③]

3. 开放政府数据成为科研对象的扩展

根据麦肯锡集团的报告，开放数据每年的经济价值高达 3 万亿—5 万亿美元。[④] OECD 启动开放政府数据项目，为推动政府部门开放数据的影响评估。[⑤] 政府部门对开放数据进行公示，英国率先在政府部门开展开放数据实践，通过 Open Data 网站公开政务数据，在英国政府的支持下，旨在为公共部门和学术机构等研究利用开放数据提供环境的开放数据研究所（ODI）成立。此外，新加坡、新西兰、澳大利亚、加拿大等国家纷纷开展政府数据开放，为科研人员敞开政府数据的大门。

（七）国际科学数据开放研究对中国的启示

可以预见，科学数据共享将逐渐突破国界和学科领域的界限，成为推动科学研究整体进步和发展的动力和必然趋势。当前中国促进大数据发展纲要明确提出发展科学大数据，积极推动由国家公共财政支持的公益性科研活动获取和产生的科学数据逐步开放共享。中国科学界、图书馆界等已经开始着手开展数据开放、科学数据共享以及管理等领域的实

---

① “Open Data Access Policies and Strategies in the European Research Area and Beyond”，2015，http：//www. science - metrix. com/pdf/SM_EC_OA_Data. pdf.

② “Open Economics Principles”，2015，http：//openeconomics. net/principles/.

③ “Cancer Registry to Link Genomic，Outcomes Data”，2015，http：//www. healthcare - informatics. com/article/cancer - registry - link - genomic - outcomes - data.

④ “Open Data：Unlocking Innovation and Performance with Liquid Information”，2016，http：//www. mckinsey. com/insights/business_technology/open_data_unlocking_innovation_and_performance_with_liquid_infor mation.

⑤ “Open Government Data”，2015，http：//www. oecd. org/gov/public - innovation/opengovernmentdata. htm.

践工作。[①] 但中国科学数据共享实践还局限在生物、医学、地理等数据量较大且起步较早的学科领域，参与主体仅限于中国科学院等少数机构，学术出版机构等参与度较低，此外同样存在科研人员对科学数据共享认可度和参与度不足的问题。因此，中国开展科学数据共享实践，可借鉴国际科学数据共享的经验，提升科研机构、学术出版机构、图书馆等不同主体的参与度，鼓励跨机构和跨领域的广泛合作。通过项目和仓储建设推动数据共享的实践，积极探索开放科学背景下数据共享基础设施的建设，攻克关键技术瓶颈，而推动中国科学数据共享实践的最终落脚点则应该是提升科学数据共享的整体认可度。

三　欧盟科学数据开放存取实践及启示[②]

科学数据是继学术出版物、教育资源之后的又一重要开放存取资源，科学数据开放存取成为国际科学领域和国际组织研究与实践的热点问题。2015 年 12 月，国际科学理事会、世界科学院等 4 个国际科学组织召开科学国际会议，发表科学数据开放存取促进原则与实践的全球协议，提出大数据时代促进科学数据开放存取的 12 条原则。[③] 在世界多个地区、多个领域科学数据开放存取备受关注，而欧盟在此方面进展突出，其实践推动了科学数据开放存取的进程。

（一）欧盟委员会的指导与实践行动

欧盟委员会（European Commission，EC）积极推动并参与科学数据开放存取的指导和项目组织，统筹欧盟国家和科学研究组织的科学数据开放存取和共享等工作。

---

① X. Huang，K. Ma，"Public Archives：Chinese Scientists are Sharing Data"，*Nature*，Vol. 522，No. 7556，2015，p. 287.

② 程结晶：《大数据时代图书馆服务创新的内容及其策略研究》，《情报理论与实践》2016 年第 3 期。

③ "Cience Organisations Sign Open Data Access Accord"，2016，http：//www. scidev. net/sub – saharan – africa/data/news/science – organisations – open – data – access – accord. html.

1. 制定与出台相关战略与政策

（1）“地平线 2020”战略中的科学数据开放存取

在欧盟“地平线 2020”战略发布的出版物与科学数据开放存取背景声明中，EC 将科学数据与出版物作为同等重要的开放存取研究成果。2015 年 12 月，“地平线 2020”发布 2016—2017 年工作框架，[①] 指出推动“开放科学”发展是在“地平线 2020”中嵌入研究与创新的重要工作，其中出版物和科学数据的开放存取是科学研究向开放科学转变这一系统化过程中的必要组成和重要环节。2016 年 2 月发布科学数据管理指南和科学文献与科学数据开放存取指南，对“地平线 2020”战略中的科学数据开放存取提出进一步的规定。

（2）欧洲研究与技术发展第七框架

欧洲研究与技术发展第七框架（FP7）要求其科研项目成果实施开放存取。在开放存取先导计划支持之下，FP7 对能源、环境、健康、信息与交流技术、科研基础设施等 7 个领域的科研成果提出开放存取的政策要求。[②] FP7 开放存取先导计划采取 6 个月出版时滞政策，为科学数据开放存取的可行性增添筹码。FP7 资助或与其他机构合作开展的项目都对科研成果进行开放存取的政策规定，包括与欧洲研究委员会（European Research Council，ERC）的合作项目等。

2. 制订科学数据开放存取的计划

（1）发起开放数据先导计划

2012 年 7 月，欧盟发布《面向科学信息更好地获取》，明确提及科学数据的开放存取，并阐述了“地平线 2020”包含研究领域项目所生成科学数据的开放存取和复用先导性计划。欧盟和欧洲研究委员会以及通过“地平线 2020”资助的科研项目产生大量科学数据，通过开放数据先导计划的规划和组织，从而形成数据共享的文化氛围，同时实现推动科研信息的复用和数据推动科学发展的目标。2013 年 7 月，欧洲科研图书馆联

---

① “Horizon 2020 Work Programme 2016-2017”，2016，http：//ec. europa. eu/research/participants/data/ref/h2020/wp/2016_2017/main/h2020 – wp1617 – swfs_en. pdf.

② “Open Access in FP7”，2015，http：//ec. europa. eu/research/science – society/index. cfm?fuseaction = public. topic&id = 1300.

盟和开放存取知识库联盟（Confederation of Open Access Repositories, COAR）等发表联合声明，为开放数据先导计划的目标、实现方式、基础设施建设等建言献策。①

（2）FP7 开放存取先导计划的拓展

欧盟从 2008 年 8 月开始在 FP7 框架计划中启动开放存取先导计划，经过几年的研究与实践，开放存取对象从科学文献向科学数据拓展。2010 年欧盟开始资助建设 OpenAIRE 基础设施项目，该项目对 FP7 资助的研究者所生成的科学文献和科学数据进行开放存取。② 欧盟于 2011 年针对其资助的科研领域研究者进行调查，发现 3/4 的被调查者认同其领域内科学数据开放存取的重要性。③ FP7 开放存取先导计划的执行，推动欧洲科研工作者对科学数据开放存取的认知。

3. 开放科学建设中的科学数据开放存取

（1）开放数据带动开放科学

欧盟着力建设开放数据和开放科学，通过开放数据的框架建设来促进“智能开放”。通过欧盟的“地平线 2020”项目和欧盟成员国的国家项目，形成科学数据开放的政策环境。通过科学数据的作者、学科标准制定团队、科学数据服务技术提供者以及科研人员的共同努力，以期建成科学数据基础设施。欧盟就“地平线 2020”项目的科学数据开放存取问题召开专题会议，征询科研人员、工业领域、科研资助方、IT 领域、数据职业者、出版者和图书馆等多方的意见，④ 通过对开放科学数据达成共识，以促进未来欧洲开放科学环境的形成。2015 年 6 月，欧盟召开“开放创新时代”会议，指出当前“地平线 2020”要求出版物开放存取，

① “Horizon 2020: Outline of a Pilot for Open Research Data”, 2015, http: //www. openaire. eu/en/about-openaire/publications-presentations/publications/doc _ view/585-horizon2020opendatapilot 20130703final.

② “OpenAIRE Opens Access to EU Scientific Results”, 2015, http: //europa. eu/rapid/press – release_IP – 10 – 1644_en. htm.

③ “Survey on Open Access in FP7”, 2015, http: //ec. europa. eu/research/science – society/document_library/pdf_06/survey – on – open – access – in – fp7_en. pdf.

④ “EC Consultation on Open Research Data”, 2013, http: //blog. okfn. org/2013/07/16/ec – consultation – on – open – research – data/.

但对开放科学数据未有充分的重视，因此也需要对科学数据的管理、交互和质量制定相应标准。欧盟发布《开放科学 2030》，构建 2030 年开放科学的美好愿景，提出到 2030 年所有的科学数据免费开放。①

（2）Science 2.0 中的开放科学数据

2014 年 7 月，欧盟着手开展 Science 2.0 建设的公共咨询，评估更加开放、数据驱动、以人为本的科研和创新之路的发展趋势；② 2015 年 2 月，欧盟发布报告，从公共咨询的整体发现、Science 2.0 的主要领域、政策建议等领域探讨公共咨询结果的发现与未来建设要求，并从创新和教育两个领域探讨 Science 2.0 的体现。③ 2014 年，欧盟在 FP7 框架资助下，启动为期两年的促进欧洲研究开放科学培训（Facilitate Open Science Training for European Research，FOSTER）项目，来自欧洲 8 个国家的 13 个志愿者参与其中，旨在帮助科研人员、图书馆馆员和其他利益相关者特别是年轻的科研人员，将开放存取的方法和途径融入其现有的科研方法中，其中包括科学数据的开放存取。④ 科学数据开放存取已经成为欧盟科学研究领域开展 Science 2.0 建设的核心工作。

4. 广泛的国际合作与交流

（1）全球研究数据联盟的建立

由欧盟发起并支持建立的国际组织研究数据联盟（Research Data Alliance，RDA）于 2013 年 3 月成立，致力于全球科学数据的开放存取和无障碍共享。RDA 将面向科研成果共享与深入挖掘搭建基础设施、设定标准、开放工具，服务于全球科学数据互联和学术交流。RDA 多次召开全体会议，探讨科学数据的开放存取问题，可见 RDA 对科学数据开放共享

① “Open Science 2030：A Day in the Life of a Scientist，AD 2030”，2016，http：//ec. europa. eu/research/swafs/pdf/pub_open_science/open_science_2030. pdf#view = fit&pagemode = none.

② “Have Your Say on the Future of Science：Public Consultation on Science 2.0”，2014，http：//europa. eu/rapid/press - release_IP - 14 - 761_en. htm.

③ “Validation of the Results of the Public Consultation on Science 2.0：Science in Transition”，2016，http：//ec. europa. eu/research/consultations/science - 2.0/science_2_0_final_report. pdf#view = fit&pagemode = none.

④ “Facilitate Open Science Training For European Research”，2016，https：//www. fosteropenscience. eu/project/index. php? option = com_content&view = article&id = 5&Itemid = 106.

的深入支持。欧盟发起并积极参与RDA的建立和发展，积极带动美国、澳大利亚等国家在内的全球范围的科学数据开放存取的合作。

（2）相关主题会议的参与

2013年4月召开的G8国际峰会，主题面向农业领域的科学数据开放存取，欧盟积极参与其中，促进科学数据基础设施的搭建、全球科学数据开放存取环境的形成，特别是农业领域科学数据的开放存取。欧洲多个组织如法国国家农业研究院等响应欧盟对科学数据等科学信息共享和开放的号召，积极采取措施促进农业数据的开放、管理和共享。[①] 欧盟参加由希腊国家档案中心召开的开放存取国际会议，多以科学数据的开放存取和共享为主题。[②] 欧盟多次参加柏林会议，将科学数据开放存取作为重要参会议题。2015年3月，欧盟召开全球范围的开放科学会议，就科学数据开放、共享和利用等一系列问题与来自全球众多国家、地区的代表进行合作与交流。2016年国际Science 2.0会议更是将欧洲开放科学云（European Open Science Cloud，EOSC）作为会议主题。

（二）欧洲科研机构的积极支持与合作

欧洲科研机构、组织和团体较为多元化，其中不乏机构通过科研资助政策、开放存取政策的制定等积极参与到科学数据开放存取的进程中。

第一，科学研究实体的积极参与。

欧洲研究型大学联盟（The League of European Research Universities，LERU）于2012年12月发表《欧洲研究型大学联盟开放研究数据声明》，在科学数据的开放存取问题上与欧盟保持立场一致，对资助机构的政策进行阐述并对大学科研工作者、图书馆、数据中心、科学数据学家等相关主体的科学数据存储、管理、开放存取等行动提出倡议。LERU积极参与欧盟开放数据先导计划，探索科研图书馆在开放数据先导计划中的作用。LERU正在制定开放数据对其所属大学和研究人员的影响路线图，开

① “Open Data and Open Science”，2015，http：//ictupdate. cta. int/layout/set/print/Feature－Articles/Open－data－and－open－science.

② “Open Data and Open Science”，2015，http：//ictupdate. cta. int/layout/set/print/Feature－Articles/Open－data－and－open－science.

放数据先导计划的参与研究成为该路线图制定的重要补充。[①] 在欧盟“地平线2020”计划指导下，LERU为其成员高校和科研人员编制开放数据发展路线图，[②] 其成员就数据密集型科学和开放科学视野下科学数据开放存取的重要价值达成共识，对科学数据管理的关键视角——政策、宣传、基础设施等进行详细界定。

LIBER对其400余家成员图书馆开展科学数据管理的建议及最佳实践的推广工作，其工作内容包含元数据服务、技能培训、政策建设、交互性基础设施建设、数据存储与发现、数据识别等众多领域。2015年6月开始，LIBER负责为期两年的LEARN项目的开展和运行工作，该项目把推广科学数据管理实践作为其核心要务。欧洲科学院联盟（ALLEA）2012年4月响应政府对开放科学资源的要求，发布ALLEA 21世纪开放科学声明，明确指出“科学家和科学组织应当将开放、共享的原则应用于出版物的支撑数据，包括负面的、错误的或者无效的数据”，ALLEA敦促各资助机构和欧盟执行包括出版物、科学数据、软件、教育资源和科研基础设施等资源在内的开放科学原则。[③]

第二，科研资助和管理机构的政策支持。

欧洲科学研究委员会（European Research Council，ERC）在其资助人员开放存取指南中指出，受资助的人员应在相关研究出版物出版之日起最晚不超过一个月的时间内，将原始科研数据以及科学数据的相关产出一同存储于数据库中，[④] 从而从政策上保证其资助的科研成果中的科学数据能够开放存取。欧洲科研资助和科研执行机构的联盟机构“科学欧

---

① “LIBER and LERU Participate in EC Consultation on Open Research Data”，2015，http：//www. libereurope. eu/news/liber – and – leru – participate – in – ec – consultation – on – open – research – data.

② “LERU Roadmap for Research Data”，2016，http：//www. leru. org/files/publications/AP14_LERU_Roadmap_for_Research_data_final. pdf.

③ “Open Science for the 21st Century：Declaration of All European Academies”，2015，http：//www. unesco. org/new/fileadmin/MULTIMEDIA/HQ/CI/CI/pdf/news/ALLEA%20Declaration%20on%20Open%20Science. pdf.

④ “Open Access Guidelines for Researchers Funded by the ER”，2012，http：//erc. europa. eu/sites/default/files/document/file/open_access_policy_researchers_funded_ERC. pdf.

洲”（Science Europe，SE）于 2013 年发布《科研出版物转向开放存取原则》，敦促其成员将公共资助的科研成果和发明以开放存取的形式发布。欧洲科学基金组织（European Science Foundation，ESF）对开放存取科学数据的重视从医学和生物学等领域开始，并于 2012 年年底对生物医学领域开放存取现状进行扫描，认为当时生物医学领域开放存取主要集中于出版物方面，对科学数据的开放存取还处于起始阶段。[①] ESF 有针对性地提出在生物医学领域加强科学数据组织等多个方面的建议，以促进国家和国际开放数据仓储的建设。[②] 欧洲药品管理局（European Medicines Agency，EMA）2013 年 6 月公布开放临床试验数据政策征询意见稿，为临床试验数据的开放获取广泛意见。[③]

第三，机构之间的深度合作。

SE 与 ESF、欧洲国家研究理事会主席组织（EUROHORCs）等进行合作，共同支撑全球竞争区域的建设，并积极建立通用的科学出版物开放存取和科学数据长久获取政策。[④] LIBER 与 LERU 合作参与欧盟开放数据先导计划的顾问咨询工作。德国国家科技图书馆、大英图书馆、苏黎世理工学院图书馆、法国科技信息研究所、丹麦信息技术中心和荷兰代尔夫特工业大学图书馆等欧洲多个研究型图书馆和科技信息研究机构针对科学数据集的可获取性进行合作，将促使相关组织注册科学数据集并分配唯一标识符作为其工作的第一步。[⑤]

（三）科学数据开放存取项目的开展

第一，以科学数据为核心对象的相关项目。

---

① “Open Access in Biomedical Research”，2016，http：//www. esf. org/fileadmin/Public_documents/Publications/spb47_OpenAccess. pdf.

② “Top 10 Recommendations”，2016，http：//www. esf. org/coordinating – research/forward – looks/biomedical – sciences/current – forward – looks – in – biomedical – sciences/implementation – of – medical – research – in – clinical – practice/top – 10 – recommendations. html.

③ “Publication and Access to Clinical-trial data：An Inclusive Development Process”，2016，http：//www. ema. europa. eu/ema/index. jsp？ curl = pages/special _ topics/general/general _ content _ 000556. jsp&mid = WC0b01ac0580614159.

④ “Policy at Europe Science”，2015，http：//www. scienceeurope. org/policy/policy – 2. s.

⑤ “European Initiative to Facilitate Access to Research Data”，2015，http：//www. doi. org/news/090318TIB_PressReleaseMarch. pdf.

在开放存取政策环境和欧洲大型科研基础设施项目的建设背景下，科学数据仓储、网络平台、资源站点等科学数据开放存取项目和实践进展迅速，欧盟还开展多样化的面向科学数据的开放和共享项目。据统计，自 2007 年开始，欧盟资助的重要开放存取项目有 20 多项，[①] 其中不乏以科学数据为核心对象的项目。

笔者调查发现，欧洲以科学数据为核心对象的开放存取或共享项目建设由来已久，多以科学数据共享和开放存取的基础设施建设为目标，既有不限定学科对象的框架性、战略性建设项目，又有以特定学科等为核心对象、以仓储或数据平台为建设基础的具体性项目，各类型的项目从不同的角度促进科学数据的存储、共享和复用。

第二，综合性开放存取项目向科学数据拓展。

除了以科学数据为核心对象的项目之外，OpenAIRE 等项目将科学数据作为其开放存取的重要对象之一。欧盟资助的 OpenAIRE 开展后续项目 OpenAIREplus，[②] 该项目继承并拓展 OpenAIRE 的数据基础设施，以促进和管理包括科学数据在内的更广泛科研成果的开放存取，其数据框架结构将有效支持科学数据之间的复杂关联。FP7 资助的 DRIVER-Ⅱ项目在 DRIVER 建设的欧洲开放存取基础设施基础之上进行增强和拓展，将科学数据的增值、共享等纳入其建设目标。FP7 框架计划资助多个科学数据开放存取相关项目，如欧洲金属板观测系统项目（European Plate Observing System，EPOS）旨在建立可持续的、可长久保存的分布式结构，提供地理数据和地质数据的开放存取。此外，欧盟资助的开放数据支持（Open Data Support）项目为期 3 年，旨在促进开放数据门户所提供数据的开放存取和有效利用。

（四）开放科学数据仓储的建设

科学数据仓储（Data Repository）是科学数据开放存取的基础设施，是科学数据存储、管理和获取的重要平台。经笔者初步调查，欧洲多个

---

① “Relevant EU-funded Projects”，2015，http：//ec. europa. eu/research/science－society/index. cfm? fuseaction＝public. topic&id＝1302&lang＝1.

② P. Manghi，L. Bolikowski，N. Manold，“Openaireplus：The European Scholarly Communication data infrastructure”，*D-Lib Magazine*，Vol. 18，No. 9，2012，pp. 101－108.

项目、机构和科研团体已建设开放科学数据仓储。根据 Science-Metrix 于 2013 年 8 月发布的调查报告，在其调查的欧洲高校图书馆馆长和科研人员中，有 36% 的被调查者声称其所在机构建立了一个或多个开放科学数据仓储，调查结果还表明大量的开放科学数据仓储并未在 ROAR 或者 OpenDOAR 等注册站点中注册。① 由此可见，欧洲目前建设大量开放科学数据仓储，为欧洲科学数据存储、保存、共享和开放存取的基础设施建设提供了基础性的保障。

从调查结果可以看出，当前欧洲建设的科学数据仓储学科类型丰富。除少部分面向综合学科的科学数据仓储之外，多数以特定学科领域的科学数据为存储和共享的对象。在建设特色方面，开放科学数据仓储多根据所存储数据对象的学科特征选择有针对性的元数据描述标准，并设定具有学科特色的检索入口或检索功能，部分还提供详尽的检索指南。DOI 数据标识、语义网技术、可视化技术以及关联数据技术等新的技术手段被应用于科学数据仓储建设中，足见欧洲开放科学数据仓储在科学数据组织和共享方面的技术发展。

（五）对中国的借鉴与启示

欧盟各个领域和多个机构都在科学数据开放存取方面采取积极行动，为中国开展科学数据共享和开放存取提供良好借鉴。

第一，多重发展远景中科学数据开放存取的重要价值。科学研究领域开放科学、Science 2.0 以及数据密集型科学研究范式逐渐成为国际科学研究发展的重要方向，与此同时，大数据成为国际科学研究领域、经济领域等竞争的焦点。从《中国科研信息化蓝皮书 2015》“态势战略篇”的内容可以看出，科学大数据、数据科学等已成为中国科学研究发展的重要态势。科学数据开放存取是开放科学的题中之义，也是大数据发展过程中建设数字基础设施的必要途径，能够有效促进共享和合作科研环境的形成。从近几年欧盟科学研究政策、欧盟区域性发展战略决策和计划等可以看出，科学数据开放存取的重要性不仅体现在其与传统文献相

① “Open Data Access Policies and Strategies in the European Research Area and Beyond”, 2013, http：//www. science - metrix. com/pdf/SM_EC_OA_Data. pdf.

辅相成的科学价值，还体现在其重要的经济价值和潜在附加价值。在多重远景交叉发展的过程中，将科学数据的开放存取提升到区域乃至国家科技发展与创新的战略地位尤为重要。

第二，寻找推动科学数据开放存取的实践切入口。欧盟科学数据开放存取实践体现在多个方面：战略政策制定、机构合作、科学和创新项目建设向科学数据共享的偏重、特定领域科学数据开放共享项目设立、科学数据仓储建设等。纵观中国科学数据开放存取的实践，中国科学院、中国社会科学院等科研院所以及高校和学术图书馆是核心参与机构，其实践方式则以科学数据共享平台和数据出版平台建设为主。从国内外科学数据相关实践进程来看，对科学数据的管理、保存、共享和开放是嵌入科学研究以及科学数据生命周期的、交错融合的系统和整体。将科学数据开放共享平台和系统的建设作为切入口，以科学数据的存储和长期保存为基础，探究科学数据开放共享、出版、管理和增值利用的关键技术，是中国目前开展科学数据开放存取较为合理和可行的选择。

第三，大力开展跨机构和跨领域合作。欧盟科学数据开放存取实践体现出较为明显的合作特征，欧盟不同国家及其相关机构合作开展科学数据开放存取项目、建设数据共享与开放的平台和系统，科研机构、出版者与图书馆合作开展科学数据开放共享关键技术和应用的研发。欧盟成员国科学数据开放存取实践，无不是在欧盟整体战略规划与建设远景之下国家之间以及机构之间的合作与努力。中国科学数据开放存取领域的合作已有一定的进展：高校图书馆与高校科研部门开展科学数据管理领域的合作，开始以合作的视角涉足科学数据出版领域，经济领域与科学研究领域合作运营数据存储平台。然而跨机构和跨领域的合作只是偶有体现，合作的模式、领域、技术实现以及合作开展的深度都还有待探索。

第四，科学数据开放存取中的创新。国家《促进大数据发展行动纲要》提出万众创新大数据工程，将发展科学大数据作为该工程建设的重要支撑。科学数据的开放存取本身为科学研究的创新奠定基础，同时也需要在机构和部门合作中寻求技术和理念的创新。科学数据开放存取的创新，一方面是其关键技术的创新，从而支撑科学数据的利用、组织、存储、管理、交互、长期保存与再利用；另一方面则是跨领域和跨机构合作过程中的科学数据开放存取路径、领域和应用的创新。

中国在开展科学数据的开放存取工作时，可借鉴国际领域科学数据开放存取的相关经验，积极寻求参与国际科学数据领域的合作与交流，寻找适合中国科学研究实际的科学数据开放存取实现路径，从而推动中国科学研究整体实力的提升。

第五节　本章小结

本章立足于大数据环境下图书馆服务创新的基础研究，从图书馆馆藏资源体系、技术创新、服务理念、空间管理方面着手，利用文献调研法、网络分析法对大数据时代图书馆服务进行总体分析概括。大数据时代图书馆馆藏资源内容向海量化、关联化和富媒体化发展，馆内服务技术也在更新换代，凸显出智能化、可视化的特征，并逐步树立起“以用户为中心”的服务理念，线上和线下的空间管理也日趋智能化。大数据的应用离不开大数据的分析与处理技术，当前自然语言处理技术、生物信息识别技术、物联网与 RFID 技术、区块链技术等，成为决定数据是否具有价值、可否被挖掘利用的决定性因素。图书馆的服务技术、服务特征和服务层次等变化决定图书馆典型服务模式与实施方式的变化，大数据时代各级各类图书馆服务模式可以归纳概括为以资源建设为核心的服务模式、以新技术应用为导向的服务模式、以用户需求为中心的服务模式、以空间再造为趋向的服务模式。与此同时，大数据时代图书馆馆员的素养也在不断提升，大数据时代对馆员提出新的要求。“理论跟不上技术的步伐、馆员队伍建设创新性不够、信息孤岛”等问题是大数据时代图书馆服务存在的难点，解决这些问题需要今后业界专家学者的共同努力。为更加深入具体地了解大数据时代图书馆的创新服务情况，本章选取信息化环境下公共图书馆从业人员绩效评价、国际科学数据共享领域进展、欧盟科学数据开放存取实践及启示三个服务案例进行分析，从中可以看出大数据时代对馆员的从业要求与期望等。

第四章

大数据时代图书馆服务创新技术体系

随着2015年国务院印发《促进大数据发展行动纲要》，中国大数据产业进入高速发展阶段，大数据技术创新和应用的脚步明显加快，大数据在细分领域的落地层出不穷，成为一场贯穿用户生活的互联网变革。图书馆的特性决定其定位就是服务广大读者，用户群体广泛而分散，涵盖各种职业、各种学历、各个年龄段。图书馆为读者提供的服务具有普遍适用性，其精细度较低。大数据对于图书馆的价值是显而易见的，它可以满足读者越来越高的信息需求，同时也对图书馆的数据驾驭能力提出全新的挑战。图书馆不仅要记录其运营过程中产生的结构化数据，还要获取来自互联网的非结构化数据。在数据存储方面，要用到分布式和云计算技术，这是传统的图书馆服务体系所欠缺的。因此，利用大数据的能力将成为决定图书馆服务水平的关键因素。

第一节　图书馆服务体系创新技术中的大数据工作流程

一般来说，基本的大数据工作流程可以概括为四步，分别是采集、导入与预处理、统计与分析、挖掘。在推进图书馆服务体系创新的进程中，大数据的工作流程如下。

一　资源数据采集

图书馆数据一般包括数据库数据、读者数据、编目数据、流通数据、

Web 数据、App 数据等。其中数据库数据来源于数字化的传统文献资源以及更多的伴随网络普及而产生的原生数字文献资源。在图书馆服务体系中，大数据采集的范围主要涉及数据库使用数据、图书管理系统数据、图书馆网站的访问和操作数据、移动图书馆 App 的访问和操作数据以及当前应用越来越广泛的图书馆微信公众平台的访问和操作数据等。这一过程的主要特点是并发数高，因为可能同时有成千上万的用户来访问和操作图书馆系统，比如在热门书籍下载、数据库访问或网络投票活动中，其并发访问量峰值很高，所以需要在采集端部署大量数据库才能支撑。

二　资源数据导入与预处理

随着图书馆资源数据量呈几何级数的增加，图书馆对结构化数据和非结构化数据存储的要求越来越高。为获取更大的存储容量和更高的并发访问量，图书馆采用分布式存储系统将海量数据导入通过网络连接的多个存储节点上，并进行删除重复信息、纠正错误等预处理以存储高质量的数据，便于图书馆之后进行高质量的决策分析。导入与预处理的主要特点是导入的数据量大，每秒钟的导入量经常会达到百兆甚至千兆级别。

三　资源数据统计与分析

在图书馆服务体系中，流通部需要了解读者借还书情况及图书借阅情况，这需要对读者及图书数据进行统计。采编部门在图书采购的过程中需要关注读者喜爱的书籍，参考咨询部门在学科服务工作中需要分析论文的发表情况，这些常常要用到相关分析、回归分析、聚类分析、因子分析等多种算法对图书馆的数据进行分析处理，帮助发现用户关注的热门书籍、探索文献中的研究热点。由于数据体量巨大，这对运算的速度要求很高。统计与分析这部分的主要特点是分析涉及的数据量大，对系统资源会有极大的占用。

四　资源数据挖掘

在图书馆服务体系中，大数据挖掘主要指在保证用户隐私的情况下，通过分析用户在网站和移动端的浏览、借阅和检索记录，访问页面等信息挖掘用户的行为模式，便于更精准地定位用户需求，提供更完善的用户服务，为图书馆提升服务质量提供决策支持。数据挖掘比较典型的算法有用于聚类的 K-means，用于分类的 SVM、随机森林、决策树、AdaBoost，以及用于主题建模的 LDA 模型等，该过程的主要特点是用于挖掘的算法种类繁多且复杂，并且计算涉及的数据量和计算量都很大。

第二节 图书馆服务体系中大数据技术工具的应用

大数据本身是个很宽泛的概念，这一领域涌现出大量的新技术，它们成为大数据采集、存储、处理和呈现的有力武器。目前，大数据相关的技术和工具非常多，给图书馆提供了更多的选择。在未来，还会继续出现新的技术和工具，目前在图书馆服务体系中应用的大数据技术工具如图 4 – 1 所示。

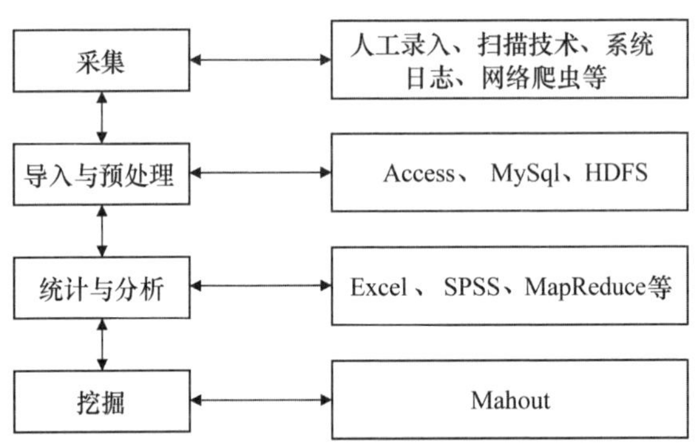

图 4 – 1 图书馆服务体系中常用的大数据技术工具

一 图书馆服务体系中的大数据采集工具

各种文献数据库是图书馆主要的数字资源，数据库的数据量很大，增长较快，为 T 级或 P 级。其中有用扫描技术和光学字符识别技术进行采集的纸本文献数据，如本科高校图书馆的学位论文数据制作、古籍数据库建设等；也有伴随无纸化社会进程而由人工录入生成的原始数据，储存在本地或异地共享。对于图书管理系统中的读者数据、编目数据、流通数据等结构化数据来说，数据量不大，且增长速度有限，一般采用人工录入方式采集，储存在本地。图书馆的 Web 数据、App 数据、音视频数据等数据量大且增长速度快，既有结构化数据也有非结构化数据，对于这些数据一般用系统日志或网络爬虫等方式进行采集，在分布式架构的支持下，实现每秒百兆的采集速度，最终通过分布式存储的方式存放在本地。

二 图书馆服务体系中的大数据导入与预处理工具

对于数据量较小的图书馆读者数据、编目数据、流通数据等来说，适合存储于本地，用 Access、MySql 等关系型数据库管理系统即可实现数据导入与预处理。

数据量大的数据库、Web 数据、App 数据、音视频数据等，存储在本地成本太高，需要进行大规模的 IT 投资，因而采用分布式存储将海量数据部署到多个廉价的服务器上，这样就可降低图书馆在数字资源建设和维护方面的费用，只需相对较少的费用就可以建立基于大数据环境的数据存储、检索、网络接入等服务。当前最常用的分布式存储工具是 Hadoop 分布式文件系统 HDFS。HDFS 适合运行在廉价的服务器上，提供高吞吐量的访问，它保存多个副本，具有容错机制，在副本丢失或关机时可以自动恢复，提升图书馆数据存储的安全性。图书馆的海量数据资源存储在 HDFS 的多个数据节点（DataNode）上，并通过目录节点（NameNode）进行文件系统的维护、存储块的复制、配置信息以及客户端对文件系统的访问，详细过程如图 4－2 所示。

三 图书馆服务体系中的大数据挖掘工具

在图书馆的日常服务工作中，常常需要对馆藏资源、读者借阅排行榜、书籍借阅情况、电子资源下载量等进行统计分析。这些数据的计算量不大，一般的统计分析工具就可以完成，如 EXCEL、SPSS 等，使用人群通常不需要专业的统计学或数据分析背景。而一些批量处理，以及非结构化数据的统计分析需求，比如统计词频分析读者关注热点、监控最

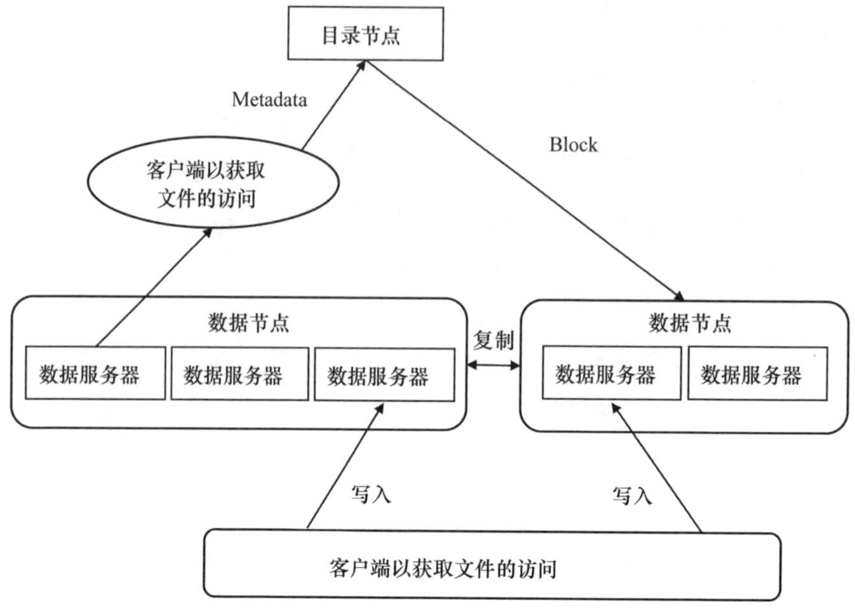

图4-2 HDFS 框架

新知识服务趋势等，由于数据分析量大，常用到 Hadoop 的分布式计算工具 MapReduce，用以管理分布式文件系统中的数据。基于它写出来的应用程序能够运行在大型集群上，并以一种可靠容错的方式并行处理大规模的数据集。

四 图书馆服务体系中的知识挖掘与数据挖掘工具

图书馆日常服务工作中会产生很多数据，采用大数据挖掘工具对图书馆书目数据、读者流通借还数据、书目检索记录、Web 访问记录等进行分析和处理，分析结果可以对图书的采购工作、图书推广工作、数字资源建设等提供决策支持，并有助于为用户提供个性化服务。在大数据挖掘方面应用比较广泛的工具是 Mahout，Mahout 可以进行推荐、聚类分析、分类等环节的处理。它提供一些可扩展的机器学习领域经典算法的实现，可以帮助技术人员更好地实现数据分析，包括聚类、分类、推荐算法、关联分析、文本挖掘、情感分析。通过使用 Apache Hadoop 库，

Mahout 可以有效地扩展到云服务中。

五 图书馆服务体系中的大数据收集的决策系统

图书馆大数据的实践重点在于对用户服务相关数据的采集、存储、统计分析和挖掘，为图书馆管理层的决策科学性、业务部门的服务保障力、读者 QOS 保障和读者阅读满意度提供可靠的大数据支撑。在大数据环境中，图书馆服务不仅要有传统图书馆与数字图书馆、纸质资源与电子资源共享互补的功能，还要具备面向数字化信息资源的采集、筛选、加工组织与序化、集成与整合、推送、导航与获取、用户服务与管理、知识服务等功能，来实现图书馆服务大数据化。这些给图书馆用户服务体系的发展带来新的机遇。

（一）图书馆的变化——云图书馆系统

传统环境下图书馆采用集中的存储服务器存放所有的信息资源数据，低利用率的文献占据大部分存储空间，存储服务器成为系统性能和数据完整性的限制，无法满足图书馆日益增长的数据存储要求。云图书馆的发展可以有效解决存储效率不足的问题，它可以被设计成基于 HDFS 技术的云存储系统，组织各图书馆合作建立馆藏信息，使各成员馆用户随时随地通过高速网络享用云图书馆提供的简便易行、低成本、按需支付的服务，实现低利用率文献的合作存储。HDFS 技术能提供高吞吐量的数据访问，非常适合图书馆大规模数据集上的应用，提高图书馆系统的可靠性、可用性和存取效率，保证图书馆信息资源数据的完整性。

（二）用户推荐机制

随着互联网的发展，图书馆系统拥有大量电子资源、网络资源、图片、音频、视频等各种载体的馆藏资源，各种信息鱼龙混杂、形式多样，这加大了用户搜集自己所需信息的难度。通过人工已经很难在如此海量的数据中发现规律性，这也是数据挖掘技术在大数据时代新的挑战。图书馆在 Mahout 框架中采用协同过滤算法，可以实现推荐机制，为用户提供个性化服务。Mahout 完整地封装协同过滤算法，实现并行化，提供非常简单的 API 接口，极大地方便用户查找馆藏资源。通过协同过滤算法可以分析出用户的阅读喜好和习惯，并投其所好推荐一些新书，实现特定图书满足特定读者需要的目的。

基于用户的协同过滤算法是通过用户的历史行为数据发现用户对内容的喜好程度（如图书浏览、收藏、内容评论或分享），并对这些喜好进行度量和打分。根据不同用户对相同内容的态度和偏好程度计算用户之间的关系，在有相同喜好的用户间进行内容推荐。简单地说就是，如果a、b两个用户都浏览x、y、z三本图书，并且对图书进行分享，那么a和b就属于同一类用户，可以将用户a看过的图书w也推荐给用户b。协同过滤的核心是预测用户需求，它必须是在大数据的基础上才能保证效率，在一个小规模的数据集上使用协同过滤得到的结果并没有太大的说服力。

（三）知识发现系统

大数据环境是知识发现系统构建的基石，图书馆知识发现系统是从海量的数据资源中抓取到所需要的知识，是从资源发现转变为知识发现的过程。以超星发现为例，它不依赖于之前的目录、索引等搜索方法，而是通过数据仓储、信息整合、数据挖掘、分析处理等现代技术，高效、精准的实现知识发现，为用户提供精准服务。

随着大数据时代的到来，图书馆中的数据量呈爆炸式增长。大数据具有多类型和复杂性，给图书馆的大数据分析与决策支持带来极大的挑战。大数据技术的应用推广给图书馆服务体系注入新的生命，它以云图书馆中低利用率文献的合作存储保证信息资源数据的完整性，实现用户推荐机制从而为读者提供个性化的图书馆服务，并通过对海量数据的分析建立功能强大的学术资源发现平台。大数据环境为图书馆服务体系的创新发展提供技术支撑，增强图书馆服务决策的准确性和科学性。

第三节 大数据环境下图书馆服务体系中创新技术的应用能力

大数据带来的信息革命已经渗透进人们的工作、生活的各个行业，并带来惊人的利益。数据对于行业的未来发展来说，有着推动创新、转型升级、提升行业活力的关键作用。在大数据时代，“数据驱动决策”是大势所趋，因而数据挖掘能力在各行各业的决策中显得尤为重要。《大数据产业发展规划（2016—2020年）》提出利用大数据改造传统产业、培育新动能，符合中国社会发展客观需要，对实现创新驱动行业转型发展意义重大、前景广阔。《文化部"十三五"时期文化科技创新规划》中指出，图书馆要以自身的数据资源为主要内容，加强大数据采集、清洗、分析、共享、可视化的研发，提升大数据技术服务能力和应用开发水平，发展文化大数据。

对于图书馆行业来说，中国图书馆发展的重点已从资源建设转变为服务建设，提供差异化服务的智慧图书馆是未来图书馆发展的必然形态。然而，差异化服务必须建立在了解用户的基础上。在大数据时代，需要对用户状态、行为的相关数据进行采集、分析和利用，才能更好地满足用户的需求，推动图书馆服务的创新和转型升级。因此，对用户的信息数据进行数据分析和挖掘，建立智慧图书馆用户分析模型，归纳总结用户的行为特征和行为模式，对用户的信息需求提供个性化的智慧服务，提升服务能力，实现图书馆转型升级，成为当前环境下图书馆面临的主要问题。

一　智慧图书馆服务能力

"智慧图书馆"（Smarter Library）源于2009年IBM"智慧地球"（Smarter Planet）概念的提出。一般认为，智慧图书馆是大数据时代图书馆服务的一种状态，是为用户带来智能化服务的图书馆。"智慧"是信息技术发展到一定阶段的一种自然属性，信息技术应用的高级形态就是智能化，一个智能化的图书馆反映在服务上就是智慧图书馆。通过对用户数据、资源数据和相应的服务数据进行聚类，结合历史信息或其他尽可能利用到的数据进行挖掘分析从而实现自动化、个性化、智能化的读者服务。①

一般来说，智慧图书馆提供的智慧服务具备泛在化的特征，即通过多样化的方式让用户在任何地方、任何时间都能获得满意的服务，服务

① 刘炜：《智慧图书馆标准规范体系框架初探》，《图书馆建设》2018年第4期。

的界限扩大化、泛在化，应用网络信息技术实现图书馆资源定位、推送、定制和管理等智能化服务，以物联网技术为基础将图书馆资源、人员、设备等各要素整合起来，甚至可以引入虚拟现实和增强现实技术，实现服务空间的虚实结合，在计算机模拟的图书馆空间中为用户提供智慧化的信息资源。①

当然，智慧图书馆提供智慧服务的前提是对用户的深度了解。在大数据环境下，为了更好地服务图书馆的用户，就必须要找出用户的特征，通过一些统计分析方法将用户隐藏在数据中的特征挖掘出来，从而对用户进行细分。分类用户服务是实现个性化服务的前期阶段，为进一步实现个性化服务做准备。

（一）基于聚类算法的智慧图书馆用户分析模型构建

1. K-means 聚类算法的基本思想

聚类是一种涉及数据点分组的数据分析技术，给定一组数据点，聚类算法可以将每个数据点分类到图像的特定组中，同一组中的数据点应具有相似的属性和特征，不同组中的数据点的属性和特征差异度高。K-means 算法是一种较典型的逐点修改迭代的动态聚类算法，其算法的基本步骤如下：第一，从数据集中随机取 k 个元素，作为 k 个簇各自的中心；第二，分别计算剩下元素到 k 个簇中心的相异度，将这些元素分别划归到相异度最低的簇；第三，根据聚类结果，重新计算 k 个簇各自的中心，计算方法是取簇中所有元素各自维度的算术平均数；第四，将数据集中全部元素按照新的中心重新聚类；第五，重复第四步，直到聚类结果不再变化；第六，输出结果。

2. 智慧图书馆用户分析模型构建

图书馆在长期的读者服务中，积累大量的信息数据，包括用户的年龄、职业、学历、借阅量、借阅时长、流通借阅历史、电子文献下载量、微信图书馆访问量、移动图书馆上线天数、移动图书馆上线时长等。这些数据可以作为用户分类的依据来进行数据挖掘。分析模型如图 4 – 3 所示。

---

① 初景利、段美珍：《智慧图书馆与智慧服务》，《图书馆建设》2018 年第 4 期。

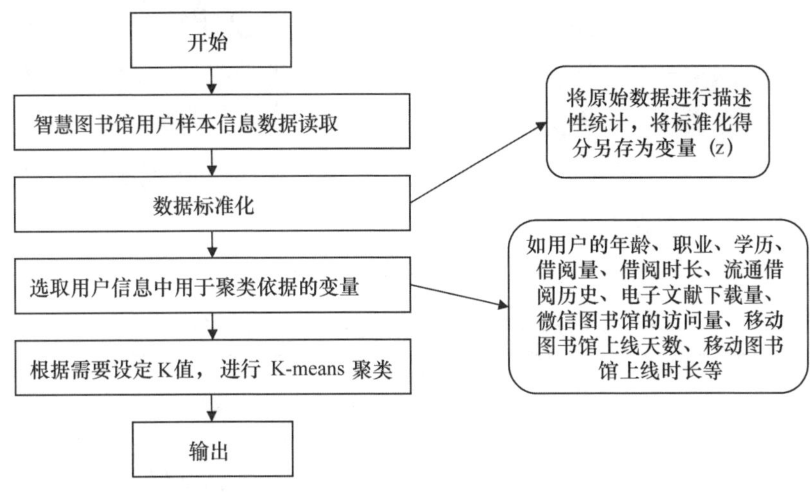

图4－3　基于聚类算法的智慧图书馆用户分析模型

首先，采集智慧图书馆用户群体的样本信息数据，导入数据处理软件中，进行简单的清洗。其次，因为K-means聚类的变量要求必须是连续性变量，可选择对用户的年龄、借阅量、借阅时长、流通借阅历史、电子文献下载量、微信图书馆访问量、移动图书馆上线天数、移动图书馆上线时长等连续性变量的数据进行“描述性统计”，将各变量的标准化得分另存为变量，即将原始数据标准化。标准化的作用是使各个变量之间具有综合性，避免不同变量数据本身的大小差异影响聚类结果。再次，根据需要选取用户信息中合适的变量，要求必须是连续性变量，即在一定区间内可以任意取值的变量，其数值是连续不断的。最后，设定K值，即需要的分类数，进行K-means聚类，输出聚类结果。

3. 智慧图书馆用户聚类分析

（1）聚类的实现。以笔者所在江西经济管理干部学院图书馆的2017级学生用户为例，随机抽取100位学生的信息来进行聚类分析。采用IBM SPSS Statistics软件来进行统计分析与数据挖掘。以录取分数、年借阅量、移动图书馆上线天数为变量，以学生编号为个案标注依据，最大迭代次数设置为100，聚类数设置为3，进行聚类分析。其中录取分数为该学生的高考分数，年借阅量为在图书馆管理系统中记录的2017年9月—2018

年 8 月的借阅图书的数量，移动图书馆上线天数为该学生 2017 年 9 月—2018 年 8 月使用本校图书馆手机 App 的天数。首先使用 SPSS 软件对原始用户的“录取分数、年借阅量、移动图书馆上线天数”三列数据进行标准化，将标准化后的数据另存为变量，再对标准化后的数据进行“K 均值聚类”操作。聚类结果如表 4 - 1 所示，100 位用户被分为三类，每一类的用户数目如表 4 - 2 所示。

表 4 - 1　江西经济管理干部学院图书馆部分学生用户聚类结果

最终聚类中心			
	聚类		
	1	2	3
高考总分	0.84799	-0.67763	1.06414
年借阅量	0.40660	-0.45249	1.23740
移动图书馆上线天数	-0.40008	-0.15321	2.19353

表 4 - 2　江西经济管理干部学院图书馆部分学生用户分类数目

每个聚类中的个案数目		
聚类	1	33
	2	57
	3	10
有效		100
缺失		0

（2）聚类结果分析。根据标准化值还原成原始数据，聚类中心点的高考总分、年借阅量、移动图书馆上线天数如表 4 - 3 所示。第一类用户的聚类中心点高考总分为 374 分，年借阅量为 22 本，移动图书馆上线天数为 26 天。这类用户的高考录取分数中等，且在图书馆借阅纸质书籍的数量中等，移动图书馆上线天数中等，人数在样本中所占的比例为 33%，

暂可以将这类用户归纳为智慧图书馆的普通型用户。第二类用户的聚类中心点高考总分为285分，年借阅量为8本，移动图书馆上线天数为37天。这类用户的高考录取分数偏低，且在图书馆借阅纸质书籍的数量也较少，但移动图书馆上线天数稍多，人数在样本中所占的比例为57%。这类用户阅读纸质书较少，但利用网络进行数字化阅读偏多，暂可以归纳为智慧图书馆的网络型用户。第三类用户的聚类中心点高考总分为387分，年借阅量为35本，移动图书馆上线天数为142天。这类用户无论高考录取分数、图书馆书籍借阅量还是移动图书馆上线天数，在三类用户中都是最高的，人数在样本中所占的比例仅为10%。这类用户利用图书馆资源的频率最高，暂可以归纳为智慧图书馆的学术型用户。

表4－3　　　　标准值还原后的聚类中心点情况

最终聚类中心			
变量	聚类		
	1	2	3
高考总分（分）	374	285	387
年借阅量（本）	22	8	35
移动图书馆上线天数（天）	26	37	142

（二）智慧图书馆用户服务

智慧服务强调的是针对用户的个性化服务。国内学者的研究中，智慧图书馆用户智慧服务的内容大致包括依靠RFID等室内、室外定位技术实现消息推送、馆内导览、读者行为分析、情景式信息素养培训和馆内导航等基于位置的服务，基于智能机器人等的智能化体验，基于移动智能终端的智慧图书馆移动信息服务，多种身份认证服务、数据库及挖掘服务、文件信息服务等个性化服务。①

基于以人为本及个性化服务的思想，在身份认证和生物识别的基础

① 李伟超等：《近十年我国智慧图书馆研究综述》，《现代情报》2018年第3期。

上，对于不同类型的用户来说，智慧图书馆采取的服务策略应该是有所差异的，这也是用户细分的意义所在。对普通型用户来说，学习成绩较好，对纸质书的使用率处于中等水平，对电子型信息资源的偏好性较低。智慧图书馆应在满足用户基本信息需求的基础上，加强读书推广活动、知识讲座活动、技能培训活动的举办，提升读者的知识和技能。在图书馆大楼功能导航上较偏重于纸质书籍的阅读，对借阅书库、阅览室给予较优先排序。

对网络型用户来说，对手机、电脑等电子产品的依赖性较高，人数在学生群体中占一半以上。这是因为随着网络技术、计算机技术的普及，手机、电脑等电子产品对于1995 年后出生的大学生来说是最常用的生活、学习工具。对于这类用户，智慧图书馆应加强对趣味性知识、碎片化阅读知识内容的推送，组织的读书活动应尽量借助网络媒体为平台进行推广与举办。在馆内功能导航时，可以给电子阅览室、电子阅读机等优先排序。

对学术型用户来说，这类用户在学生群体中只占 10%，属于精英型用户，在入馆时对借阅书库、阅览室有兴趣的概率更高，在图书馆功能导航时给予优先排序。由于学习成绩优异、专业知识掌握较扎实，他们对专业性、学术性信息感兴趣的概率更高，可在微信图书馆、移动图书馆 App 上优先推送一些具有专业性、学术型的知识或活动消息。同时，在微信图书馆、移动图书馆 App 及图书馆网站、数据库等所有网络型资源的页面上，都可以对专业性的知识给予优先排序。

通过对用户个人数据的深度挖掘和关联分析，能够为读者提供阅读需求预测和个性化服务。智慧图书馆的建设有利于提升图书馆的管理质量，满足用户对智慧图书馆便利快捷以及优质高效的服务的需求。所以，在大数据时代为了发展，图书馆应该积极拥抱新一代计算机技术、互联网技术、大数据技术乃至人工智能技术，创建以及完善智慧图书馆的用户服务体系，不断为用户提供高效率、高质量、人性化、个性化以及专业化的服务，推动图书馆服务的创新和改革升级。

二　图书馆用户数据共享空间的构建及应用①

（一）文献研究分析

第一，数据素养研究。国内数据素养的研究主要集中在数据素养内涵、课程内容设计、影响因素与发展策略探讨等方面，部分学者还对图书馆数据素养能力的现状展开调研。例如，司莉等对 iSchool 联盟院校的图书情报专业的数据素养课程的设置进行调研，并从调查结果和课程设置的特征这两个角度进行分析。② 沈玖玖等以南昌大学为例，从教师专业素养、教学方式、教育资源环境、教学内容四个方面构建数据素养的影响模型。③ 张静波提出大数据时代数据素养的发展策略，借鉴国外的成果和经验展开多种方式教学；对比分析国内外数据素养研究状况，掌握中国数据素养发展态势；采取多方协同发展的管理机制。④ 隆茜提出构建数据素养能力指标体系，对大学教师、本科生、研究生群体的数据素养能力现状开展调查。⑤

目前，国内对数据素养的重视程度与国外相比还存在差距，其培养方式的不足之处主要表现为：第一，数据素养培育模式较为单一，主要以在线课程、培训讲座、嵌入课程教学为主，不能够根据学科领域、兴趣以及学生个人自身的数据素养水平的差异来进行分类教学；第二，缺乏数据管理分析的实训教育，大部分学校还是以老师在课堂上传授数据素养分析软件的操作技巧为主；第三，学生反馈不及时，课堂教学主要以老师教授为主，师生互动性得不到保障。图书馆用户数据共享空间的研究则能更好地满足用户差异化、智能化的数据素养需求，为数据素养

---

① 袁先文、程结晶：《图书馆用户数据共享空间的构建及应用》，《图书馆理论与实践》2021 年第 4 期。

② 司莉、姚瑞妃：《图书情报专业研究生数据素养课程设置及特征分析——基于 iSchool 联盟院校的调查》，《图书与情报》2018 年第 1 期。

③ 沈玖玖、徐萍、艾文华：《高校数据素养教育对大学生数据素养的影响分析——以南昌大学为例》，《图书馆学研究》2019 年第 7 期。

④ 张静波：《大数据时代的数据素养教育》，《科学》2013 年第 4 期。

⑤ 隆茜：《数据素养能力指标体系构建及高校师生数据素养能力现状调查与分析》，《图书馆》2015 年第 12 期。

的提升提供新的契机。

第二，数据共享空间研究。20 世纪 90 年代初期，信息共享空间理论（Information Commons，IC）被引入人文社会科学领域，图书馆界对“共享空间”的研究逐渐增多。随着信息社会的发展，图书馆空间的发展逐步走向多元化，衍生出智慧学习空间（Smart Learning Space）、知识共享空间（Knowledge Commons）、创客空间（Maker Space）等多种模式。受科研密集型研究影响，面对大量庞杂无序的数据，各类科研人员急需一个稳定而灵活的数据平台解决科研数据生命周期遇到的难题。国外率先提出数据共享空间（Data Commons，DC）的概念，主要应用于公共服务、教育以及医学等相关领域。国外对 DC 的研究主要集中在 DC 的管理和控制、框架构建、实践发展、相关法律政策等方面。

然而，目前国内关于数据共享空间的研究较少。无论在哪一领域，其数据共享空间研究主要是对国外 Data Commons 建设的借鉴和基于数据共享平台的建设。例如，吴雅威等通过分析国外不同领域数据共享空间典型案例，提出数据共享空间的功能框架。[①] 张计龙等以复旦大学社会科学共享平台为例，介绍其平台的主要功能以及未来工作建议。[②] 邓仲华等从用户应用层、数据服务层、平台管理层以及数据资源层四个层面构建“互联网 +”环境下科学数据共享平台的框架模型。[③] 现阶段将数据素养与数据共享空间建设相结合的理论和实践研究较少，尤其是基于数据素养的图书馆用户数据共享空间的定义和内涵还没有特别详细的阐述。

第三，用户数据研究。目前国内对用户数据的研究主要集中在用户数据的定义和内涵、用户数据权利、用户数据隐私保护、用户数据溯源体系等方面。例如，黄国彬等通过对用户数据相关研究的梳理和内涵的

---

① 吴雅威、魏来：《国外 Data Commons 的发展及其构建初探》，《情报资料工作》2017 年第 6 期。

② 张计龙等：《社会科学数据的共享与服务——以复旦大学社会科学数据共享平台为例》，《大学图书馆学报》2015 年第 1 期。

③ 邓仲华、黄雅婷：《“互联网 +”环境下我国科学数据共享平台发展研究》，《情报理论与实践》2017 年第 2 期。

界定，划分用户数据的十四种基本类型。① 谢珍等在阐述智慧图书馆视角下用户数据与隐私权保护两者矛盾的基础上，提出用户数据应用与隐私保护之间的平等原则与平衡方案。② 陆康等针对《中华人民共和国网络安全法》与欧盟《一般数据保护条例》中数据隐私、用户信息权等条款进行比较分析，提出给智慧图书馆的启示。③ 殷建立、王忠在用户数据溯源分析的基础上构建溯源管理体系，主要包括溯源管理模式、技术支撑体系、政策法规保障体系以及追踪溯源管理平台四个部分。④ 王忠将有奖励和无奖励两种情形细分为四种情况并建立举报隐私泄露模型，比较分析不同举报行为的收益，进而完善用户数据隐私泄露举报机制。⑤

显然，以上这些成果主要探讨的是用户数据隐私安全方面的问题，将用户数据与数据服务相结合方面的研究才刚刚起步，还不够全面。例如，马兰梦等基于学科背景、用户类型、重要用户以及需求峰谷四个维度分析科技查新用户数据，并结合其需求特征提出精准查新服务策略。⑥ 借鉴已有经验与研究成果，笔者认为，用户数据是用户在享受服务的过程中产生行为的痕迹，主要包括用户的基本数据、行为数据、情感状态数据等，这些数据是建立用户兴趣模板，实现图书馆智慧化资源推荐服务的基本要素。基于此，本书利用用户数据构建图书馆用户数据共享空间模型，为用户提供智慧化服务。

（二）用户数据、数据素养、数据共享空间的内在关联

第一，用户数据与数据素养。党的十八届五中全会首次提出“国家大数据战略”，《促进大数据发展行动纲要》指出“数据已成为国家基础

---

① 黄国彬、张莎莎、闫鑫：《个人数据的概念范畴与基本类型研究》，《图书情报工作》2017 年第 5 期。

② 谢珍、陆溯：《智慧图书馆视域下用户数据应用与隐私保护平衡研究》，《国家图书馆学刊》2020 年第 2 期。

③ 陆康等：《智慧图书馆用户数据隐私保护研究——基于〈中华人民共和国网络安全法〉和〈一般数据保护条例〉的文本启示》，《图书馆理论与实践》2020 年第 3 期。

④ 殷建立、王忠：《大数据环境下个人数据溯源管理体系研究》，《情报科学》2016 年第 2 期。

⑤ 王忠：《大数据时代个人数据隐私泄露举报机制研究》，《情报杂志》2016 年第 3 期。

⑥ 马兰梦、袁飞、李珑：《基于多维度用户数据挖掘的精准查新服务策略研究》，《图书馆工作与研究》2020 年第 8 期。

性战略资源”，数据的应用前景被广泛认识，而用户数据作为数据社会环境的组成部分，也发挥着重要的作用。如果说信息素养是信息社会必不可少的一种能力，那么数据素养则可视为大数据时代科研人员以及用户开展研究与交流的能力。

用户数据技能以及数据管理能力的水平是用户数据素养的外在表现。用户数据技能的提高与数据素养能力的培养、数据素养教育资源的投入、教育方式、专业领域等均存在一定的联系。例如，数据素养教育资源投入越多，开设数据技能培训与课程就越多，用户了解与利用数据的机会越多，数据管理能力就越高。教育方式越多样化，越符合用户的数据需求，其数据技能自然能快速提升。[①] 此外，数据与文献不同，不同领域的用户数据差距很大。例如，自然科学领域的用户往往偏向于利用数据分析工具来处理获取的数据，其用户数据技能可能相对较高。因此，数据素养的培育对用户数据技能的提升具有积极的作用。

第二，数据共享空间与用户数据。随着社会信息化和智能化程度的快速提升，技术环境也发生巨大的变化。大数据作为一种新的理念和技术，对现代生活产生重要的影响。[②] 数据共享空间作为数据时代的一个新兴产物，将数据、方法和用户需求三者最大限度融合并集中管理，同时为用户提供数据收集、数据标准化、数据监护、数据分析、数据共享和数据创新等多种功能。[③] 在利用大数据技术使用户数据收集更加全面高效的同时，也需要考虑大数据可能带来用户数据泄露的风险。

一方面，用户数据是数据共享空间开展用户深层次服务的前提。近年来，数据服务逐步以用户为中心，但仍然与用户有一定的距离感。以用户为中心，不仅是帮助用户参与数据采集、分析、共享与发布等一系列活动的数据管理过程，还应主动为用户提供深层次的增值服务。数据

---

① 郭倩、李建霞：《基于多元主体的高校数据素养教育生态模式构建研究》，《图书馆理论与实践》2019 年第 5 期。

② 是沁、李阳：《数据驱动的人文社科研究困境与对策：基于微观数据层面的考量》，《图书与情报》2019 年第 1 期。

③ 吴雅威、张向先：《我国 Data Commons 平台的建设策略研究》，《图书馆学研究》2019 年第 18 期。

共享空间的用户数据主要包括用户数据日志记录、用户使用分析工具的记录以及用户浏览数据共享空间的数据动态的记录等用户行为数据。可见，只有实现对用户数据的足迹识别和抓取，才能更加有效地拓展数据共享空间的服务与功能，最终使用户的黏度增加。

另一方面，数据共享空间必然也必须考虑用户隐私相关的数据和机密数据的保护。密集型数据环境的形成推动社会发展的同时，也将提出一些新的要求。为此，数据共享空间责任主体、相关机构以及政府制定相关的元数据和用户控制规则。用户在进入数据共享空间的登录系统时，填写的用户基本信息、兴趣爱好等用户数据，这些往往是用户不愿意被泄露的信息。因此，数据共享空间制定匿名化等相关协议来实现透明化管理用户数据，防止数据滥用。综上所述，数据共享空间需要关注用户数据的匿名化，最大程度地规避因用户隐私和知识产权问题产生的不良后果。

第三，数据素养与数据共享空间。数据素养和数据共享空间是当前图书情报领域研究的重要课题。二者因为“数据”这一中间纽带而产生联系。随着数据素养教育不断拓展与数据共享空间研究的逐步深入，二者之间的联系更为密切。数据共享空间的目标之一就是提升用户的数据素养。数据共享空间将数据资源与数据处理工具相结合，可分析出科研与服务过程中可能存在的问题。通过利用不同数据服务方式来满足用户数据素养需求，帮助用户真正认识到数据素养与科学数据管理服务之间的关系，从而提高对数据素养的重视度。

综上所述，本书基于图书馆与用户数据、数据素养、数据共享空间三者之间的内在关联，将三者概念相互融合，提出图书馆用户数据共享空间的构想。笔者认为，图书馆用户数据共享空间是物理空间和虚拟空间相结合的一种形式，以实体空间（图书馆主体空间）为基础，大数据技术为手段，满足用户数据需求的知识挖掘及服务的环境，以提高用户查询、分析、管理、共享与利用数据的能力。

（三）图书馆用户数据共享空间构建的维度分析

无论是数据素养的培育还是图书馆用户数据共享空间的建设，其目标都是满足用户的数据需求，培养用户的数据分析与利用能力，从而提高用户的数据素养能力。此外，数据素养教育与图书馆用户数据共享空间都是在大数据开放获取的环境和以数据为核心的新型范式下逐步发展起来的，两者在环境维度、智能维度、需求维度以及能力维度方面可以相互融合、相互促进。因此，两者之间的结合是可行的、合理的。

第一，环境维度。数据素养教育与图书馆用户数据共享空间的构建都需要依托一定的数据基础环境。用户数据素养的培养不能仅依靠理论课程知识，还应融入特定的学习与科研实践环境中。例如，培养用户的数据意识，即对数据的敏锐度以及利用数据的自觉度，需要对特定数据环境进行感知，有意识地培养用户主动利用数据的能力。智能环境可以帮助用户随时随地学习数据素养课程或者进行数据在线分析，形成伴随用户的个人学习空间，在潜移默化中提升用户的数据素养。此外，通过智能化、情境感知的信息网络，将实体空间问题的发现与虚拟空间数据资源的推送相互融合，为用户提供一个交互性、智能化、体验性的用户数据共享空间环境。

第二，智能维度。随着人工智能科技产业的蓬勃发展，图书馆用户数据共享空间也应考虑到智能维度，通过运用人工智能技术打造智能化数据素养服务体系。智能维度主要应根据“数据收集—数据发现—数据分析—服务交互—问题解决”的实现路径。首先，可利用智能感知设备收集并整理用户行为和情感数据；其次，数据分析依靠机器学习、数据关联等相关技术，将数据资源层的各类数据与用户数据进行实体、属性、关系描述，在不同来源的数据之间建立连接，从而构建由各个最小知识单元组成的知识网络；再次，通过设置智能数据聚合社区、智能数据资源推送等服务，促进用户与数据共享空间的交互；最后，问题解决的效果可通过用户评价反馈进行核查。

第三，需求维度。两者均要考虑用户的数据需求，区别在于，在传统的数据素养培育过程中，主要针对不同的用户群体进行广泛调研了解其需求，有针对性地开展数据素养服务，如面向不同层次（本科生、研究生、科研人员）的用户以及面向不同学科（文科、理科）的用户，但仍然缺乏对每一个用户精准需求的抓取；而图书馆用户数据共享空间是面向用户的智慧化数据服务，需要对用户的隐性需求进行深度挖掘与匹配。

第四，能力维度。数据素养教育的实质就是培育用户的数据素养能力，传统的数据素养教育主要根据教学目标来安排课程，不一定考虑到整个数据生命周期；而图书馆用户数据共享空间作为一个开放式的空间平台，主张嵌入性即围绕科学数据生命周期来培养科研人员的数据素养能力。科研人员的数据创建（查询）与数据保存（存储）、数据分析、数据引用与数据共享等方面的能力贯穿于数据生命周期的各个阶段。图书馆用户数据共享空间主要由数据服务层内数据共享服务的部分模块来体现数据生命周期的环节，如表4－4所示。

表4－4　涉及数据生命周期环节的数据素养能力维度分析

	数据生命周期				
	数据创建	数据分析	数据保存	数据引用	数据共享
图书馆用户数据共享空间	数据查询模块（数据检索与数据获取）	数据分析工具 数据可视化	数据保存模块（数据备份与存储）	数据安全模块	智能数据聚合 社区模块 数据发布模块

根据数据素养与图书馆用户数据共享空间的环境、智能、需求、能力四个维度的关联，结合表4－4中数据生命周期环节、内容、模型与图书馆用户数据共享空间模块构建的分析，整合图书馆内外部的数据资源作为数据基础环境，以智能平台为依托，通过感知层将虚拟空间与实体空间相互连通起来，并将数据生命周期的各个环节嵌入图书馆用户数据共享空间的模块中，构建图书馆用户数据共享空间总体设计模型。如图4－4所示，为用户提供以应用为导向、能力为基础的数据服务，以满足用户的数据智慧化服务需求。

（四）图书馆用户数据共享空间总体设计模型

综合以上数据分析，笔者认为图书馆用户数据共享空间模型应由感知层、数据资源层、技术处理层、数据服务层以及用户层构成（见图4－4）。图书馆用户数据共享空间模型是智慧化的数据素养生态系统，各系统层级之间相互影响、相互作用，共同聚焦于智慧化服务与用户数据共享空间的诉求。①

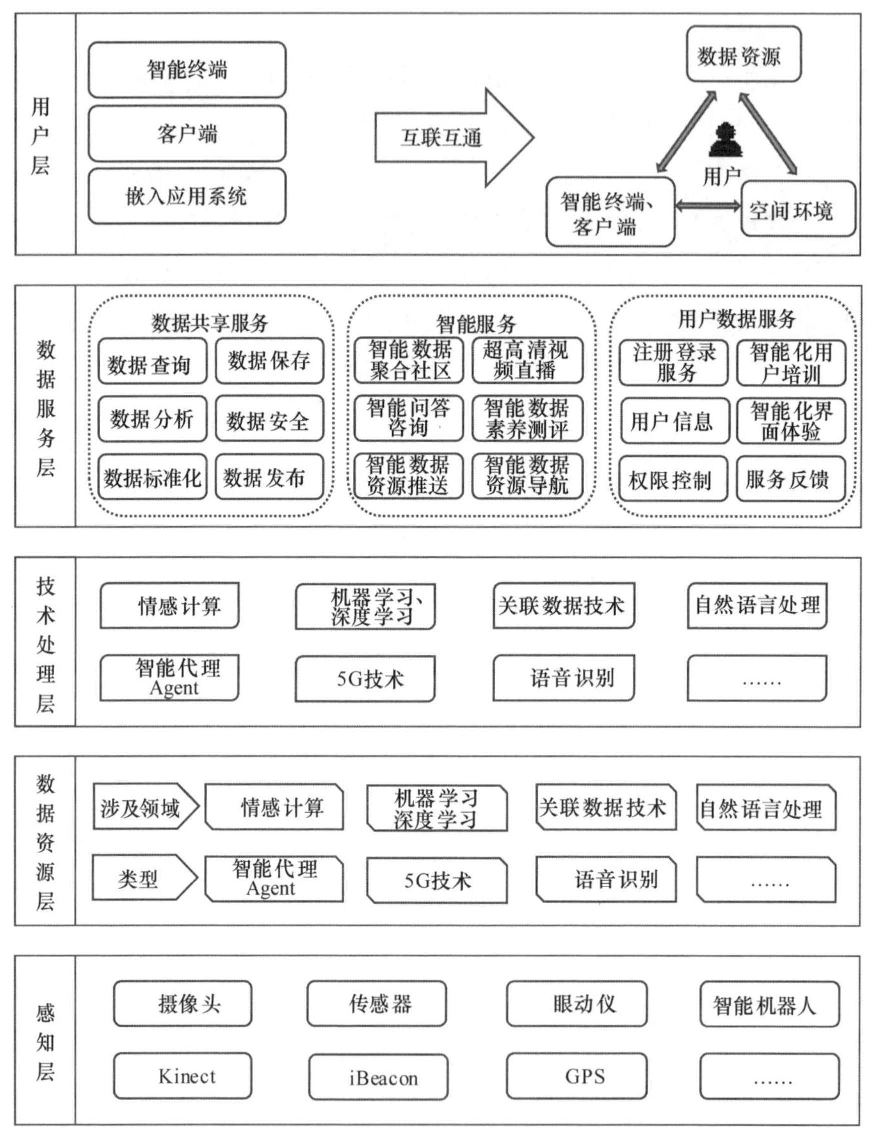

图4-4 图书馆用户数据共享空间模型

① 李立睿、邓仲华:《"互联网+"视角下面向科学大数据的数据素养教育研究》,《图书馆》2016年第11期。

第一，感知层。感知层主要用于泛在智慧环境下，通过多种情景感知设备如摄像头、传感器、Kinect 感官捕捉器、眼动仪、iBeacon、GPS 以及智能机器人等，获取用户行为及情感的信息数据，存储至数据资源层的感知设备数据库中。

第二，数据资源层。数据资源层主要集成社会科学类、医疗类以及经济文化类等多领域开放专题科学数据资源、公开的研究报告与相关的政策法规等。类型上主要包括图书馆自建特色数据、用户提交数据、感知设备数据、外部数据（政府、企业、科研院所）与网络数据等。由于数据资源种类的多样性，将半结构化数据和非结构化数据标准化是实现数据检索、分析与共享的前提，所以开发数据字典、制定全面完整的元数据标准是十分重要的。

第三，技术处理层。技术处理层是实现系统数据处理、挖掘与分析的重要层级。主要由情感计算、深度学习、机器学习、自然语言处理、5G 技术、关联数据技术、语音识别等技术模块组成。需要注意的是，各个技术模块之间可以相互结合，共同为图书馆用户数据共享空间的数据服务层提供技术支撑。

第四，数据服务层。数据服务层是图书馆用户数据共享空间的核心层，主要由三个模块构成。其中，数据共享服务模块主要以数据为中心向用户提供相关的数据服务，而智能服务模块的主体逐步从以数据为中心转向以用户为中心，相应地，数据服务也转向更高层次的知识服务、智能服务。

第五，用户层。用户层即通过接口帮助用户进入该系统的一个入口。图书馆用户数据共享空间目前设计三个入口，主要包括手机等智能设备、电脑等客户端与嵌入应用系统。在“大数据 + 移动网络 + 人工智能”相互融合的环境中，用户与数据资源、图书馆用户数据共享空间以及终端设备三者互通互联，实现不同环节紧密相连的多向交互圈，以满足用户“人人、处处、时时”的智能化学习服务。

（五）图书馆用户数据共享空间模型的应用

第一，基于情境智能感知的图书馆用户数据共享空间原型系统的设计。需要注意的是，该原型系统主要体现图书馆用户数据共享空间模型感知层的思想，将基于智能设备的图书馆用户数据共享空间与实体空间通过感知层联系在一起，借助情境感知相关技术和基础设施，从而形成一个虚实结合的智能学习空间。以教室为例，实体空间配置的智能感知设备主要包括无线传感器、智能显示交互系统（如智能触控屏、交互式电子白板、交互式投影仪等）、面部情感状态捕捉设备（Kinect、Face-shift、眼动仪等）、用户语音行为捕捉设备（摄像头、话筒等）。实体空间所有智能设备获取到的用户学习状态的信息最终通过网关提交给后台服务器，将收集到的用户行为和情感数据信息反馈至智能终端的用户数据共享空间中。

第二，基于智能设备的数据资源推荐与实现。本部分引入智能代理Agent，设计基于智能设备的智能化数据资源推荐机制。该机制是实现图书馆用户数据共享空间交互的关键，完成用户“需求—推荐—反馈”机制。智能化数据资源推荐实现的流程包括：首先，将智能感知设备收集到的用户基本信息、用户行为信息和用户情感状态信息分别建立对应的用户特征数据库，构建用户“画像”；其次，将数据资源层中各个领域非结构化的数据，根据现有的元数据标准转化为结构化数据并按照主题聚类，挖掘数据与数据之间的联系，将不相关的数据做异质性处理；再次，通过资源匹配 Agent 将处理好的数据资源与用户的特征联系在一起，计算两者之间的匹配值；最后，算法 Agent 优选合适的推荐策略传送至图书馆用户数据共享空间的智能数据资源推送模块（见图4－5）。

（六）基于知识细粒度的数据资源聚合

粒度作为知识的基本组成单元，其大小是度量知识的抽象程度。传统的图书馆服务处理和解决的一般是粗粒度的用户需求，仅提供一些基本的数据服务，而图书馆用户数据共享空间可实现对每个需求单元细粒度的挖掘。要实现用户需求细粒度化，就需要对图书馆外部以及图书馆内部的数据资源进行结构化处理，对资源中包含的知识进行细粒度化，更加快速、彻底地挖掘内容价值，构建“用户需求—知识聚合”两级映射。图书馆用户数据共享空间数据服务层可将数据提炼至满足用户的目的，为形成完备的数据服务体系奠定基础，使图书馆用户数据共享服务更加具有针对性。

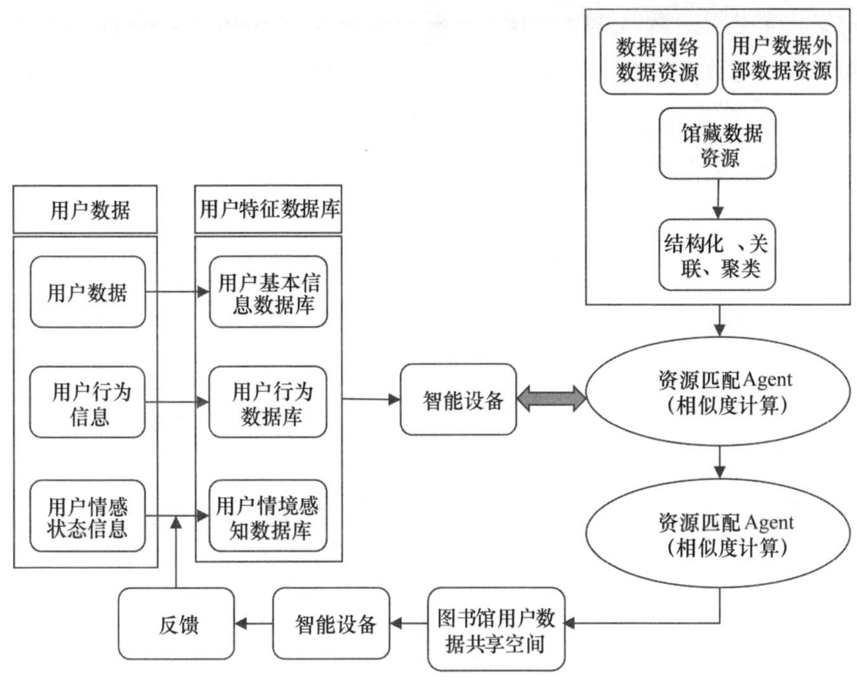

图4－5　基于智能设备的数据资源推荐机制

（七）基于智能设备的用户地理位置定位功能的实现

智能设备常见的定位技术主要包括Wi-Fi定位、GPS定位系统、iBeacon技术以及谷歌地图等，可使用GPS定位系统来精准定位用户的地理位置并将数据返回以提供智能化服务推送。此外，可将iBeacon技术应用于图书馆智能定位系统，在图书馆内规划设署iBeacon基站，通过统一的API接口，用户智能终端与图书馆用户数据共享空间App相连接。该技术的实现原理：用户打开智能设备的蓝牙，经过图书馆iBeacon节点附近，图书馆用户数据共享空间App接收到节点信号后发送至图书馆服务器，从而获取用户的地理位置信息。目前，数据素养的培育主要以传统的学校课程教育的方式，而图书馆用户数据共享空间可利用iBeacon引擎实现馆内定位功能，感知用户的位置，向其发送该节点位置相关的数据资源，为用户以及读者提供情景式数据素养体验。

笔者将共享空间理论引入数据素养与智慧服务中，建立图书馆用户数据共享空间模型，并提出基于该模型的现实应用构想。图书馆还应将知识数据与数据素养融进数据服务中，促进智慧服务空间发展，真正了解用户数据空间的需求，做到以用户数据需求为驱动，尽可能地提供智能化的用户数据素养与共享服务空间。

三　大数据时代图书馆智慧服务5W模式构建

面对大数据时代物联网、5G及区块链等技术高速发展，立足于人工智能、“互联网+”和图书馆转型发展需求的时代背景，图书馆智慧化服务的进程也在不断向前推进，向用户提供智能、互联、高效的全方位智慧服务。笔者在文献分析基础上，结合图书馆业务实践，分析大数据时代图书馆智慧化服务特征及服务层次，归纳图书馆智慧服务的典型模式与实施方式，并提出相关建议，为实现大数据环境下图书馆智慧化服务的发展提供参考。

（一）相关定义——拉斯韦尔的5W模式

1948年，哈罗德·拉斯韦尔在《传播在社会中的结构与功能》一书中提出“5W”的传播模式，即英语中五个代词的首字母，具体为Who（谁）、Says What（说什么）、In Which Channel（通过什么渠道）、To Whom（给谁）、With What Effect（取得什么效果）。

5W模式不仅是一种传播学上的模式和原理，也为其他领域带来科学的工作方法。如图4-6所示，在新闻传播学领域，Who指传播者，而在高校图书馆服务中指智慧馆员。Says What在新闻传播学领域中指的是信息，而本书主要指图书馆开展智慧服务的服务资源，包括馆藏数据、业务服务数据、用户行为数据等。In Which Channel，在新闻传播中主要指报纸、电视、微博、微信等各种媒体，而本书主要指馆内计算机、无线网络、机器人等设施。设备与挖掘用户潜在需求及图书馆潜在热点资源的各种智能挖掘技术。To Whom，在新闻学传播领域指传播过程中的受众，在高校图书馆智慧服务情景下，则代表读者或者信息需求者。With What Effect在新闻传播学领域和本书中都是指取得的效果。结合这一模型，根据图书馆智慧服务的服务主体、资源内容、技术手段、用户、预期效果，构建图书馆智慧服务的5W模式。

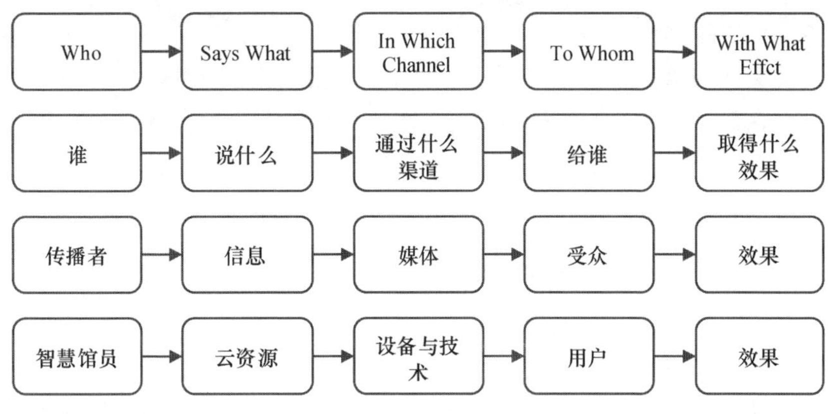

图 4-6　5W 模式释义

（二）大数据时代图书馆智慧服务 5W 模式构建

第一，Who（服务主体）——智慧馆员。这里的“谁”指智慧服务的具体组织者、践行者、服务者、管理者，即馆员。首先，在用户服务方面，馆内自助借还、自修室座位网上预约等新技术和 3D 打印、智能机器人等新设备的应用，需要馆员及时向用户宣传，并指导帮助用户使用，这是基础服务。其次，馆员利用数据挖掘等技术，对馆藏数据资源进行深度分析，为用户提供精准学科服务。再次，馆员运用大数据、云计算、数据挖掘、社会网络分析等技术，对用户借阅等业务数据及图书馆网站留言、馆内浏览痕迹等用户行为数据进行深挖，向用户提供定制推荐等个性化服务。最后，在图书馆场馆空间优化方面，馆员要做好图书馆空间优化，将图书馆打造成知识流通、创新交流、激发社群活力的多元化资源共享空间。图书馆空间也不再只是借还书和交流的场所，创客空间、3D 打印工坊等激发用户的活力和创造力，助力将图书馆打造成充满创新思维和创造力的智慧环境空间。此外，馆员还要做好书籍等智能设备的管理与应用，如图书智慧清点排架、系统升级及设备维护等。

第二，Says What（服务资源）——数据云资源。高校图书馆智慧化服务的重点内容即围绕挖掘数据资源，对图书馆大数据生命周期进行管理。高校图书馆的大数据主要分为以下几种：一是馆藏数据，包括图书馆图书期刊的数字化资源、音像资料、购买的数据库资源、科研活动中形成的科研数据等；二是业务服务数据，包括用户借阅数据、检索记录、资源购买荐购数据、文献传递记录和馆际互借等数据；三是用户行为数据，包括用户在图书馆网站及微博账号、图书馆微信公众号上的留言、点赞、转发、图书预约、评论等行为信息。

第三，In Which Channel（服务手段）——硬件设施和信息技术。高校图书馆的服务手段和途径要基于稳定的构架支持，即智能化的硬件设备与信息技术。网络设施是图书馆进行智慧化信息服务的基础，包括计算机设备、网络设备及存储设备等。值得一提的是，随着5G技术的到来，信息传输速度更快，宽带频率更高，网络兼容性更强，稳定性更好。不仅满足图书馆大数据的储存、分析和应用，还为图书馆人脸识别借阅、导览导航、超高清互动直播等插上腾飞的翅膀。因此，能够感知环境与自身状态、模拟人的大脑进行深度学习的智能机器人，包括具有参考咨询功能的智慧化机器人、无人搬运车、无人清洁车机器人、自动化智能图书存取机器人入驻图书馆已是大势所趋。[①] 基于超高频的RFID智能图书盘点机器人系统不仅能讲解接待，还能高效准确地分拣、盘点图书。以南京大学图书馆的“图宝”、宁波大学图书馆的“旺宝”、深圳盐田区图书馆的“欢欢”、上海图书馆的“图小灵”等机器人为代表的“智慧馆员”，其人性化、智能化的服务方式，不仅吸引读者关注，也将智慧图书馆建设推向新高度，推动图书馆实现从传统向智慧的跨越。此外，监控设备、自动火灾预警、自动应急疏散、自动照明调控、绿色能源等楼宇自动化设备为图书馆智慧化建筑增色。

高校图书馆海量数据价值的实现离不开数据技术。图书馆数据涉及结构化数据、半结构化数据等多元异构数据，需要运用数据技术才能实现大数据的价值。通过数据挖掘、Hadoop技术、语义分析、智能挖掘等技术对馆内馆藏数据资源和业务服务数据进行挖掘，通过对数据的检索、整理、融合、分析，不仅可以形成知识图谱以方便用户利用，还可以形

① 李立睿：《人工智能视角下图书馆的服务模式重构与创新发展——基于英国〈人工智能：未来决策的机遇与影响〉报告的解析》，《图书与情报》2017年第6期。

成多维数据报表，为决策者在图书馆发展顶层设计中提供科学的数据依据。[①] 此外，可以运用网络爬虫技术、社会网络分析技术、数据可视化技术等对用户行为数据进行分析和管理，从而进行个性化精准服务。

除前文提到的数据挖掘、数据分析、云计算等相关技术，还有物联网技术、感知技术、人工智能技术，以 VR（虚拟现实）和 AR（增强现实）为代表的传感器技术，将馆内资源链接、资源与用户链接、用户与用户链接，实现资源与用户的互联互通。

第四，To Whom（服务对象）——深挖用户需求。图书馆依赖用户而存在。[②] 以用户为中心是图书馆发展的立足点，也是图书馆智慧化服务的核心战略。借助语音识别技术、机器学习算法等技术，对用户生物数据、借阅数据、行为轨迹等数据进行挖掘，对用户行为进行分析，精准把握用户需求从而为用户提供优质文献、VR 互动体验、知识传递和个性化内容推荐。在大数据技术支持下，图书馆根据用户专业差异，匹配优质文献资源。在云计算技术支持下，建立云图书馆，使用户摆脱时空限制获取图书馆动态性的数字信息资源。此外，在采集用户数据资源后，形成用户画像数据库，满足用户个性化需求。

强大的数据挖掘技术带来用户个人数据泄露的隐患，而区块链等技术的发展为用户数据安全保驾护航。用户数据不再集中在互联网公司，而是分布式储存在用户手中，用户可以对自己的数字身份进行加密，只要用户出示的新馆信息与区块链应用上加密数据一致，即可享受图书馆各类服务。

第五，With What Effect（服务效果）——建立智慧图书馆服务体系。在拉斯韦尔5W 模式基础上，建立智慧图书馆服务体系。以智慧馆员为服务主体，在计算机硬件、物联网、机器人、RFID 射频识别设备、无线网和云计算的设施设备以及数据挖掘、VR（虚拟现实）、AI（人工智能）、语义分析、Hadoop 技术、爬虫技术、社会网络分析技术的支持下，为用户提供借阅、智能设备应用、阅读推广等基础业务，开展精准学科服务，提供个性

---

① 张传福、赵立英、张宇：《5G 移动通讯系统及关键技术》，电子工业出版社 2018 年版，第 22—150 页。

② 翟羽佳：《智慧图书馆的哲学审视》，《图书馆建设》2020 年第 3 期。

化服务，以及对图书馆空间进行优化升级，将图书馆打造成集学术交流、创意中心、休闲娱乐、社会交往等多功能于一体的空间。用户在云资源中心和技术的支持下，一方面通过自助服务满足部分需求；另一方面将其他需求，如优质文献的提高、VR 互动式体验、知识传递、个性化需求等反馈给馆员。馆员和用户形成良好互动，建立以图书馆资源为基本、技术支持为双翼、用户需求为根本、馆员服务为主的智慧图书馆服务体系。

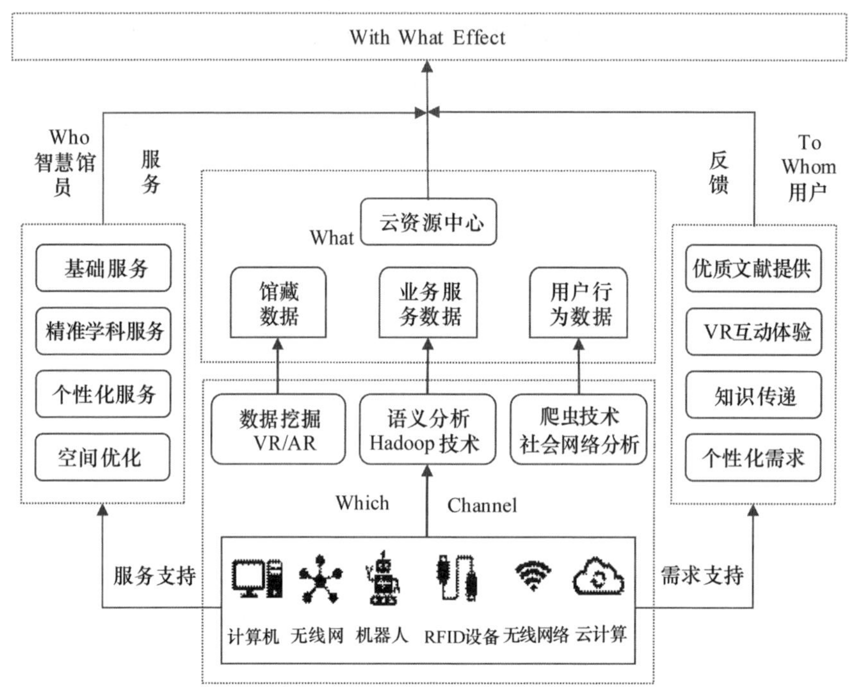

图 4－7 高校图书馆智慧服务 5W 模式

四 人工智能时代新一代智慧图书馆系统

2020 年，中国新一代人工智能发展战略研究院发布《中国新一代人工智能科技产业发展报告（2020）》，报告指出："人工智能和实体经济的深度融合正在成为驱动中国经济转型升级和可持续发展的动力源泉。"①

① 《人工智能科技产业步入融合的新阶段》，2020 年 6 月 30 日，中国政府网，http：//www. gov. cn/xinwen/2020－06/30/content_5522700. htm。

如今，智能时代已悄悄进入人们的视野，人工智能科技产业逐步与教育、医疗、媒体以及制造业等各个领域进行融合发展。图书馆界也与时俱进，通过运用人工智能技术打造智能化的图书馆服务体系。然而，大数据、人工智能技术在为图书馆带来便利、促使其向智慧图书馆转型的同时，也带来一定的挑战。随着图书馆业务范围的扩大、文献资源加速数字化、服务质量要求的提高，现有的图书馆系统开始出现不适应的状况，这些新状况促进能适应人工智能时代的新一代智慧图书馆系统的产生。基于以上背景，本书通过对新一代智慧图书馆系统的建设需求进行挖掘分析，进而设计人工智能时代新一代智慧图书馆系统的总体框架，以期提供以用户为中心的智慧化服务。①

（一）人工智能时代新一代智慧图书馆系统建设需求分析

第一，细粒度知识需求。目前，智慧图书馆只有在对元数据进行细粒度管理的基础上，才能对用户需求进一步深入挖掘和揭示。智慧图书馆系统不仅要将互联网内非结构化、半结构化数据进行聚类重组，还要结合各种感知设备采集不同用户的静态和动态数据，对其进行 LDA 分析，从而构建由各个最小知识单元组成的知识网络，帮助用户减少使用资源时的障碍。此外，通过借助语义和数据关联技术，将馆内的数据资源进行互联互通，最终实现广度与深度的拓展。

第二，智慧化空间需求。智慧图书馆需要利用用户情境数据与馆内动态更新的空间数据，通过智能环境控制系统将馆内温湿度、照明等方面调节至满足用户舒适度，依托 RFID、iBeacon 等技术，精确到馆内每一本书的位置，并结合用户行为数据，将用户感兴趣的图书信息发送至用户移动终端，从而进一步帮助馆员改善馆内图书资源的布局。

第三，相互关联的业务需求。智慧图书馆在业务数据处理与分析的基础上，挖掘业务与业务间的内在关联，形成“集成联动、互联互通、数据共享”的理念，从而实现业务流程系统从自动到智能，再到智慧的跨越式发展。除了基于图书馆综合管理平台，完成传统图书馆采购、编

---

① 《人工智能科技产业步入融合的新阶段》，2020 年 6 月 30 日，中国政府网，http：//www.gov.cn/xinwen/2020－06/30/content_5522700.htm。

目、盘点等常规性工作的业务数据统计之外，智慧图书馆系统还能挖掘用户与业务的联系，通过可视化技术将关键的业务指标利用统一界面呈现给决策者。

（二）人工智能时代新一代智慧图书馆系统框架设计

本书涉及的人工智能时代新一代智慧图书馆系统框架，主要采用自下而上的设计方法。鉴于前文对新一代智慧图书馆系统建设的知识、空间和业务三方面需求的分析，还需考虑利用大数据、人工智能、智能感知等技术来拓展系统的功能模块，建设一个将图书馆各个项目内容进行统筹兼顾的交互式应用生态环境。综合上述思考，笔者将系统框架分为感知层、数据资源层、技术层、服务应用层4个层级（见图4－8）。

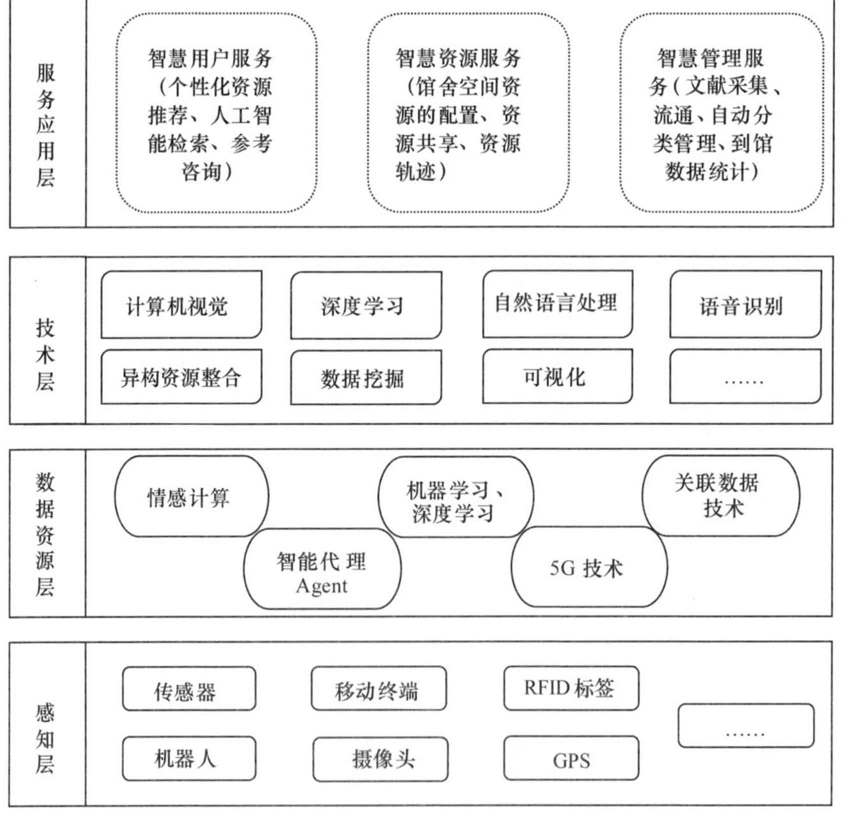

图4－8 人工智能时代新一代智慧图书馆系统

第一，感知层。感知层位于新一代智慧图书馆系统的最底层，主要包括传感器、手机移动终端、智能机器人、摄像头、RFID 标签等各类感知设备。通过感知，可获取图书馆空间环境信息、用户身份、行为个性化信息以及基础设施信息等，并通过 5G、Wi-Fi、互联网、蓝牙等方式将采集的数据传输至数据资源层。

第二，数据资源层。数据资源层为智慧图书馆系统的服务应用层提供资源支持。数据资源层可划分为资源数据库、用户数据库、系统感知数据库与业务数据库四大类。其中，资源数据库主要包括馆内各类专题数据资源、自建特色数据库资源、开放共享的网络资源等；用户数据库主要包括用户在系统后台主动填写的静态基本信息与用户线上和线下的行为轨迹等动态信息；系统感知数据库主要通过感知层设备来进行监控和获取；业务数据库主要收集图书馆采访、编目、借阅等业务处理环节的数据资源。

第三，技术层。技术层是实现系统数据的收集、处理、挖掘与分析的重要核心层，主要由计算机视觉、深度学习、自然语言处理、数据挖掘、异构资源整合、语音识别等技术模块组成。需要注意的是，各个技术模块之间可以相互结合，共同为智慧图书馆系统提供服务。

第四，服务应用层。应用层位于智慧图书馆系统的最顶层，是图书馆系统的“大脑”。在技术处理层的各类技术模块的支撑下，图书馆系统的服务应用层将走向智慧化方向。它主要包括以下几个模块。首先，智慧用户服务，该模块主要针对用户群体提供数据资源的个性化资源推荐服务、人工智能检索服务以及智能机器人参考咨询服务等。其次，智慧资源服务，主要包括馆舍基础设施以及空间的分布、资源共享以及资源轨迹跟踪等服务。最后，智慧管理服务，主要包括文献资源的采集、流通、智能化的自动分类管理以及到馆人员数据统计等管理服务工作。

（三）人工智能在智慧图书馆系统建设过程中的应用

第一，智慧图书馆智能情境分析。建立在大数据基础上并结合人工智能技术的智慧图书馆系统，可对读者人群的数据进行抓取、管理、深度学习和分析。通过一定的算法将读者的阅读规律、阅读记录、文献的流通信息与读者的兴趣特征联系起来，从而建立完整的用户个性化需求模板，为智慧图书馆的个性化资源推送服务提供支撑。此外，在不同的情境下，用户的需求可能会发生变化。采取智慧图书馆智能情境分析系统并建立读者个性化服务模型，能够对优化图书馆信息服务质量、为图书馆管理者做出正确决策产生重要的作用。

第二，智慧图书馆管理模式智能化。智慧图书馆系统管理模式的智能化主要表现在图书的借还和文献资源的自动分类管理两方面。一方面，在进行图书借还服务时，用户需要在进入智慧图书馆时，通过人工智能赋予的人像识别技术来获取用户的身份信息。与此同时，人工智能还将赋予图书馆 RFID 标签识别系统，读者只需进入一个探测门内，图书馆就能识别并读取图书信息，从而完成无人超市式借阅。另一方面，在图书分类管理时，图书馆馆员可在人工智能终端输入对应的编号，并按照已经编好的语言程序自动检索文献内容，有效地对图书资源进行层次化的分析、分类与整理。

图书馆系统随着时间的推移和技术环境的变化不断更新换代，特别是在人工智能技术和大数据技术发展的背景下，图书馆系统正逐步迈向新阶段。构建符合时代发展的新一代智慧图书馆系统，通过创新帮助图书馆保持行业竞争力，以为读者提供深层次、拓展型、便携式、个性化的知识服务为驱动力，从而实现图书馆的核心价值。

第四节　本章小结

图书馆海量信息资源数据的提取、储存、检索、共享、分析与应用离不开技术。本章详细梳理了资源数据采集、资源数据导入与预处理、资源数据统计与分析、资源数据挖掘的大数据工作流程。归纳出大数据技术工具在图书馆服务体系中的应用表现，包括系统日志或网络爬虫等图书馆服务体系中的大数据采集工具，Access、MySql、Hadoop 等图书馆服务体系中的大数据导入与预处理工具，Mahout 等图书馆服务体系中的知识挖掘与数据挖掘工具，以及云图书馆系统、用户推荐机制、知识发现系统在内的图书馆服务体系中大数据收集的决策系统。分析大数据环境下，图书馆服务体系中创新技术的应用途径，包括基于聚类算法的智慧图书馆用户分析模型构建、个人数据共享空间的构建及应用、图书馆智慧服务 5W 模式构建、人工智能时代新一代智慧图书馆系统研究。通过文献研究、多维分析、模型构建、应用分析等，多角度、全方位反映出数据处理新技术在大数据环境下图书馆服务体系创新中的应用途径。

第五章

大数据时代图书馆服务组织体系

在大数据时代，图书馆服务的意义在于将数据资料进行处理和加工后转化为可存储、可直接应用的有效数据。图书馆是当今社会的重要信息服务机构，更需要不断适应发展潮流，从海量数据中发掘和整合有效信息，来为用户提供更专业的信息服务。大数据时代的到来，给图书馆的服务提出更多的挑战，也提供了诸多的发展方向。面对当前的机遇和挑战，图书馆如何从多角度出发，高效运用海量数据，通过多样的科学技术手段，不断进行数据的加工处理，逐渐应用到用户服务的方方面面，不断满足用户对当前信息服务的多种需求，[①] 是图书馆回应时代要求的关键。而图书馆服务组织体系是其服务施展的框架与拓展蓝本，牵涉因素众多。因此，本章将对大数据时代图书馆服务组织体系的内涵与应用进行阐释，框架结构如图 5 – 1 所示。

---

① 苏新宁：《大数据时代数字图书馆面临的机遇和挑战》，《中国图书馆学报》2015 年第 6 期。

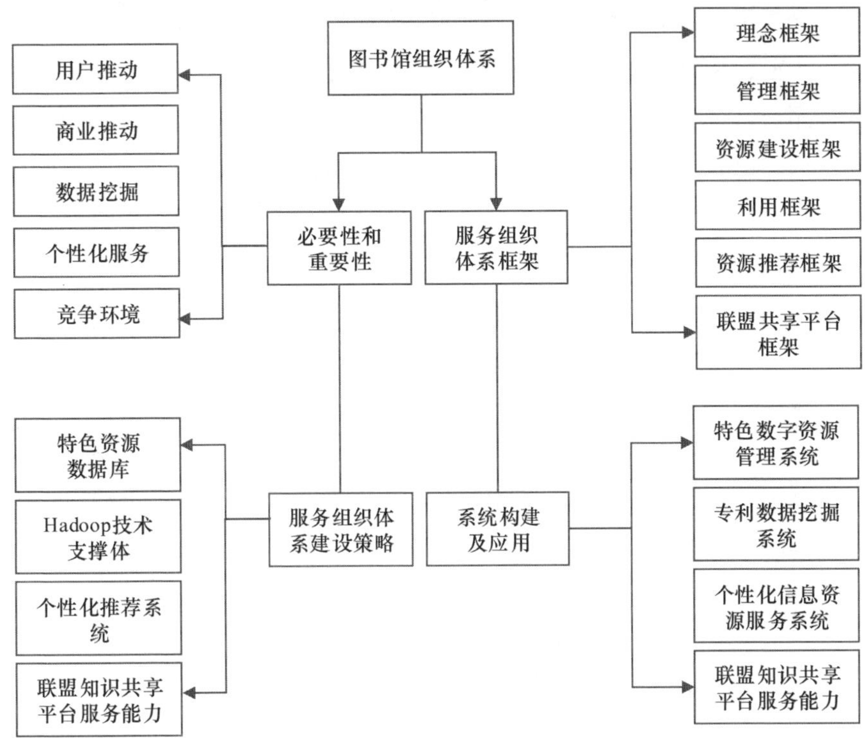

图 5－1　大数据时代图书馆服务组织体系框架结构

第一节　大数据时代图书馆创新服务组织体系的必要性和重要性

在图书馆中，非结构化数据（图片、声音、视频等）已成为数字资源的主流形式，约占数据总量的 80%，其背后蕴含的巨大价值引发对数据处理、分析和挖掘的巨大需求。图书馆利用大数据等计算机相关技术，从海量、多样的数据中快速获取有价值的信息，并基于分析结果构建新的服务组织体系，搭建智能化服务平台，助力图书馆成长。

一 用户需求、用户隐私、数据安全的推动作用

当前，受新媒体如微信公众号、电子阅读器、自媒体等的影响，纸媒的用户量呈下降趋势，且数字图书馆网站的点击量也呈下降趋势。而图书馆当前的服务水平、服务质量、技术水平等都未能满足大数据时代用户对信息服务的多样性需求，且图书馆对数字资源的收集、存储、处理、挖掘、服务等并没有足够的重视。对于非结构化数据的采集、处理、管理与利用，图书馆基本上还没有较好的对策。此外，大数据时代用户的个人行为数据丰富且存在隐私泄漏问题，用户的移动数据、社交数据、电子商务数据等，使得用户的行为轨迹、检索记录、行为习惯、个人喜好、购物风格等特别容易获取和捕捉。在大数据时代，信息资源更加开放。对于图书馆来说，会有更多的数据值得被挖掘，也有更多的用户隐私数据值得被重视。①

二 节省成本、提高效益、提升商业价值

在此情形下，图书馆不能仅局限于提供传统阅读空间，还应利用大数据技术等开展多元化服务，实现精准阅读推广、个性化知识推荐、智能化知识推送。例如，乐购公司致力于通过大数据挖掘会员用户的需求，将购物者分门别类，针对不同的类群发送不同的邮件。不仅每年能节省诸多广告成本，还能更加有的放矢，提高广告的转化率。不仅如此，其在地铁站等人流量大的地方张贴展示商品的广告海报，并在每张图片附上商品二维码，消费者可以扫描二维码读取数据并下单，其坐着地铁回家后便可等待物品送货上门。② 这样等地铁、坐地铁的零散时间就可以变成购物时间，为消费者节省时间成本。同理，图书馆是否也能够用这种方式来挖掘用户信息并进行精准的知识推送和服务，数据的分析和处理方式能否也应用到读者对知识的获取上。随着网上支付、大数据的应用

---

① 马晓亭：《大数据时代图书馆个性化服务读者隐私保护研究》，《图书馆论坛》2014 年第 2 期。

② 张薇、孟文静：《因弗卡吉尔公共图书馆营销实践与启示》，《新世纪图书馆》2019 年第 8 期。

和发展，图书馆流通业务也必会出现这样的趋势，即以流通数据分析为主要业务，而不是流通业务本身（自助服务），以提高服务的针对性、有效性。

三　用户活动数据挖掘

目前的图书馆活动数据主要包括三种类型。第一种是基本数据。包含图书馆建筑面积、设备、物理空间、财务数据、人员和数据类型等对图书馆基本情况的描述。通常为结构型数据，体积小，增长速度慢，容易获取和控制。第二种是日常数据。采购文献数据、图书处理数据、周期目录数据等，这些数据是图书馆馆藏数据的重要描述。此类数据生成缓慢，但相对容易提取和管理。第三种是用户数据。包含门禁数据、借还数据、座位预约数据、网页点击数据、数据库下载数据等，这些都是读者最真实和最有用的可挖掘数据。这些数据增长量很高，每时每刻都在增长。图书馆可以从这些数据中挖掘用户行为信息，以便能提供更加及时、有效、个性化的服务。

四　个性化服务需求

高校图书馆是学校信息建设的重要组成部分，也是传播校园文化的重要阵地。它为学校提供各类学术资源，保证学校的教育和科研顺利进行。随着网络信息技术的发展和数字资源的流行，高校用户在图书馆中获得传统文献资源的需求每年都在下降。图书馆需要继续扩大服务的深度和提升专业性，更好地发挥图书馆的教育职能。高校图书馆应立足于用户需求，不断更新服务系统，提高服务效率和用户满意度。① 在大数据时代，多样化、个性化和专业化的师生需求也促使学校图书馆更新创新服务系统，以提供可持续和方便的服务。随着学科的发展，多样性学科不断出现。教师和研究人员正在进行越来越多的跨学科主题研究，需要更深层次的跨学科信息资源。这需要图书馆馆员提升专业素质，并不断

---

① 李艳、吕鹏、李珑：《基于大数据挖掘与决策分析体系的高校图书馆个性化服务研究》，《图书情报知识》2016 年第 2 期。

满足新兴的和多样化的需求。图书馆的师生用户对信息服务的需求，不仅包括基础的借阅文献和文献传递，还包括更加个性化和专业化的学科服务需求，这可能需要更加完善的设备、更加成熟的技术和更加专业的服务。传统的图书馆服务已显示出创新和转型的趋势，逐渐从借书制度转变为空间一体化和科研数据的全流程服务。只有不断更新大学图书馆的服务系统，才能更好地满足大学师生的多样化、个性化和专门的教育和研究需求。①

五 图书馆竞争环境

大数据时代的到来，可能会为图书馆提供一个更加激烈的竞争环境。首先，丰富的图书馆信息资源内容，可以重新优化和整合数字文档资源。其次，海量数据的生成使图书馆能够获得更多关于用户的信息，从而可以根据用户的需要调整图书馆系统的开发。再次，图书馆可以利用互联网、微信小程序、微博等渠道，扩大图书馆服务范围，提高服务质量，提高图书馆竞争力。最后，大数据有效地分析书籍管理，总结实际信息资源，如读者借还和消费记录习惯，使图书馆数据更准确、更有价值，有助于改善服务。总之，高科技图书馆是未来图书馆功能发展的趋势。②大数据时代的到来给图书馆带来挑战，同时也为创新的服务组织系统提供了机会。图书馆必须积极地将大数据技术引入图书馆开发中，并将其与实际业务需求相结合以为用户提供智能服务，满足用户不断增长的精神需求，鼓励用户返回图书馆，进而逐渐提高图书馆的竞争力。

第二节 大数据时代图书馆服务组织体系框架构建

在大数据时代，建立图书馆服务组织系统的模式架构可为图书馆提供特定的创新服务，从服务理念、服务管理、资源建设、数据利用、资

---

① 曾子明、陈贝贝：《融合情境的智慧图书馆个性化服务研究》，《图书馆论坛》2016 年第 2 期。

② 陈红梅：《网络环境下图书馆竞争与合作战略探究》，《情报杂志》2007 年第 10 期。

源推荐以及联盟共享六个方面进行具体论述。

一　图书馆大数据服务理念框架

一直以来，图书馆的典藏属性是其最传统的服务功能，且一直处于简单机械的、较为被动的服务模式中，与用户缺少有效沟通和互动，服务质量和效率得不到保障。最初图书馆的服务主要是借阅纸质文献。随着科学技术的发展，图书馆逐渐转变为数字图书馆，开始向用户提供不同类型的数据资源。此时图书馆服务应更多地关注用户的实际需求，并向用户提供系统、专业的主题服务。在更深层次上，可以说图书馆最终应该为用户提供知识服务。而图书馆服务理念必须从传统的文献资源服务转变为知识服务、学科服务等更专业、更个性化的服务。不仅包含日常的参考咨询服务，还要主动为师生、为科研人员提供实时的学科服务，更要根据各种后台的大数据，监测和统计用户的可能需求，实时做出相应的服务回应，提升服务效率和质量。

一方面，可以通过开讲座、开授课程来实现主动地服务，力争通过这种覆盖面较广的形式帮助提升用户的信息素养。将信息检索与专业的课程内容相结合，帮助学生拓宽获取知识的渠道，增强师生的自学技能和科研技能。另一方面，进行科研服务，为科研人员提供更专业和更系统的知识服务。图书馆应参与其科学研究，学科馆员加入相应学科的科研团队，融入学科的整个科研过程，为整个科研活动提供全方位的信息服务，包括文献查阅、定期跟踪、投稿指南、科技查新、开题立项、成果发表、成果验收等，为科研团队提供强有力的技术支持。为学校提供科研成果分析报告、专利数据分析报告、知识情报服务、学科排名分析、学者贡献评价、论文深度分析等，以此为学校的引进人才、学术评价、科学评估、科研管理、学科建设等提供决策数据支持。①

---

① 王培凤：《大数据时代高校图书馆服务体系的创新与发展研究》，《价值工程》2018 年第 34 期。

二 图书馆大数据服务管理框架

管理是组织活动的组成部分，图书馆的服务也必须通过有目的的管理来实现。为不断提高图书馆的服务水平，必须引入科学的管理方法和机制来有效地进行协调和整合。明确工作职责，制定服务规章制度，规范服务流程，提高服务效率和质量。管理机制的明确是顺利开展创新服务的前提，如日常性服务、领导责任、具体工作的规范程序、考核评价办法、定期提升和培训等都需要管理层的详细部署。一方面，为优化组织结构，必须划分业务部门，明确各部门、各岗位、各馆员的基本职责。另一方面，部门间的合作随着创新服务而不断升级，很多工作需要多部门联合，需要根据具体要素进行重新组织工作。既要有部门单独完成的日常性工作，又要有部门联合、协同创新的新服务内容，两个组织体系需要共同开展。例如开发和维护图书馆微信平台，需要各部门共同协作创新，包括界面的选择、内容的创作、技术的应用等都需要整个图书馆共同的参与。高校图书馆不仅要有资源的整合，更要有专业的管理人员在宏观层面实现多部门的连通和融合，实现资源的共享、优势的互补、服务的升级，以便不断满足一代又一代科研人员更专业化、个性化的需求。①

三 图书馆大数据资源建设框架

不同图书馆的数字馆藏通常具有高度相似性。大数据时代的到来，针对不同专业的专题数据采集、定题服务，建立实时更新的数据库是尤为重要的。因此，需要从一个更加全面和前瞻的角度来看待电子图书馆数据库的模式构建。在建立数据库时，不仅要注意结构化的文献数据整合，还要注意收集、分析、管理和维护非结构化数据集、图像、视频以及对应的技术和方法。包含标准化的结构数据和多样的非结构数据，如读者信息、访问记录和借还记录、座位预约记录等，且图书馆电子数据

① 谭影虹：《从数字图书馆到数据图书馆——大数据时代的图书馆服务范式转变》，《图书与情报》2016 年第 3 期。

的数量呈几何级数增长，这些数据资源成为图书馆的重要资产。图书馆必须收集、分类和挖掘这些大数据，优化图书馆资源的建设，然后创造标准化的数据资源和详细全面的资源数据库，使图书馆服务更加专业和系统。图书馆可以对这些资源进行分类整理，图书馆管理部门应坚持从本馆的业务实际出发，优化数字资源创造，创建不同特征资源数据库，改善图书馆文件资源保障系统。①

四　图书馆大数据利用框架

（一）馆藏分析

馆藏资源是整个图书馆重要的文献基础。对馆藏资源进行分析，能够更加清晰地了解本馆的馆藏特点，了解用户使用偏好，了解馆藏利用率情况等。例如，可以通过图书的语言类别、学科类别、出版时间、学科分类等情况了解本馆的馆藏特点、文献老化度等，根据不同种类书籍的借阅情况了解本馆用户的年龄分布、职业分布、大致需求特点等。这样能够更合理地进行馆藏资源的调整，提供更加科学规范的服务。

（二）采购分析

通过图书馆自动化统计系统和图书借还数据库、读者的借阅数据库，分析图书馆馆藏利用的偏好周期、图书的流通数据等。采购馆员可以根据图书馆的实际情况分析对书籍的需求，进而进行有针对性的采购。

（三）用户画像

图书馆可以根据每个用户在图书馆的自动化系统、门禁系统、借阅系统、浏览下载记录等系统进行数据挖掘和分析整理，建立读者画像。通过用户的借阅偏好、行为习惯等分析用户的可能需求，勾画出读者的信息全貌，为进一步给读者提供更加专业和个性化的服务提供数据支持。

（四）资源应用分析

图书馆资源的利用情况一直是图书馆人重视的课题，也是图书馆工作开展好坏的直接体现。当前的大量后台数据为图书馆进一步工作的开展提供了更多可能，需要图书馆不断挖掘海量的后台数据，力争了解用

---

① 谢芳：《论高校智慧图书馆的功能与构建》，《图书馆学研究》2014 年第 6 期。

户的资源利用率现状，分析资源利用率背后所反映的实质问题，不断提出改进工作的具体服务方法。

（五）图书馆时空利用情况分析

图书馆的物理空间和利用的高发时间是图书馆必须掌握的情况，只有更合理的分配资源、安排馆员，才能最大限度地保证图书馆的服务周全和到位。通过大数据的分析和调研，了解用户需求和偏好，图书馆才能更合理地安排各项活动与组织阅读推广的时间和空间。[①]

五 图书馆大数据资源推荐框架

随着大数据时代的到来，图书馆文献的类型和内容越来越丰富和多样，读者的需求也越来越个性化，个性化服务水平能真实体现图书馆的整体服务质量。因此，必须将图书馆服务的重点从收集纸质文献资源转向挖掘和分析电子数据资源，服务模式必须由被动式服务向主动服务模式转变。图书馆也应紧随时代潮流，通过多种渠道和多种形式向用户提供多样性服务。例如，微博、微信、博客、各种社交网站等产生大量的用户数据，图书馆可以收集和分析这些大数据，分析读者的需求和偏好，并向读者推荐与用户需求相匹配的书籍资源。图书馆还可以使用微信公众号、微博账号等互动平台向读者推荐好书和新书，发布最新的学术动态和学术报告等。学生可以通过下载应用程序、数字图书馆，随时随地查看图书馆馆藏和借阅情况，并在图书馆论坛上发表意见和建议。此外，可利用大数据平台建立图书馆和读者的通信渠道。图书馆可以使用大数据分析来系统地了解不同读者群体的文献使用和服务需求，也能及时跟踪和处理不同的群体的互动留言和待解决问题。读者能够更加清晰地了解馆藏情况和服务的最新动态，图书馆能够实时跟踪了解读者的需求变化。因此，图书馆科学规范地使用大数据平台，以“个性化”服务为基础，不断更新服务理念，转变服务模式，创新服务方法，提高服务质量，

① 张兴旺、李晨晖：《“互联网+图书馆”顶层设计相关问题研究》，《图书与情报》2015年第5期。

从最初的被动服务转向个性化服务，以最高效率提供精准的服务。①

六 图书馆大数据服务联盟共享平台框架

在大数据时代，图书馆的创新服务存在的问题之一在于，不同图书馆之间应用的大数据技术存在较大的差异，这使得资源不能有效进行共享和兼容，导致馆际资源不能得到充分利用。因此，图书馆还必须建立一个大数据服务联盟的资源共享平台，整合大数据技术和创新服务的特性，以便在不同图书馆之间实现资源的有效利用。国家应从宏观层面来进行把控，尽快建立图书馆大数据服务体系的行业标准，建立大数据服务联盟的共享平台。各级图书馆积极响应，将有效数据按照标准集成在共享平台之上，不断推动图书馆大数据服务技术的统一和电子资源的最大限度共享。例如，广东的“珠江三角洲数字图书馆联盟”，通过跨区域图书馆之间的联合服务，为用户提供高质量的信息服务。在促进图书馆服务模式的创新转型方面，大数据技术提供强大的技术支撑。②

第三节 大数据时代图书馆服务组织体系建设策略

基于图书馆组织创新服务的模式框架，图书馆创新服务策略应从特色资源库建设、大数据挖掘技术体系建设、个性化推荐系统建设、知识共享服务平台建设四个方面入手，促进图书馆服务向各种创新方向发展。

一 构建特色资源数据库

在进入大数据时代后，资源数据库中包含的信息类型显示多种特征，但没有相对固定的结构形式。在这些数据信息中，半结构化和非结构化的数据形式越来越普遍。如何有效地整合大量不同的数据，以便更好地完成数据分析和发现潜在价值，这是电子图书馆目前必须解决的一个重要问题。Mediator/Wrapper 异构数据整合模型，完成不同结构类型的数据

① 洪红：《大数据时代高校图书馆服务模式创新探析》，《西部素质教育》2018 年第 14 期。

② 万丽媛：《大数据时代图书馆服务创新内容及策略》，《黑龙江科学》2018 年第 21 期。

整合。这一模式的优势在于，不需要重复存储数据信息，还可以确保用户能够提取最新数据信息，这使得能够更快速地更新、处理数据，较为高效地完成信息的采集和整理工作。

使用 Mediator/Wrapper 的异构数据集成模型，来构建基于网络服务的数字图书馆数据库集成架构。它通过网络服务封装各种不同的数据来源，以便有效地解决数字图书馆中的信息异构问题。通过比较 XML 元数据的功能，数据库中的元数据异构问题得到有效解决。通过网络服务将不同数字图书馆的数据体系整合到数字图书馆中，可以逐步将图书馆服务模式从传统信息服务转变为知识服务模式，并可以更有效地分析大量不同类型的数据，给予用户更加有效的决策支持。①

二 基于 Hadoop 的技术支撑体系

“互联网＋”催生图书馆大数据，计算机技术的支持使得图书馆对海量数据的提取和挖掘应用成为可能。Hadoop 是由多个软件产品构成的一个生态系统，包括 MapReduce、Hive 等核心组件，用其为图书馆的大数据分析服务。

在技术挖掘体系中，底层可以是大数据收集层，可通过分布式爬虫系统获取行业动态和新闻等，实现外部资源采集，而内部日志分析可通过 Flume 实现，以跟踪分析用户访问日志。Hadoop 的 HDFS 可作为存储层的技术支撑，充分利用计算机集群实现大规模的数据存储，而 HBase 和 MongoDB 提供类关系型数据库的检索方式，用于补充 HDFS 数据查询功能的不足。MapReduc 和 Spark Core 两个组件提供大数据分析的核心算法支撑，实现离线分析和即时分析的有效配合，为图书馆开展智慧服务提供重要支撑。②

---

① 孙燕：《大数据时代的数字图书馆异构数据集成研究》，《农业图书情报学刊》2017 年第 12 期。

② 柳益君等：《大数据挖掘视角下的图书馆智慧服务——模型、技术和服务》，《现代情报》2017 年第 11 期。

三　基于用户本体构建图书馆个性化推荐系统

人工智能技术适用于图书馆，以实现智能推荐的功能。它可以根据不同需求建立和更新用户模型，不仅提升工作效率，还能节省手动检索的时间和精力。它可以基于已有的大数据进行用户兴趣分析，针对不同需求的用户推送其最感兴趣和更加具有针对性的信息资源，为读者提供更加专业和个性化的服务。其目标是建立智能的个性化推荐系统，该系统在推荐机制上，由用户信息模型、个性检索模块、数据资源模块、反馈模块构成。[①]

采集用户信息模块会将用户信息的内容、呈现形式、收集时间等进行汇总、整理和分析。并根据上述原始记录，智能数据分析技术将会为每个用户创建个人数据库。数据存储收集有关用户的信息，并将其中的有效信息实时传送给相应的子模块以进行分析和处理。核心模块将根据用户的各类信息构建用户信息偏好模型，根据构建的模型，实时为不同用户提供其可能需要的内容，即系统主动推荐的模式，将相关内容传送给目标用户。[②]

四　构建图书馆联盟知识共享服务平台

图书馆联盟知识共享服务平台的构建，能够帮助各个图书馆整合有限资源，在联盟内实现资源共享、优势互补，能不断提升各图书馆的服务水平、拓宽知识服务范围、提升馆员服务质量。满足更多用户的需求，发挥文献资源的最大价值，更好地为不同身份和层次的用户服务。

图书馆联盟知识共享服务平台是通过各种信息技术创造的知识共享平台，包括数据库和知识推送等基础功能，以及知识的搜索和传播。知识共享服务平台基于互联网技术，是实现数据共享、资源共用的基本保障。通过分析高校图书馆联盟的知识共享模式，构建图书馆联盟的知识

---

① 王正勤、牛永芹、颜莉莉：《数字图书馆中的智能推荐技术研究》，《图书情报工作》2011 年第 17 期。

② 丁雪、张玉峰：《基于本体的智能数字图书馆个性化推荐用户本体研究》，《现代情报》2009 年第 12 期。

共享平台。知识共享平台包括三级结构，每一层都有特定的技术规格。第一层为用户接口层：它必须能够支持多个终端，以便用户可以对终端有多种选择，用户可随时随地用手头的移动终端与高校图书馆联盟平台建立联系，更加便捷地访问、浏览和下载数据，从而实现信息实时共享的基本目标。第二层为业务逻辑层：这是高校图书馆联盟知识共享服务平台的主要构建部分。本层在整个系统中起到承上启下的作用，主要包括管理层、应用层以及数据访问层。第三层为数据层：本层提供整个系统所需要的大量数据，并且完成对原始数据的转化和存储。本平台不仅能够发挥传统知识共享模式的优点，还能更加高效、高质量地满足用户的多层次、多样性、个性化的需求。图书馆联盟的成员馆应不断加强合作与协调，完善整个系统建设，规范数据共享标准和模式，确保共享平台的稳定和发展，努力实现知识共享、服务创新，提高整体的科学服务能力，完善信息咨询服务的内容，最大限度地应用共有资源，尽可能满足用户需求。①

第四节　大数据时代图书馆服务组织体系建设中的系统构建及应用

一　图书馆特色数字资源管理系统构建

云计算是网络计算、分布式计算、并行计算、效用计算、网络存储、虚拟化、负载均衡等传统计算机技术和网络技术融合发展的产物。它旨在通过网络把多个成本相对较低的计算实体整合成一个具有强大计算能力的完美系统，并借助 Saas、PssS、IaaS、MSP 等先进的商业模式把强大的计算能力分布到终端用户手中。其核心就是提供更加安全、更低成本的云计算资源管理与服务，② 对推动图书馆特色数字管理与服务的延伸、业务扩展、管理模式以及共建共享的变革具有十分重要的作用，对推动

---

① 卜冬菊、曹悦恒：《高校图书馆联盟知识共享平台构建及发展优势研究》，《情报科学》2016 年第 4 期。

② Jeremy Leighton John, "The Future of Saving Our Past", *Nature*, Vol. 459, No. 7248, June 2009, pp. 775 – 778.

图书馆特色数字资源的建设与服务管理具有非常重大的应用价值和现实意义。

根据图5－1中的图书馆服务组织体系研究的框架结构，大数据环境下图书馆数字资源共享与管理系统的构建思路如下。

（1）分析云计算环境下图书馆数字资源共享与管理。系统的目标是构建全国性、区域性“云服务”图书馆平台，利用“云存储”更好地保存并提供应用，借助“云模式”节约成本、提高效率，打造“低碳经济”信息化建设模式，改变图书馆信息获取和知识传播的方式。这是云计算环境下图书馆数字资源共享与管理系统的指导性基础研究。

（2）构建图书馆数字资源建设中“云服务”的框架体系。主要研究云计算技术对图书馆学基础理论的影响、对图书馆实践工作的变革，研究云计算平台中图书馆数字资源的整合、组织、关联、导航与可视化服务，构建云服务环境中图书馆数字资源选择的体系结构，包括系统架构、存储结构、安全体系、服务平台及流程化管理与保障机制等。设计相应的计算方法，构建“云存储”的数字资源共享与管理系统的数据标准、元数据注册系统、元数据仓储系统、处理流程、管理流程、评估规划、数字签名、过程管理等技术实施框架。[①] 这是云计算环境下图书馆数字资源共享与管理系统研究的核心内容。根据这些内容，来搭建云服务平台中图书馆数字资源共享与管理的基础设施结构体系、资源统一存储系统架构体系和计算方法、资源管理安全体系、资源共享服务与应用体系。[②] 这些体系的构建是将分布在异地环境中的数字资源，集群在云服务架构中，对共享资源元数据进行计算，对现有的资源进行封装，以便于数字资源“云服务”系统的查询、用户需求的匹配。因此，在云服务体系结构的基础上，给出的方案如图5－2所示。

（3）构建图书馆数字资源共享与管理统一的、可靠的“云存储”平台。构建统一的云存储平台，把数目庞大、分布于不同地区、异构的图书馆数字资源数据整合起来统一管理。采用虚拟化技术，开发基于“元

① 方昀：《基于云计算的档案信息资源共享模式研究》，《兰台世界》2011年第7期。

② 文杰：《基于云计算的数字档案馆建设研究》，《档案与建设》2011年第1期。

数据”访问的分布式数字数据访问接口，实现各异构的图书馆数字资源数据与“元数据”的相互转换，在不改变现有图书馆数字资源数据的定义与存储结构的基础上，提供统一的“元数据”访问接口供上层调用。① 实现双区域异地备份技术，划分资源区域对，每对区域备份对方所有数据，一旦某区域出现故障可立即转到另一区域访问或恢复，在不增加专门的备份设备的基础上实现数据备份和容灾措施，提高存储的可靠性。同时，要详细设计云计算中图书馆数字资源共享与管理系统平台建设的具体方案，形成面向社会开放的图书馆数字档案资源共享科学管理系统平台，构建云计算环境下图书馆数字资源和纸质资源共享与管理元数据库，安装政务内网数字传输平台客户端及加密隧道，以加密数字资源提交包向图书馆报送数字资源或目录数据。这是云计算环境下图书馆数字资源共享与管理系统研究的一项重要内容。②

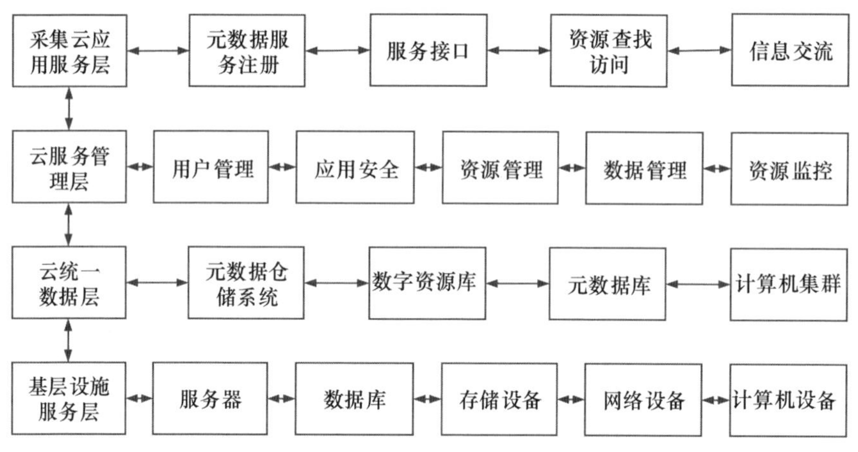

图 5－2 云计算环境下图书馆数字资源共享与管理系统“云服务”结构方案

（4）构建数字资源共享与管理的“云服务”平台。实现图书馆数字资源的访问服务：开发统一的资源访问接口，接收应用层的请求，根据

---

① 刘振鹏、张宁、卞昭玲：《云计算技术在档案馆中的应用探讨》，《兰台世界》2010 年第 16 期。

② 尹雪梅：《从云计算到个人数字档案馆》，《山西档案》2009 年第 2 期。

请求的参数，访问下层的云数据，返回相关“元数据”给应用层。实现请求认证服务：针对一个服务请求，根据请求的类型、应用程序具有的权限、所处的网络环境等验证请求的合法性。实现安全数据传输服务：对于返回给应用程序的数据，采用128位数据加密技术对数据加密，再进行传输。实现快速资源搜索和资源发现服务：根据请求的参数快速地搜索和发现资源所在的区域。① 向上层提供的服务接口均采用Web2.0技术，使用SOAP协议，兼容各种终端和操作系统。

（5）研究图书馆“云终端”数字档案资源生产流程化与应用软件的开发。研究图书馆数字资源生产流程化，运用国际元数据要素规范与标准（ISO/IEC11179），构建图书馆数字资源共享与管理元数据访问和聚集的平台，从而把分布、异构的图书馆数字资源集成在一起，实现图书馆数字资源元数据管理。保证图书馆数字资源在组织、收集、开发等各环节之间的有效流转，是面向整个社会层面，而不仅是单一的机构内部，最大程度地实现系统内外各环节的统一与协调，使得所有参与部门在大的流程上协作，在小的流程上规范，并且制定统一标准，发挥图书馆数字资源整体优势，以图书馆“云服务”方式进行收集、加工等一系列管理工作，以“云服务”方式实现室藏资源的检索利用，成为云计算环境下图书馆数字资源共享与管理系统研究最前沿的管理服务窗口。开发基于Windows、Android和苹果操作系统的图书馆数字资源访问“云终端”软件。目前Windows、Android和苹果操作系统囊括绝大多数的数据用户终端，能够满足绝大多数用户的需求。用户利用图书馆数字资源访问“云终端”登录云服务平台，请求平台提供服务。

（6）探讨云计算环境下图书馆数字资源共享与管理系统建设的政策与机制。对云计算环境下图书馆数字资源共享与管理系统要做的不是进行过多的人为选择，而是最大限度地保留本原，必须根据它们不同特性制定不同的系统方案与具体实现措施，并形成一个长期有效、科学合理

---

① 薛四心、黄萃：《云计算环境下电子文件管理研究综述》，《北京档案》2011年第9期。

的政策体系与管理机制。[①] 利用图书馆“云存储和云服务”特性，研究和构建“低碳经济”资源共享新模式，改变资源获取和传播的方式。提出云技术与图书馆数字资源的组织管理、处理流程、资源共享与获取、资金运营、系统平台等服务系统的创新，实现图书馆数字资源共享与管理的“云服务”，是本项目建设的保障性研究。[②]

二　图书馆专利数据挖掘系统设计

在知识经济中，知识产权越来越受到整个社会的热烈关注和重视。2008 年，国务院发布了《国家知识产权战略纲要》，中国知识产权强国的战略部署加快步伐进入大众视野。在整个战略的建设和部署中，高校凭借其雄厚的科研实力、多元的科研团队、丰富的资源、强烈的专利转化需求，成为国内最重要的知识产权事业发展阵地。2017 年，国家知识产权局、教育部联合发布《高校知识产权信息服务中心建设实施办法》（以下简称《实施办法》），提出建立高校知识产权服务中心。2019 年，国家知识产权局、教育部按照《实施办法》进行高校知识产权中心的遴选工作，并且确定了首批高校知识产权服务中心的名单。联合开展了首批高校国家知识产权信息服务中心遴选工作，确定北京大学等 23 家首批高校国家知识产权信息服务中心。值得说明的是，高校知识产权服务中心挂靠图书馆来管理，旨在充分利用图书馆的信息资源和人力资源，促进共同创新、科技进步以及知识产权的转化。高校的知识产权变得日益重要，而图书馆如何抓住契机，高校如何建立、管理和运营知识产权服务中心为高校科研助力已然成为重要课题。图 5 – 3 为高校知识产权专利信息服务平台的基本构架。

---

① 金更达、何嘉荪：《档案信息资源集成管理中钓无数据问题及对革研究》，《中国图书馆学报》2006 年第 4 期。

② 郑玲玲：《基于城乡与区域一体的城建档案数据集成管理应用研究——以东莞市数字城建档案管理平台为例》，《档案学通讯》2010 年第 5 期；陈晨：《基于云计算的图书馆信息资源共享系统研究》，《现代情报》2011 年第 10 期；李广莉：《基于云计算的数字图书馆研究》，《煤炭技术》2010 年第 12 期；方昀、郭伟：《云计算技术对档案信息化的影响和启示》，《档案学研究》2010 年第 4 期。

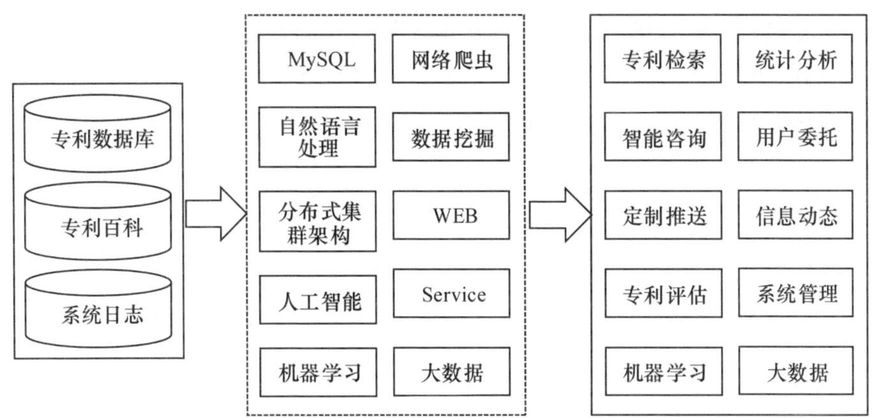

图5-3　高校知识产权专利信息服务平台结构设计

设计的理念是将现有的专利信息检索和分析功能整合起来，结合高校知识产权服务的现状，为企业、机构和个人提供项目申报的培训、相关政策和法规的解读。在提高用户效率的基础上，极大降低平台管理者的工作压力。平台必须具备以下功能。

（1）专利资源数据库帮助用户进行专利检索和获取相关资讯。数据资源库的全面和专业为图书馆的知识产权信息服务平台提供基础支撑，它具备基础的知识产权专业知识、用户操作指南、后台统计等信息，还支持对用户的答疑和检索功能。专利数据库是专利信息服务发展的基本保障，是保证服务顺利开展的必要前提。问题答疑数据库是系统能够使用户自助进行问答的基础，主要收集用户具有共性问题的回答，它有利于知识产权相关基础知识的普及，也方便对相应政策法规和最新资讯的传播，帮助用户更快地获取权威知识。数据库系统自动更新数据，将用户的整个咨询过程记录下来，以确保数据库中数据的增量与问题的答案相匹配，并将管理人员的数据管理结合起来，以确保问题的准确性和高匹配性。

（2）人工智能咨询为用户提供智能、实时的咨询回复渠道。智能咨询模块可以使用户快速便捷地得到问题的回复。智能咨询系统可以为用户提供24小时的全天在线服务，使用户随时随地都能进行问询和得到回复，系统会自动通过微信、邮箱等用户预选的方式进行接收问题答复。这种方式不仅能够减少工作人员的工作量、提高工作效率，还能极大地方便用户随时随地的问询。此外，系统通过智能数据分析，将相应的结果反馈给用户。若所检索内容超出了问题答疑库的范围，则系统也可以将其转交人工服务。智能咨询具有语义智能分析功能，即根据用户所提问题定义关键词、得出搜索结果，一旦用户做出选择，平台还可以通过推荐算法向用户推荐其他相关文件。

（3）在线委托、系统管理实现网络办公，简化服务流程。在线委托系统模块可提供线上操作的检索办理模式，拓宽了服务渠道，打破面对面进行检索办理的局限性。将传统的线下委托转化为线上委托，通过网络传输检索结果，使得服务效率提高，不断满足用户的个性化需求。管理人员在后台接收或整理用户的需求，并按照标准程序处理，使用平台提供的搜索工具和分析工具来检索相关信息和统计数据。最终的检索成果报告信息可以通过用户预留的联系方式发送给用户。与此同时，用户可以随时访问他们的账户，以了解他们在后台提出申请的处理状态。系统管理模块具有多种功能，用户管理可以实现如查新工作人员、快递员、财务工作者等，每个身份有不同的权限，可以根据权限进行相应的操作和业务的办理；管理人员可以调整用户的帐户分类，不同的账户具有不同的功能；财务管理主要功能是在线进行收取各项业务的费用等；统计数据主要包含用户登录情况和使用情况以及管理人员的工作状况等。

（4）用户个性化服务实现。在平台主页上进行自动收集、自动分类，提供给用户可靠和精确的动态信息。网络的信息资源可以每天扫描，设置参数和限制搜索条件，在搜索成功之后，平台将智能地定期收集最新的信息资源，并在没有手动引导的情况下自动检查更新。用户可通过跟踪某些关键专利技术的动态信息来评估关键专利技术的影响，如特定专利技术的应用阶段、专利族的变化、法律地位的变化。

三　图书馆个性化信息资源服务系统模型

大数据环境下个性化信息资源服务的构建途径主要包括以下几点。

（1）个性化信息资源服务的组织过程

第一，个性化信息资源服务对象的组织。主要包括用户信息资源采集、用户个性化需求模型、建立用户信息库等。第二，个性化信息资源的揭示与描述。网络环境下，要实现个性化信息资源服务，必须运用与借鉴目录学方法来进一步优化个性化信息资源的揭示与描述。第三，个性化信息资源的集成配置。网络的快速发展，在给用户提供更多的获取信息渠道的同时，也使得用户在获取方式多样的信息资源面前无所适从。为此，笔者借鉴面向服务架构的模型要素——服务提供者、服务请求者和服务代理者，它们分别承担服务发布、服务查找和服务绑定的操作，以此来构建如图 5－4 所示的个性化信息资源集成模型，[①] 它包括网络系统层、资源层、服务层、业务层、应用层、个性化信息资源集成标准和规范、个性化信息资源集成安全管理及运行保障等。

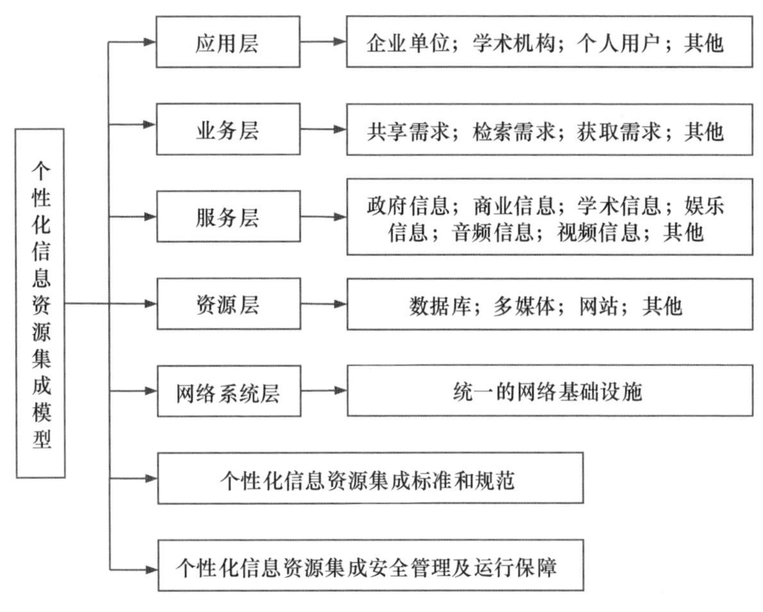

图 5－4　个性化信息资源集成模型

---

① 王知津、王秀香：《基于 SOA 的网络信息资源集成研究》，《图书馆学研究》2009 年第 5 期。

依托于计算机平台的个性化信息服务系统，要求用户模型不能是一般的信息性描述，而是面向算法的、可计算的、具有一定数据结构的形式化描述。其中，归纳出可计算的用户模型的过程就称为用户建模，而模型的更新和自学习能力也是一个重要的要求。建立用户兴趣模型的过程是对历史数据进行相关分析，从而得出用户的兴趣爱好。个性化信息用户兴趣模型创建流程如图 5 –5 所示。

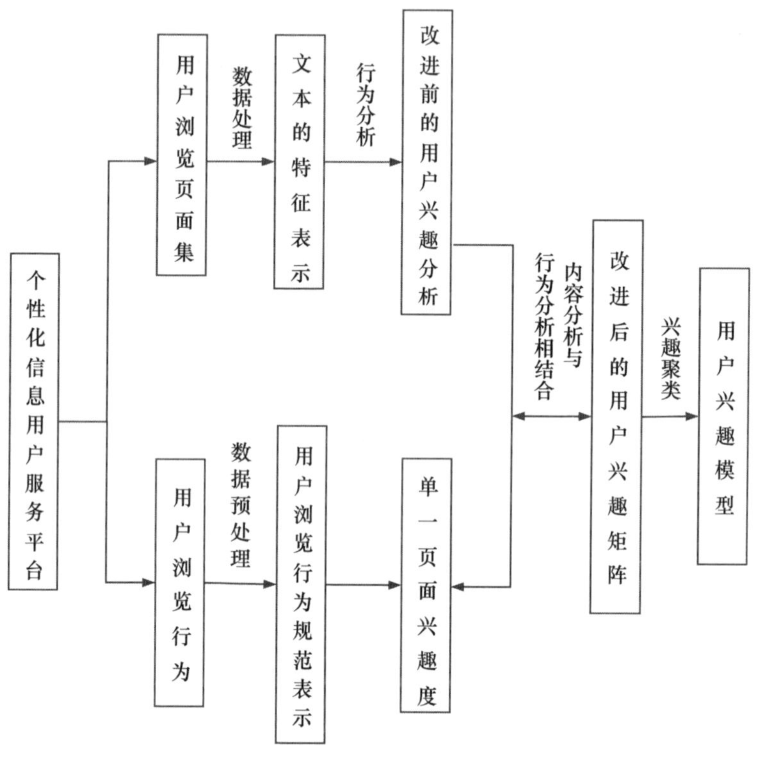

图 5 –5　个性化信息用户兴趣模型创建流程

用户、信息资源、知识服务融合的服务平台，能够实现个性化服务。[①] 为满足用户的资源个性化需求，一方面是以用户的个性化信息需求

① 胡昌平、汪会玲：《个性化服务中的信息资源重组与整合平台构建》，《情报科学》2006 年第 2 期。

为中心，开展信息资源服务平台的建设；另一方面是要增加资源整合的广度与深度。

（2）个性化信息资源服务的用户平台

基于个性化的信息资源服务平台主要由两个部分组成：用户平台和网络信息资源整合平台。其中，用户平台模块包括用户个人信息和资源服务业务。网络资源整合平台注重软硬件设备资源和人力资源的整合，对包括各种数据信息、人力资源、软硬件资源等已有的系统资源进行重组，达到系统各种资源的优化配置与使用的目的。

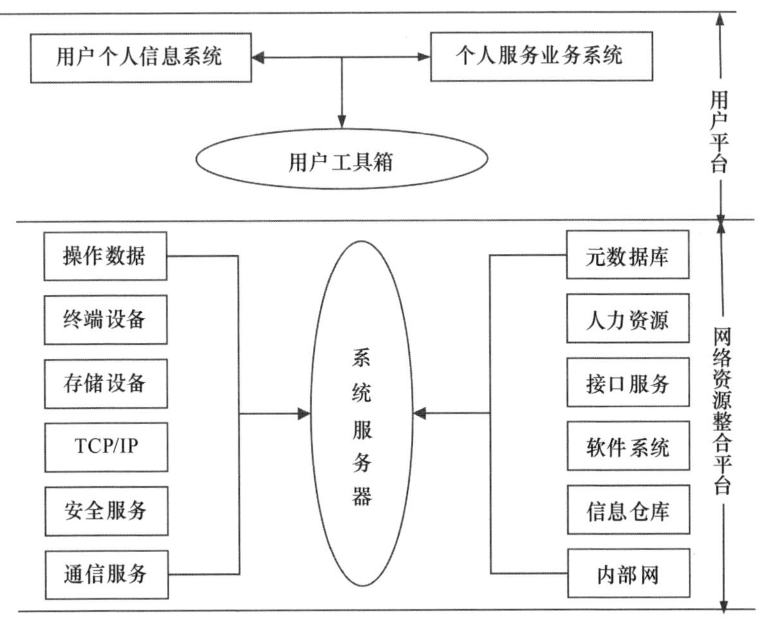

图5－6　基于个性化的信息资源服务平台结构

四　图书馆科研数据共享管理系统概念模型

学术研究的基础离不开科研数据的积累，而科研数据的形成已逐渐呈现学科化、多样化、大量化的现象，这就使科研数据有效管理变得越来越迫切。于是，科研数据的保存、描述、分析、共享与再利用等内容已成为当前学术界尤其是图情领域关注的热点。① 为此，专家学者们从科研数据使用目标、未来共享与再利用的角度，提出从科研数据的产生就开始对其进行管理和完善。② 近年来，越来越多的社会管理领域专家学者们对耗散结构理论的应用产生兴趣。③ 例如，将耗散结构理论应用到社会管理领域，结合生命周期和管理熵理论，采用计量分析法对中国上市企业进行实证分析、研究中国上市企业的组织特征、探讨中国上市企业组织的形成机理和演化过程。④ 师荣华、刘细文提出三类科研数据服务的观点，并进行实践分析等。⑤ 目前，有关科研数据的管理的研究在国内外都很热门。因此，笔者借鉴国内外的经验，从管理熵理论的角度来分析科研数据管理系统中耗散结构特征，探讨科研数据管理系统中耗散结构概念模型的构建，并借助熵流分析系统的有序性运转需求，提出从外界引入负熵来抑制系统内部正熵增加的思路来解决科研数据管理的有序问题。

DataONE 模型被认为是科研数据周期管理的经典模型，由美国 NSF（国家科学基金）构建实施，呈现以计划为首尾相接的环形状，解析在具体的数据管理实践中数据处理、存储、利用间的联系。该模型以用户需求为导向，从数据计划的制订开始，对数据进行收集、整理、描述、保存、发现、共享、再利用。科研数据管理流程贴合数据管理计划，针对数据的产生、收集、描述、组织、处理、分析、存储、利用、共享、再获取进行管理，因此也遵循这个 DataONE 模型。同时借鉴耗散结构组织的一般模型，⑥ 此模型要求根据实际情况，以核心流程为中心，以用户需

---

① 王婉：《澳大利亚高校图书馆参与科研数据管理服务研究》，《图书馆论坛》2014 年第 3 期。

② 周姗姗、徐坤：《高校生物医学科学数据监护生命周期模型研究》，《中国西部科技》2014 年第 12 期。

③ 王树华：《刍议耗散结构理论对高校思政课教学改革的启示》，《漯河职业技术学院学报》2014 年第 5 期。

④ 曾萍、蓝海林、谢洪明：《企业知识分享影响因素模型及对策研究》，《商业研究》2006 年第 4 期。

⑤ 师荣华、刘细文：《基于数据生命周期的图书馆科学数据服务研究》，《图书情报工作》2011 年第 1 期。

⑥ 马科：《基于管理熵和耗散结构理论的企业组织再造研究》，硕士学位论文，哈尔滨理工大学，2005 年。

求为导向，注重对熵变的控制，以信息技术为基础建立的平台界面是衔接系统和用户的重要手段。上述两种模型为基于耗散结构理论的科研数据管理系统概念模型的建立奠定理论基础。

根据以上描述的科研数据管理系统满足耗散结构理论的四大特征，借鉴耗散结构组织框架的一般模型，再结合 DataONE 模型以及模型中所体现的数据生命周期论，本书构建了耗散结构理论视角下的科研数据管理系统耗散结构的概念模型（见图 5－7）。此模型主要是以科研数据监管内容和科研数据管理平台为核心流程，在监管过程中平台界面以及内部流程所产生的正熵同外部输入的熵流相作用，最终将总熵流反馈给管理熵变控制，从而制订相应的战略计划。图 5－7 中人机交互的互反馈是一个重要熵流，科研数据最终是共享给用户和社会的。用户需求为管理之本，用户和系统需保持紧密联系和互动交流，不断引入负熵流。外部渠道支持和系统内部的协同战略是引入负熵流的重要支撑。图 5－7 中外虚线指进模型表示外部流入或引进系统的熵流，内虚线指出模型表示内部系统自身产生的熵增。向上虚箭头表示系统内技术管理层与平台服务层的熵流动，技术管理是平台服务的支撑，技术层中数据的处理会对服务层中功能样式的设置、软件工具的选择、硬件设施的配备以及访问权限的设置产生影响，系统中产生的熵流反馈给熵变控制层。

科研数据管理系统是在科研数据共享的基础上进行共享和吸收，在其共享和吸收的过程中，[①] 系统由于不可逆性会产生熵增，该系统只有不断与环境交流，吸收来自高校、科研机构及科研部门团队的科研数据，才能使系统的负熵流增加，进而发生熵变，最终导致系统不断向稳定的有序化方向转化。而熵变又是对科研数据管理系统无序程度的度量，因此对系统的熵变进行分析可有效揭示其科研数据管理的运行策略。[②] 鉴于以上内容及图 5－7 可以得出：科研数据管理系统必须不断从外部环境获得各种科研数据，增加负熵流，并努力克服科研数据管理系统内部产生

① 张绍丽、郑晓齐、张辉：《互联网环境下国家“开放—共享—协同”创新体系研究》，《科技进步与对策》2016 年 19 期。

② 刘春艳、王伟：《基于耗散结构理论的产学研协同创新团队知识转移模型与机理研究》，《情报科学》2016 年第 3 期。

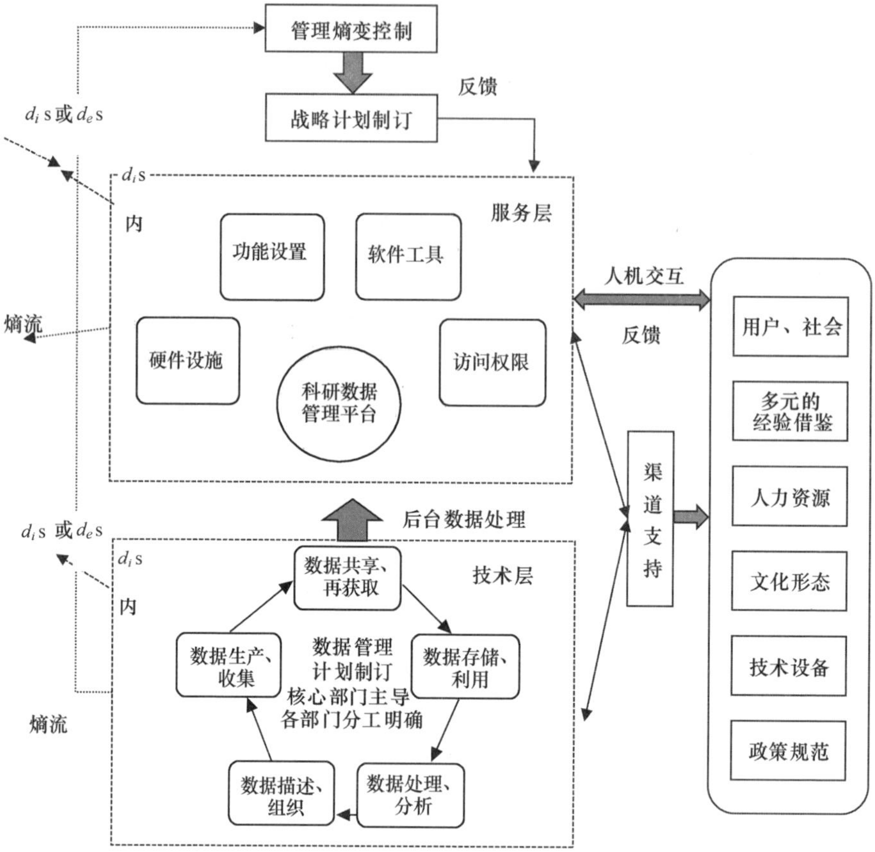

图 5－7 科研数据管理系统耗散结构的概念模型

熵增的各种不利因素，降低科研数据管理系统内部熵增，才能保障科研数据管理系统持续、稳定、高效地进行科研数据运行活动，实现最终目标。于是，笔者在如图 5－7 所示系统中引入“熵理论”，分为正熵和负熵。

$$ds = d_i s + d_e s$$

熵和能量一样是可以传递的物理量。ds 表示系统的熵增，系统的熵增会导致系统朝着混沌无序的方向发展。$d_i s$ 表示系统内部不可逆过程作用中引起的熵变，即正值。$d_e s$ 为从外界引入的熵流，可为任何值。因此，用表5－1来分析基于耗散结构理论的系统概念模型的熵变状态。

综合上述概念模型和表 5－1 可知，要让系统处于有序化的耗散结构，需不断从外部环境吸入负熵流抑制 $d_i s$ 增加。但如何有效地吸引高能的负熵流，是科研数据管理系统概念模型运行需要解决的问题。

表5-1　　科研数据管理系统耗散结构概念模型的熵解析

熵变量	系统状态	状态解析
$d_e s > 0$	无序	输入系统内部的熵值小于系统内部混沌运动产生的熵值，导致系统难以朝有序方向发展，监管能力逐渐衰退，产生很多无意义的冗余和协调成本，应该增加开放力度，疏通开放渠道，否则会导致组织解体
$d_e s < 0$ 且 $\mid d_e s \mid > \mid d_i s \mid$	有序	科研数据管理内部团队与外部多渠道的沟通交流和互补反馈产生的 $d_e s$ 大于组织内部无序运动产生的 $d_i s$，说明系统朝着有序的方向发展，各组织单位优势互补/相互协同，呈现出整体优势，使原有管理体系得到重构，形成新的管理结构，管理能力得到提升
$d_e s < 0$ 且 $\mid d_e s \mid > \mid d_i s \mid$	相对平衡态	科研数据管理团队内部的熵产生与外部整合熵流相等。即组织管理水平处于一个相对平衡态，抑制混乱运动的发展。但如果没有采取措施加强与外部环境的交叉融合，负熵无法抵制组织内正熵增加，管理难以得到满足，那么系统也将走向无序，管理能力持续下降。此时，开放系统，加强流通力使系统朝有序方向发展

科研数据管理系统概念模型运行的策略主要包括以下几点。

（1）建立“点—线—面”式的开放体系，努力开放系统。“点”即思想意识层面。从思想上提高开放共享的意识，树立整体开放观念。加强对各级科研数据管理监管人员进行思想教育工作，以论坛、报告、讲座的方式向大众普及开放共享的理念以及开放共享所带来的价值利益。“线”即加大科研数据收集的开放力度，科研数据的收集不仅不应限于项目提交时和结项之后的以各种载体形式呈现的科研数据，更要加强科研数据项目过程中的各式数据，建立管理人员嵌入科研项目中数据收集的动态跟踪模式。[①] “面”即科研数据共享的开放力度，科研数据共享中存在知识产权、隐私等问题。因此，平台访问设置相应的权限，很多用户存在访问受限的现实问题。笔者认为，个性化服务的功能是一个很好的补缺机制，当用户访问受限时，点击个性化服务，将自己所需但访问受限的部分科研数据进行邮件等形式的传递。加强意识、科研数据资源以及共享的开放力度，才是真正实现科研数据管理系统的开放。

（2）发挥非线性耦合作用，提高“1 +1 >2”的整体协同力。在科研数据资源有限的环境下，内部各单元往往存在利益矛盾与冲突。[②] 表现在技术、人才、设备、资金不足和政策倾斜引起的内部矛盾激化。因此，发挥非线性耦合作用，从战略高度协调各部门及内部资源利益的分配，使得组织整体的利益最大化，提升整体协同力。[③] 技术层，充分利用大数据技术带来的优势，节约成本、满足多功能需求，充分利用管理组织的科研数据资源潜力，借助成熟的大数据技术实现科研数据管理系统的先进性，使科研数据管理系统具有多层次的可扩展能力，节约成本又力求顾及到未来新技术的发展趋势。战略管理层，以核心部门为主导，建立扁平化或网络化的组织结构。培养各部门管理人员的科研数据共享意识和数据素养能力，各部门应经常以座谈会、部门工作报告会议等形式加强沟通，建立人员的反馈、奖励制度，打破部门间的“信息孤岛”，建立部门之间的公共小平台。使科研数据从采集到共享再利用的流程能得以高效率实施，节省时间和空间成本。根据彼此间的反馈，及时调整各自的科研数据管理计划，高效地完成各自的分工，提升整体协同力。

（3）选择性的放大涨落，融入多元、多层交叉的渠道支持。对科研数据管理过程进行动态控制，诱导、放大渠道融合效果。多元化之“中学为体，西学为用”，国外科研数据管理服务的实践起步较早，已有比较成熟的科研数据管理模型。同国外相比，国内的科研数据管理服务还处

---

① 梅东滨、崔惠绒、伊日贵：《加强科研机构科研项目管理的探讨》，《当代经济》2014 年第 14 期。

② 赵醒村：《科研工作中的冲突分析及对策》，《科技管理研究》2002 年第 4 期。

③ 任福珍、卢桂兰：《情报信息系统的耗散结构分析》，《情报杂志》2004 年第 10 期。

于试点实践阶段。① 因此，需要引进国外优秀的管理经验（技术、设备、人员配置）等，并结合自身的特色进行本地化配置，建立适合自身中西多元化的科研数据管理体系。多层次的机构、团体、组织部门间联盟，加强基础设施建设，提升科研数据管理服务的技术支撑。CALIS 工程是高校间合作共享优秀资源的产物，不仅实现知识资源的共享，也实现设施技术的共享。因此，笔者认为针对科研数据的管理，也可借助共享中心机构，建立高校—高校或高校—科研组织一体化的科研数据共享管理体系，实现人员、技术设备、文化形态、政策规范的优势互补。不仅符合开放共享的理念，又能节省人力、物力、资金等资源，实现科研数据的绿色管理。以用户需求为主一直是管理领域的主导理念，用户反馈自身需求，科研数据才能得到更有价值的利用。因此，笔者认为，用户反馈应该始终嵌入科研数据管理的流程中，建立一种用户实时动态反馈的科研数据管理体系，实现科研数据管理系统的有序化发展。

（4）增强素养建设，统筹数据政策，升级文化形态。将共享文化与合作目标作为整个流程中的黏合剂，在数据计划设计上使各部门的计划整合和协调创新成为惯例。科研数据管理者要不断提升自身的道德素养，对于某些科研人员具有自身版权、隐私性及敏感性的数据，需进行安全防护。将科研数据的版权、隐私、保密等问题融入政策中，完善相应的政策法规，从而对数据消费者起到约束作用，增强用户数据使用的素养。从而保证科研数据的合理使用及科研数据管理的正常运行。此外，经常性地开办研讨会、交流会，加强人员队伍的管理素养，绘制基于科研管理团队的结构地图，让管理人员对系统内部的流程运转及设置布局有更加精确的认识。设置扁平化的管理体制，运用头脑风暴相关方法，运用社交媒体软件如 QQ 群聊、建立微信公众平台、建立微博话题等方式，展开深度交流和讨论，营造人员队伍内部良好的风气。注重战略规划和政策规范的宣传，让管理队伍、教师、学生和相关社会机构、群体、团体形成强烈的凝聚力去实施科研数据管理的战略规划，最终升级大环境下

---

① 高雅：《美国 NUCG 图书馆嵌入式开放科研服务研究》，《图书馆学刊》2015 年第 8 期。

科研数据管理系统的文化形态。①

第五节 本章小结

图书馆服务组织体系的建立是提升大数据时代图书馆服务的核心支撑，也是实现图书馆“智慧服务”的重要推动力。为实现构建大数据时代图书馆服务组织体系的目标，笔者遵循“必要性与重要性—模式框架—建设策略—应用案例”的思路进行阐述。在需求部分，描述大数据对图书馆服务组织体系改革的推动作用，进一步从用户推动、商业推动、数据挖掘、个性化服务、竞争环境五个方面出发，深刻论述大数据时代图书馆创新服务组织体系的必要性和重要性。在此基础上，系统提出大数据时代图书馆服务组织体系模式框架，并提出图书馆服务组织体系的建设策略。最后，以特色档案管理系统、专利数据挖掘系统、个性化信息资源服务系统、科研数据共享管理系统为例，对提出的策略进行验证。通过以上内容的阐述，为大数据时代图书馆服务组织体系的构建提供理论框架。

需要说明的是，人工智能、区块链相关技术的成熟，为大数据时代图书馆服务组织体系的变革提供了新的推动力。大数据与新兴技术的融合，将进一步创新图书馆服务组织体系。

① 叶焕辉：《加拿大多伦多大学图书馆战略规划及启示》，《图书馆论坛》2014 年第 3 期。

第六章

大数据时代图书馆服务文化体系

图书馆是社会进步、时代发展的重要标志，承载着人类众多科研文化成果，也担负着传递科学情报、开展社会教育等服务职能。随着当代科学技术的飞速发展，在大数据时代背景下，图书馆的服务职能也日益发生变化，而优异的图书馆服务文化体系必定会使图书馆越来越好。要实现有效地满足人民群众的要求，一个完整的图书馆服务文化体系是必不可少的。图书馆服务文化是指图书馆在对用户提供服务的过程中所遵守和形成的服务标准与服务理念等服务价值取向的总和，是图书馆服务的核心所在，是影响图书馆职能发挥、影响图书馆发展步伐的关键因素。概括起来，大数据时代图书馆服务文化体系包括以下几个方面的内容：智能文化、数据文化、环境文化、教育文化。

第一节　大数据时代图书馆服务的智能文化

大数据、云计算等新兴科技的不断发展，带领我们进入一个全新的信息世界，促使人工智能技术的应用，使之不断融入我们生活的方方面面，掀起全面智能、万物互联的新浪潮。而图书馆的智能化发展需要图书馆不断以技术为核心、以读者服务为导向，不断充实服务内容，提升服务质量，使智能文化成为大数据时代图书馆服务的核心要素。智能化服务则是一种自动化、网络化、数字化的新的信息服务模式，具有智能性、主动性、针对性、交互性和预测性等特点。

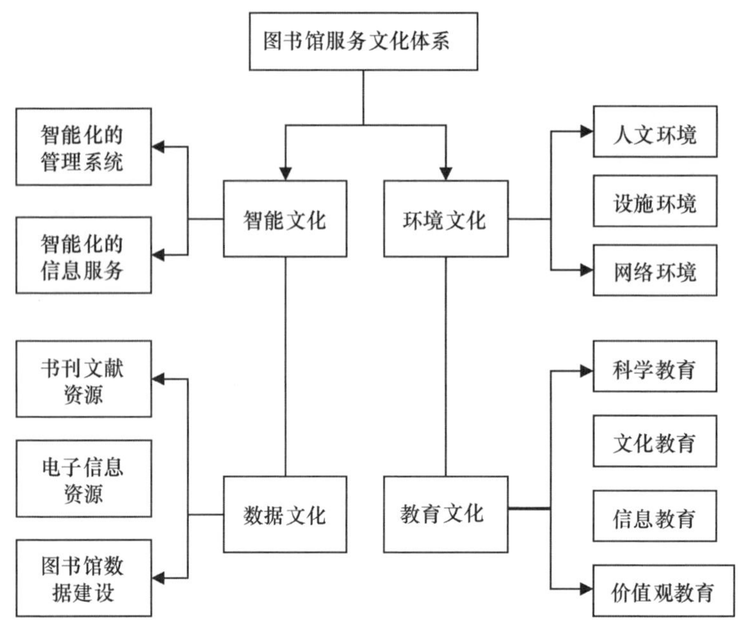

图6－1 大数据时代图书馆服务文化体系

一 智能化的管理系统

图书馆管理系统是图书馆开展工作的核心，与图书馆的每项业务紧密相连。只有保证图书馆的基础设施管理智能化、业务系统管理智能化，图书馆整体才能实现高度自动化、智能化，才能更加高效有序运转。

（一）智能化图书馆门禁管理系统

智能化门禁管理系统在近些年得到飞速发展，它将自动识别系统和安全保障管理系统进行有机结合，并充分运用计算机技术、通信技术、电子技术、光感技术物联网技术等来实现机器自动识别和自动操控门的闭合。近年来图书馆等公共场所将其用在门口位置实现对出入口的自动化控制，并能起到减少工人劳动力、有效安防的作用。①

智能化门禁系统是一种多元化的系统管理工具，不仅能够作为出入

① 宁沛林：《关于智能化门禁管理系统在高校图书馆工作中的应用与思考》，《河北科技图苑》2010年第2期。

图书馆的凭证和钥匙，还能够通过内部系统化的操作程序的操控建立有序的管理机制。对于图书馆来说，通过智能化门禁系统的管理，可以使图书馆的出入秩序更规范化、使图书馆的公共资源得到安全保障。同时，门禁管理系统的后台数据，不仅可以作为图书馆馆员的考勤依据，也可以对读者的来访时间、来访次数、借阅情况进行后台数据的统计。这可以大大提高图书馆的工作效率、降低工作成本、减少馆员的工作压力。对于读者来说，图书馆的门禁系统不仅使读者能够自觉约束自身行为，还可以帮助读者记录其借阅或到馆频次等，使读者不断优化阅读行为。

智能化门禁管理系统作为图书馆的一项最基础的智能化系统，立足于保证图书馆能够安全有序的正常运行，为读者提供一个舒适、便捷、愉悦的阅读学习环境。如今拥有海量读者到馆、借阅等数据，也应该不断创新服务模式，充分利用其自身优势进行改革创新，不断完善图书馆的设施智能化，不断优化门禁系统管理范围内的阅读环境，不断给读者提供个性化的导读服务。

（二）智能化图书馆借阅系统

针对加强图书馆信息化、智能化的建设需求，图书管理系统的智能化变得尤为迫切。目前随着成千上万的读者涌入图书馆，加之性别、年龄、专业需求、借阅习惯、个人喜好等的不同，读者们的借阅和需求会存在较大的差异。了解千千万万读者的需求，解读系统所提供的海量数据并提供个性化服务。图书馆管理业务主要包括读者对图书的借阅和归还、图书馆对图书的管理以及对所需新书的采购编目等。

智能化的图书馆借阅系统可以实现读者的自助式借阅，使得读者能够不受时间的约束自由进行借阅和归还，能够提高借阅效率，同时也能解放图书馆馆员，减少工作任务，降低工作压力。同时，智能化的图书馆借阅系统通过图书馆的大数据给读者进行智能推荐和导读，可以帮助读者更加高效便捷地获取自己所需的资源，从而实现智能化、个性化服务。值得一提的是，为了保证图书馆借阅的人卡统一，保证图书馆读者与借阅卡能够有合法的归属关系，使得更加规范化地管理图书的流通，不少图书馆已经引入了指纹识别技术的借阅系统，使得借阅和归还更加安全和智能。这也将是图书馆借阅系统智能化的进一步趋势。

（三）智能化的信息资源建设

图书馆具有丰富的信息资源，是文化传播的重要场所，而面对海量数据的信息资源如何进行资源管理发挥其最大价值显得尤为重要。智能化信息资源建设就是加强馆内数字资源建设，实现数字资源与纸质资源的协调发展。图书馆的信息资源建设不仅要保证信息资源的完整性，还要最大可能实现资源的数字化，为读者提供更有效、更高效的服务。此外，当今各类免费资源、开放资源、网络资源等遍地都是，其中蕴藏着不少具有价值的信息，这就需要图书馆将其收集、加工、分析、整理为二次文献，成为更加方便用户检索的信息资源。建立多样化数据库系统，将各类数据资源进行分类整合，在不同数据库中链接相关方向的专业数据库、专业网站与之建立更加便捷的检索通道，使信息资源更加完备和便捷；加大信息资源开发的广度和深度。①

智能化的信息资源建设致力于将数字图书馆中众多数据库及海量的信息分析、加工、整合、存储，形成一个巨大的图书馆服务数据库，不断加强馆际合作，改善馆藏结构，优化服务模式，提升资源共享水平，使信息资源最大限度的被利用和被挖掘。

二　智能化的信息服务

随着图书馆的服务理念“书本位”向“人本位”的不断转移，信息服务的质量已经成为衡量图书馆发展水平的重要制约因素之一。信息服务水平的高低能直接反映图书馆服务水平的高低，能直接影响用户的使用体验。而将智能化信息服务作为一种服务文化能够让图书馆不断审视自身，不断改革和创新。智能化的信息服务层出不穷，比如智能化的检索服务、智能推送服务、定题服务、新书目推送服务等，都致力于使读者更便捷高效地获取所需信息，逐步实现“信息找人”的目标。

（一）智能检索服务

检索技术是图书馆的核心技术，智能化检索服务是人工智能与信息

---

① 孙笑、董泽稼、颜涛：《我国数字图书馆智能化信息服务模式研究》，《现代情报》2016年第12期。

检索技术相结合，可以更加全面和精确地满足用户的需求，提升检索质量和效率。浩瀚的网络世界，有纷繁复杂的信息资源，资源的获取渠道也是多种多样，而读者怎样能够在众多信息中快速筛选出对自己有价值的信息，这就给读者和图书馆都提出了极高的要求。对图书馆来说，只有不断结合最新的信息技术的发展成果，才能为读者提供更加高效的智能化、人性化的信息检索服务。

智能化检索是人工智能和信息检索技术的有机结合。智能检索服务坚持用户至上的原则，将用户的行为大数据进行整理分析，并基于用户兴趣为其推断出用户当下最可能的需求，为其推送可能的检索式，帮助用户更好地进行智能检索。当用户的需求和检索策略较为模糊时，人工智能技术也会根据后台数据库的数据进行相似度匹配，基于协同过滤来为用户推送可能的信息需求。智能化搜索能探测到用户最潜在的需求，通过大数据的处理、分析，匹配最贴切的检索式，实现自助帮助用户更便捷地找到所需内容。人工智能相关技术在图书馆信息检索中的应用，使得图书馆服务升级，逐渐向智慧图书馆过渡。① 随着人工智能技术的不断优化升级，不断地被应用到数字图书馆中来，人工智能的神经网络算法通过对人的意识、思维的过程进行模拟和学习，可以预测和呈现出用户所期待的检索结果，进而满足读者的检索需求，使检索更加便捷、高效。

（二）智能推送服务

图书馆智能推送服务是图书馆结合现代信息技术、人工智能技术等，主动地通过对用户的特定信息进行收集、整理、分析，使系统能够识别和分析用户的潜在需求，并推送给用户可能需要的信息资源的一种服务模式。不仅能够减轻图书馆馆员的工作压力，提升图书馆的服务效率和质量，也能够更大限度、更快速地为用户找到可能的需求。

较为常见的智能化推送方式大致可以分为四大类。第一，专栏推荐的方式。在页面上分门别类设置不同专栏信息，用户可以根据自己的需

① 华杰：《公共图书馆信息检索中人工智能技术的应用研究》，《电子测试》2018 年第 17 期。

求进行直接点击浏览取阅。第二，发送邮件的方式。系统会定期发送邮件到用户邮箱，为用户提供系统的推送式信息服务网。第三，专业网站的信息推送方式，利用专门的信息服务软件或程序接收用户需求并发送给用户所需信息资源。第四，触发式发送信息模式。当特定信息或数据发生变动或有新的删减时，系统会自动将变更或增加的信息推送给特定用户。① 智能推送服务会收集、整理、分析用户以往的行为特点和习惯，为用户推送潜在的需求资源。例如，会根据用户近期的搜索记录，匹配与之有相同记录的、可能存在类似需求的用户，为其匹配相似的信息资源，也可以通过用户在某一界面停留时间的长短来判断用户的意图，从而给用户提供更精准的服务。

总之，图书馆服务智能化是图书馆进一步发展的必然之路，是提升图书馆服务水平、提升社会地位的重要方式。图书馆的服务智能化给图书馆带来一种新的服务模式，虽然已取得一定成就，但智能化、数字化的道路任重道远，需要图书馆思想重视、举措得当。

第二节　大数据时代图书馆服务的数据文化

网络技术与现代信息技术的迅猛发展，使得各行各业拥有海量的数据，可以为其行业决策提供强有力的数据支撑。大数据时代的数据资源既包括用户的基本数据、统计数据，还包括图书馆的书刊文献资源和电子信息资源。如何将图书馆固有的书刊文献资源和电子信息资源的作用发挥到极致，如何将用户的统计数据加以分析利用能更好地为图书馆提供行业决策支持，这就需要图书馆树立大数据思维，不断优化数据服务理念，使图书馆更符合用户需求。

一　书刊文献资源

书刊文献资源是图书馆最宝贵的财富，也是图书馆开展各项业务的最基本保障。文献资源承载了整个人类和社会的精神文明成果和文化遗

---

① 程风刚：《数字图书馆智能化服务的形式及对策》，《甘肃科技》2011 年第 3 期。

产，是推动人类社会发展的重要武器。文献资源数据信息对科学研究成果和质量有着决定性的影响。① 尤其对于高校图书馆来说，图书馆的藏书结构、纸质图书的丰富程度、图书的学科专业程度等都会影响图书馆纸质图书的利用率，影响教学与科研的进步发展，也会影响学生整体综合素质的培养。除此之外，在新时代背景下，纸质资源依然占据不可替代的地位，纸质资源带给读者的使用体验和感受是电子资源无法替代的。②

书刊文献资源是图书馆馆藏的重要组成部分，但随着数字化、信息化的不断推进，传统图书馆和纸质书籍确实面临着巨大的冲击。为此，图书馆也应该紧随时代步伐：在藏书量上，不仅要符合图书馆的定位需求，了解读者的需求，满足其需求，也应该与时俱进，了解最新的科学前沿信息，不断丰富馆藏；在馆藏结构方面，应该合理规划馆藏结构，读者需求量较大的书刊文献应该是图书馆馆藏的重要方向，并结合新书推荐等栏目进行采编和宣传，对于高校图书馆，应加强学科纸质资源建设，覆盖所有专业，并对特色学科、重点专业书籍进行更有效的购置，形成与其学科、教学和科研协调发展的文献资源特色；在利用率上，充分激活被冷落的优质期刊文献，可以通过书展、读书会等文体推介形式来激发读者积极性。除此之外，文献资源在新的时代背景下也需要被不断赋予新内涵，文献资源建设也要不断革新，需要不断进行整合，建立特色资源库，不断激活纸质资源新活力，充分发挥纸质资源的最大价值。③

信息技术飞速发展，数字环境下纸质资源建设与应用面临着巨大的挑战，各大图书馆的纸质资源建设都在夹缝中发展，其面临的诸多问题是图书馆人必须面对和解决的，需要不断去探索和更新，以期更好地发挥纸质资源的价值，促进图书馆数据文化健康发展。

---

① 张凯、郭健栖：《图书馆主题大数据调查及前瞻性构想：基于百度指数的分析》，《中国图书馆学报》2016 年第 6 期。

② 卢克芝：《高校图书馆纸质图书资源利用调查与分析——以山东农业大学图书馆为例》，《农业图书情报学刊》2018 年第 6 期。

③ 莫耀评：《基于大数据时代的图书馆文献资源建设模式创新》，《河南图书馆学刊》2018 年第 10 期。

二　电子信息资源

图书馆资源逐渐呈现多元化发展的局面，电子信息资源是图书馆信息资源建设中非常重要的一部分。电子信息资源的方便获取、存取越来越受到大家的喜爱，也是图书馆投入经费最多的领域。众多的电子资源数据库已经成为许多高校或科研机构的教学、科研的数据支撑，为进一步的学科建设、科研进步提供强有力的数据支持，但电子信息资源也会面临着费用高、利用率低、需求多样性、资源选择困难、数据监管人才匮乏等问题。

电子资源建设需要不断调整和优化，不断满足读者的个性化需求。为此，图书馆应进行自我调整和提高。在电子资源结构方面，应该因地制宜、与时俱进，要针对图书馆所服务的读者进行特定的电子资源采购，满足其需求。同时，除资源的购买和租用以外，要充分重视网络资源的采集和整理，获取有价值的开放期刊、开放资源，积极建立资源库，也要积极参与不同的电子资源共享联盟。在队伍建设方面，应不断提升馆员的数字化素养，加强队伍建设，注重图书馆专业背景、信息技术人才的培养，进行定期的特色数据培训，使得数字化资源能够物尽其用，提升读者的使用体验。此外，还应加大宣传力度。电子资源的购置需要较高的经费，电子资源都有着海量的专业数据，可以为读者提供最新、最全的数据资源，但电子资源的使用技巧、知晓程度或许会成为电子资源利用的绊脚石。尤其对于外文的电子资源来说，普遍存在利用率低的情况。这就需要馆内不断进行推广和宣讲，同时也要成立相应的咨询部门，可以给读者带来个性化的专题服务，使电子资源充分发挥其自身价值。

数字阅读不断融入人们生活的方方面面，人们能清楚地知道电子资源的各种优势，不仅能够快速传播，方便存储，更能打破时空限制随时阅读，随时获取海量的数据资源。图书馆在进行数据资源建设时，应该充分考虑实际问题，科学优化纸质资源和电子资源的比例，充分发挥两种资源的优势，使其能够互相补充、协调发展。

三　大数据推动图书馆数据文化建设

大数据时代的数据文化，不仅是图书馆馆藏的纸质数据和电子数据，更应该抓住海量的用户数据，将其转化为无形的财富，为图书馆行业的发展提供强有力的信息及数据支持。大数据所提供的用户数据可以为纸质资源和电子资源的采购提供决策指导。图书馆可以根据用户使用图书馆资源的数据进行大数据统计，反映出本馆用户的阅读习惯、信息需求、使用倾向等特征。根据其行为习惯进行大数据统计和分析，挖掘用户的近期需求和使用偏好，能够获取图书馆用户的需求数据，从而使图书馆的采购决策更加专业和明确，帮助满足用户的各种需求。例如，可以根据近期图书馆用户检索情况来确定图书馆新书或者馆藏的供应情况，从而做出合适的调整和采购；可以根据读者对电子资源的浏览量来决定图书馆对电子资源数据库的购置；可以根据读者经常咨询或者遇到的问题进行统一的数据库使用培训等服务。

大数据时代对图书馆建设提出更高的要求。图书馆应该加快数字化、网络化建设，完善图书馆的数据公共平台，将本馆的数据资源进行合理地整合；建立数据监管平台，实时存储和保护图书馆的各种科研数据、用户数据；建立电子书平台，将馆藏数字化，使用户能够打破时空限制获取电子书；将信息资源与社交方式有机结合，拉近用户与馆员的距离，使用户能够活跃起来，更加方便地提出个性化的需求，使用户能够成立用户社团，彼此交流使用心得和技巧，不断提升使用体验和营造更好的学习氛围。

大数据也能给个人图书馆的建设和发展提供较好的数据支持。对于用户个人来说，可以不断根据自己的访问情况、借阅情况，不断地全面审视自己，调整自己的学科和知识结构，提升自身文化素养；对于图书馆来说，应该加强个人图书馆系统建设，使用户的个人图书馆系统完善和精准，能够方便用户获取数据，丰富其数据统计形式，加之适当的数据分析报告，使用户更清晰地认知自我。

第三节 大数据时代图书馆服务的环境文化

图书馆是一个学校、一个城市乃至一个国家文化交流与传播的重要阵地，是交流的窗口、文明的象征，在如今和谐社会的构建中也发挥着至关重要的作用。随着科学技术的不断发展，大数据不断融入社会与图书馆工作，使得人性化、智能化的服务更加势在必行，而图书馆的整体大环境的舒适度、满意度将成为衡量图书馆整体服务水平和发展状况的重要指标。图书馆环境文化不仅包括图书馆建筑物内的硬件设施，还包括内部的图书馆馆员服务质量水平、图书馆整体学术氛围等精神层面的软件设施，更包括在高速发展的网络环境中图书馆所能提供的优质的网络服务。[①]

大数据背景下的现代化图书馆应该是一座高大优雅、和谐舒适、充满生机的建筑；在图书馆内部处处体现出“读者至上，以人为本”的创新服务理念，打造出一个使用户能够不断探索求知、满足信息服务的人文环境；在网络环境中不断约束规范读者行为、不断提高馆员的数据素养，共同营造和谐稳定的网络虚拟环境。

一 大数据时代图书馆服务下的人文环境

图书馆是广大读者获取知识、增长学识、文化交流的知识殿堂，为读者的学习、娱乐、科研提供信息资源服务。图书馆的人文环境与图书馆的整体建筑装饰、组织管理体系、图书馆服务文化理念等密切相关，本书主要从非物理形态方面来谈及图书馆的人文环境。

图书馆人文环境是指，图书馆基于馆员职业精神、职业道德、职业追求，通过图书馆馆员的服务质量等来营造舒适、温馨、积极向上的整体氛围，既能使用户有美好的使用体验，又能促进图书馆的发展。[②] 良好

① 莫耀评：《基于大数据时代的图书馆文献资源建设模式创新》，《河南图书馆学刊》2018年第10期。

② 任丽萍、武莉莉：《论高校图书馆人文环境建设》，《才智》2018年第3期。

的图书馆人文环境是图书馆开展业务水平高的重要表现，主要表现在充满人文关怀和人道主义精神的图书馆馆员的服务中，体现在积极向上遵规守纪的读者群体素养中，体现在热情周到、业务能力极高的图书馆馆员态度中，体现在严谨合理、松弛有度的规章制度精神中。

为了营造健康向上、和谐安定的社会大环境，对于图书馆这种服务型的职能部门，人文关怀必不可少。图书馆优良的人文环境能够使读者感到更加舒适和温馨，能够增强对图书阅读的吸引力，能够不断提升图书馆的价值。同时，图书馆作为社会中重要的文化传播阵地，是人们学习知识、掌握能力、提高素质的重要环节，是继续教育、终身教育的重要基地，承担整个社会的教育职能，对于提高全民素质、提高整体文化水平具有极其重要的意义。基于此，图书馆应该营造出较浓厚的求知探索、积极进取的学习氛围，烘托出互帮互助、和谐稳定的社会氛围。

图书馆人文环境的营造是一个长期性、系统性的工程，是各方发力、共同助力的结果。良好人文环境的实现是图书馆整体水平不断进步的过程，是人民整体人文素质不断提高的过程。如何构建良好的人文环境，大致可以归纳为以下几个方面。

（1）提高图书馆馆员队伍素质。图书馆馆员是图书馆服务过程的领导者和指路人，图书馆馆员的服务态度和能力决定图书馆的服务质量，因此提高图书馆馆员队伍的整体业务水平和服务质量至关重要。在人文精神的塑造过程中，馆员需要有过硬的专业素养，能解决用户不同层次和不同难度的需求；馆员需要有过硬的职业道德素养，需要是个细心和耐心的服务人员，对用户的多种需求都能尽力解决，能站在用户角度思考问题、处理问题。[①]图书馆馆员应该不断加强队伍建设，提高专业性人员的比例，进行合理的岗位设置，使每个岗位的工作人员都能够发挥最大的价值。此外，图书馆应该组织好入岗培训、定期培训、新技能培训，馆员能够跟随先进技术的步伐，先进的技术配合上高水平、高质量的服务，使读者的用户体验不断提升，人文环境的营造得以实现。

（2）坚持以人为本的服务理念，完善管理制度。要想营造良好的人文环境，必然少不了相应的制度建设作为保障。只有不断完善制度建设，加强管理水平，才能做到有章可循、有法可依，才能使人文环境的构建得以实现。在构建良好人文环境时，应时刻以读者为中心，以服务读者、满足读者的信息需求为根本。与此同时，不断完善图书馆的各项规章制度和管理制度，使读者能够自觉遵守公共秩序，合理有序地享用公共资源；使馆员能够用各项规章制度约束自己的工作行为，不断提升自我工作能力和服务水平。各个图书馆应该根据图书馆本身的服务对象、专业特色等，制定合理、有效的规章制度。例如在高校图书馆中，应该考虑到服务对象为全体师生，为满足教学和科研的进展，应该根据师生数量、学科设置、借阅需求倾向、作息时间等因素，不断调整和完善图书馆的各项规章制度，使高校图书馆能够满足师生的各项需求；而对于公共图书馆来说，面对的服务群体更加多元，他们的智力水平、使用信息资源的能力等参差不齐，这就需要公共图书馆能够更加全面地考虑到每一类群体的特殊性，使每一类群体都能感受到图书馆的人文关怀。

（3）创新服务模式，满足个性化需求。新时代的图书馆管理工作不仅是传统的纸质图书的借阅、归还，也不仅是电子数据的检索浏览、下载，还应该包括大数据时代下的知识服务、信息挖掘、情报分析等专业信息分析业务。以图书馆最基本的书目检索为例，以往的检索方式是需要到馆后在馆内的检索服务器上进行馆藏检索和预约书籍，并记下书目的检索号去馆内相应位置找到书籍查阅。如今，“互联网＋”“手机＋”的方式已经进入每个人的日常生活，读者不仅可以在家用电脑登录图书馆网站查询馆藏情况，还可以通过手机查询的方式，随时随地进行馆藏查询、预约等。大数据推送及知识服务也能够根据每个人的检索记录等数据，提供个性化的推送，使读者能够获得更多元的借阅途径和借阅选择。作为大数据时代的图书馆，更应该紧随时代步伐，紧跟先进信息技术，不断探索更加便捷的检索方式，使读者能够进一步享受图书馆的各项个性化、人性化的服务。

（4）提高读者参与度。读者的满意度是图书馆业务能力的重要指标，读者的参与度也能够比较客观地反映出图书馆的业务水平和人文环境。有了读者，图书馆才有灵气和生机。在图书馆人文环境的营造过程中，读者的参与至关重要，它决定了图书馆服务的成效和方向是否科学。一切为了读者，并不是图书馆一味地提供各种服务和高超的技术手段，而是应该以读者的反应、读者的使用体验为风向标，以读者的参与度为根本，结合图书馆自身的特色不断尝试和调整。图书馆也应该做好用户的调查和分析，根据不同用户的特色和需求，举办特色的活动吸引读者，并做好每次活动的反馈工作，用读者的感受和体验不断指导工作，使图书馆在营造人文氛围、倾注人文情怀、弘扬人文精神的道路上能够脚踏实地、步步前行。

二　大数据时代图书馆服务下的设施环境

图书馆设施环境可以说是图书馆的窗口，是读者最直观的感受，是对图书馆的第一印象，它的重要性不言而喻。设施环境是图书馆前期选址建设、中期管理维护环节必须考虑的重要因素。设施环境是图书馆开展服务的前提条件，它直接决定图书馆服务的主要内容，也间接决定了图书馆服务的整体水平和图书馆业务能力。

图书馆的设施环境是读者一走进图书馆的第一感受。设施环境，顾名思义，包括图书馆建筑的地理位置、空间布局、内饰摆设、设施设备等在内的硬件设施。图书馆是获取知识、信息交流、丰富生活的重要场所，需要有与之相匹配的物质设施环境。

地理位置要优越，建筑规模、建筑风格要适宜。图书馆作为每个国家、每个城市、每个高校必不可少的职能部门，有着极其重要的地位。对于公共图书馆来说，服务群体为本城市的所有市民，要顾全整个城市的人口分布、城市规划等诸多因素，选址在较为居中、交通便利、相对安静的市区。至于建筑风格和规模，也要根据城市的历史人文、图书馆的特色定位来建制。就拿广州图书馆来说，选址在广州市城市新中轴线的核心区，地理位置十分优越，图书馆的馆舍设计新颖，以“之”字造型配合别具一格的建筑风格衬托出广州城重视传承、锐意创新、敢为天下先的精神。① 以此来看，广州图书馆已经成为广州市的标志性建筑，这也能不断吸引更多读者驻足，也更利于整个图书馆事业的发展。

---

① 张春华：《公共文化服务体系背景下的公共图书馆电子阅览室建设——以广州图书馆的实践与探索为例》，《图书馆理论与实践》2015 年第 10 期。

合理的馆内陈设、现代化的设备设施有利于文化活动的开展，促进图书馆业务更高效、更高质量发展。图书馆作为公共文化设施和机构，是区域内活动最频繁、使用频率最高的公共文化机构之一，有着较高的利用价值和文化价值。馆内的空间布局、设备设施的先进性直接影响着广大读者的使用体验和使用效果，这是作为公共服务机构必须放在首位考虑的问题。物理空间环境对学习者的学习状态有着较大的影响，当用户置身于一个书香氛围浓厚、安静舒适的学习环境中，会有比较轻松的状态，能较好地集中注意力，有较高的学习效率，能产生更多的灵感和良好的阅读体验。相反，不舒适的环境会给人浮躁、不安定的感觉，学习效率也会大打折扣。① 如何营造舒适、和谐的设施环境，大致分为以下几个方面。

（1）设施的全面性。设施设备的完善和全面是图书馆开展业务、进行服务的最基本物质保障。每个图书馆应该合理布局图书馆的各大空间，使图书馆的借阅区、阅览区、期刊资料室、电子阅览室、自习室、参考咨询室、报告厅等窗口能够更加便捷和人性化，每个区域的设施配置都需要精心设计和布局。阅览室要有充足的阅览空间位置，且需要较为充足的光线条件，要保证环境的安静有序，也要提供多种阅读方式，满足不同群体的需要，如纸质阅读空间、电子阅读设备、儿童阅读设备、盲文阅读设备等。在借阅区，要有顺畅的借阅流程路线，有清晰明了的书库导航，有随处配备的检索查询系统，有适合儿童、残疾人等不同群体的服务设备，能够使整个借阅流程更加便利和快捷。在电子阅览室，要有完善的电子设备，有充足的电子阅览器、平板电脑等设备，能够满足不同行业、不同用户的设备需求，且要保证整个网络的顺畅、安全，杜绝任何安全隐患。在图书馆报告厅，要有全套的多媒体设施，保证图书馆正常的学术报告、文艺会演、书刊展览发布等活动能够正常开展；除此之外，要确保报告厅的隔音效果良好，不能影响到图书馆其他部门的正常秩序。此外，随着数字时代科学技术的飞速发展，信息传播交流、

---

① 牛新丙、陈瑶、徐若洋：《高校图书馆强化基础设施建设优化服务环境》，《办公室业务》2018 年第 11 期。

知识获取的方式也不断发生变化，对图书馆的设施设备也提出了更高的硬件要求和服务要求，因此要与时俱进，不断更新图书馆的软硬件设施，使图书馆能满足科技进步所带来的新型服务需求。

（2）设施的先进性。设施的先进性是图书馆立足当下、追求发展的基本物质条件。信息技术日新月异，图书馆的功能和角色也不断地拓展和延伸，从“以资源为中心”转向“以用户为中心”，从“信息服务”转向“知识服务”，图书馆不再是传统意义上的物理场所，而是成为适宜用户学习、交流和研讨的重要空间，呈现“学术交流中心、知识加工中心、文化传承中心”的重要定位。① 这就要求图书馆需要不断吸收新的技术方法，引进更加先进和前沿的设施设备来不断满足读者的需求，保障服务的与时俱进。引入现代化的智能设备，无论是电子图书馆、数字图书馆还是智慧图书馆，都是基于信息技术和大数据开展的新型服务模式，这都离不开先进的、智能的设备。智能书架、智能检索借阅系统都能够使读者更加便捷和高效地获取自己所需的信息资源。智能互动设备、智能引导设备能够增强用户的使用体验，读者更加轻松愉快地获取知识。

（3）构建多元的智慧图书馆空间。智慧图书馆是未来图书馆发展的主要方向，也是图书馆设施环境必须聚焦构建的方向。在大数据、云计算等信息技术的支撑下，智慧图书馆应该结合自身图书馆的定位、馆藏资源、空间环境、设备设施、用户群体等因素，不断创造更多可能的多功能、多元化实体空间。构建创新创客空间，可使智慧图书馆有更好的物质保障。例如，各类新技术实验室（如数据可视化实验室、集成电路实验室、可穿戴设备实验室、机器人实验室等），为用户提供包括可视化、沉浸式显示、模拟和虚拟环境，原型设计、制造、建模、游戏编程、捕获、交互计算，以及多媒体制作等在内的创新创意空间服务。图书馆应该合理布局空间结构，创造包容性的交流氛围，构建多元的、多功能的空间环境，能够增强用户体验，激发用户的学习兴趣、创新创造能力。

---

① 高协等：《智慧图书馆的空间设施构想》，《数字图书馆论坛》2018 年第 6 期。

三　大数据时代图书馆服务网络环境

科学技术的发展给图书馆的建设提供了前所未有的机遇，也提出了更多、更高的业务要求。网络环境的构建和维护不但需要图书馆抓住当下信息资源建设的机遇，还应不断给出新的建设策略，为图书馆营造一个风清气正、和谐稳定的网络环境，使读者能够更好地借助信息技术的优势不断获取知识、增长见识。

图书馆的网络环境是指用户在使用图书馆电子数据库及体验图书馆的网络服务过程中所处的物理环境，还包括用户在追寻知识和解决问题过程中的学习氛围、学习状态、人际关系等非物理形态。网络环境下，通过计算机、移动客户端等网络方式获取图书馆服务变得极其普遍，给图书馆注入新的活力。这也需要图书馆业务的各个环节逐渐建立数字化体系，能够更规范地保障图书馆的各项业务有序进行。只有保障图书馆网络环境的和谐稳定，才能使丰富的数据资源在网络的海洋中不断传播和利用，才能使读者在网络中更便捷、高效地获取知识和服务，更好地保障各著作、文献等的知识版权，杜绝网络暴力、散播谣言等不文明、不合法的网络行为。

图书馆的网络环境是各部门、各环节、各主体共同营造的结果，需要馆员和读者共同维护。通过传统图书馆和数字图书馆业务不断融合发展，加之计算机技术和大数据分析等技术的大力支持，需要完善的管理制度和法律法规的强制约束，才能营造出一个更利于读者获取共享知识、交流互助的网络平台。可以考虑以下策略。

（1）转变服务理念，提高数据素养。信息时代，信息资源数量激增，传统的线下图书馆服务日益多元化，不再是图书馆线下传统的借阅和咨询服务，而是更加多元化、人性化的个性化服务。网络环境下，图书馆的服务对象、服务内容、服务方式等都发生巨大的变化，个性化服务模式已经成为服务的主流方式。服务对象群体变得越来越庞大，群体特征越来越鲜明，专业服务需求越来越突出；服务内容不仅包括传统的服务，还包括计算机管理、网络服务等内容，服务的广度和深度进一步拓展；服务方式越来越多样化，日新月异的技术革新，使得图书馆的服务一直处于快速发展中，这些都对新时代的图书馆馆员提出更高的要求和更多的挑战。不断提高数据素养、提高信息技术水平，成为新时代图书馆馆员的必修课。提高数据素养不仅要从理论上了解新时代图书馆网络环境的定位，还需要从观念上转变传统的服务模式和理念，要有敢于走在时代前列、创新改革的思想意识。

（2）优化使用界面，丰富电子资源。网络访问与利用互联网技术获取图书馆资源和服务的过程需要一个顺畅清净的网络环境，这也是读者能够在大数据环境下体验图书馆多元化服务的重要保障。图书馆的门户网站是读者进行网络访问的通道，是图书馆对外的重要窗口，是图书馆形象塑造的关键阵地。图书馆的门户网站不仅需要展现基本的信息检索和导航功能，更应该提供智能化的数据库资源检索模式，形成一个交互式的信息互动网络环境，使读者能够更加高效地获取信息和服务。信息技术的飞速发展，使得电子资源变得尤为重要，电子资源的多样性和专业性是衡量图书馆服务水平和业务能力的又一项重要指标，图书馆要根据读者的需求订购相应的电子期刊、图书等信息资源，满足读者对专业知识的需求。此外，图书馆也应该对海量的网络资源、专业知识以及零散的馆藏资源、用户数据进行加工和整理，形成有序的、多种格式的数据库资源来不断丰盈馆藏，提升图书馆的服务质量。

（3）加强网站维护，健全网站建设机制。网络化管理对图书馆来说是一把双刃剑，既给图书馆带来了新的面貌和发展机遇，也给图书馆的有序发展提出巨大的挑战。数字化图书馆使得读者对信息资源的利用更加方便获取和传播，而海量的多源异构数据和情况各异的用户使得图书馆的网络环境秩序难以得到良好地控制和保障。图书馆应建立健全网络资源的使用规范和规章制度，约束读者用户的使用行为；图书馆对数字资源也应该进行层层筛选和整理，保证数字资源的版权、内容、服务方式以合理、合法的方式呈现；图书馆应配备专业网站维护馆员团队，负责图书馆网络的 24 小时监管和维护，保证网络环境的健康稳定。

第四节 大数据时代图书馆服务的教育文化

随着全民学习型社会的不断推进，图书馆的教育职能日益凸显。图书馆既是公共文化机构，保存丰富的文化遗产，又是社会教育机构，承担着伴随人的一生的丰富教育资源。它可以把学校教育、家庭教育和社会教育相结合，是实现全民阅读的重要武器，是提升全民素质的重要阵地。图书馆的教育职能体现在多个方面，诸如科学教育、文化教育、信息素养教育、价值观教育、其他教育等。

一 面向文化教育的图书馆阅读推广服务

随着学习型社会的不断构建，全民阅读得到全面发展，公共文化机构对阅读推广的发展也越来越重视。图书馆作为重要的文化传播基地，肩负着重要的历史使命。当前，新技术、新媒体的不断发展和应用，使阅读形式和内容更加多元化，图书馆也应紧跟时代步伐，不断进行更加全面和多元化的推广形式。

（一）大数据时代阅读推广的必要性

第一，阅读是提高全民素质、提升个人价值最直接、最简单的形式。目前来看，中国每年平均阅读量处于较低水平，还有较大的进步空间。阅读能丰富个人的精神世界，使个人增长见识、修炼意志，帮助大众获取宝贵的知识和精神财富，阅读还能提升全民素质。

第二，阅读推广能激发群众的阅读活力。阅读的趣味性不仅表现在所读内容的有趣性，还体现在阅读方式或推广模式的多元化和趣味性上。要针对不同的读者采取不同的推广模式，并覆盖到所有层次的读者。目前，大部分的图书馆都针对少年儿童开展阅读推广活动，其实对上班族群体、宝妈群体、老年人群体、特殊群体等的阅读推广也是非常有价值和需求的。只有投其所好、采取最合适的推广模式，才能起到最好的阅读推广效果。

第三，阅读推广的科学性有待提升。阅读推广需要科学性的规划和落实，需要图书馆针对不同的模块配备相应的馆员，对不同层次的用户群体采取不同的科学推广模式，形成周期性的、规范性的长效机制。例如，在某个节日，图书馆为宣传部分主题的文化内容，会举行讲座、展览等文娱活动。由于这种类似的活动只在此节日举行，没有考虑到活动后的知识拓展和加深回顾，会出现此类阅读推广的脱节，不能使读者在一次活动中就有特别深刻的记忆和理解，从而不能达到阅读推广的目的。总之，馆员的专业素质需要不断加强。

（二）图书馆阅读推广的策略探讨

第一，加强数据资源建设，阅读推广内容多元化。馆藏特色资源是图书馆开展阅读推广服务的重要基础，对当地的风土人情、人文地理、历史风貌和历史名人均有详细的记录和存储。同时，各馆也拥有珍贵典籍。因此，公共图书馆应重视对本馆特色资源价值的挖掘，将地方传统文化融入图书馆阅读推广活动。此外，公共图书馆应充分借助数字化手段，将特色资源通过不同技术载体呈现，搭建电子资源阅读平台，实现资源利用最大化，丰富读者的阅读体验。

第二，开展协同创新发展模式，丰富阅读推广模式。图书馆阅读推广不应仅局限于已有的推广形式，还应在丰富推广内容的基础上，积极发展多类型合作，拓宽阅读推广模式。走出固有模式、走出固有空间，可以与文化机构、协会组织等建立长期合作关系，产生协同创新、强强联手的效应。既能提升阅读推广质量，又能产生良好的社会效应。例如，在花果山以身临其境的效果来推广名著《西游记》，与美术馆和博物馆等联手举办各种展览等。

第三，开发满足读者需求的文创产品，助力图书馆阅读推广。公共图书馆通过开发富有纪念性、创意性的文创产品助力阅读推广，不仅能够吸引读者阅读相关书籍，而且能够激发其参与性和创造性，增强读者对图书馆的认同感。同时，公共图书馆还可针对某类书籍的推广进行文创产品征集，让读者参与文创产品设计。此外，公共图书馆可通过挖掘品牌活动的文化内涵设计系列文创产品，提升活动的影响力。

第四，提升馆员素养，打造复合型人才队伍。图书馆开展阅读推广需要复合型人才队伍作保障，这就要求图书馆馆员掌握相关政策、熟悉阅读推广业务，拥有良好沟通能力，还要懂教育、懂民俗、懂礼仪，能够进行精准营销、活动策划、创意设计。因而图书馆要积极打造复合型人才队伍，优化人才发展机制，不断引进文旅复合型人才，丰富图书馆馆员队伍，拓展阅读推广新模式。

二 面向信息教育的图书馆科学数据素养教育服务

在第四研究范式兴起、数据驱动科研的时代背景下，高校科教人员以及高校学生必须通过提高自我科学数据素养才能熟练地运用各种科研数据，创新科技成果。社会大众也要提升自己的科学数据素养，以适应大数据环境下，数据资源不断更新的社会。科学数据素养是信息素养随着数字化社会的出现而动态发展起来的，高校图书馆已在信息素养教育中积累丰富经验，有资源和能力开展好科学数据素养教育。大数据环境下，复杂的数据模态对人们的科学数据素养提出更高的要求，同时也给图书馆开展科学数据素养教育带来新的机遇和挑战。针对高校图书馆科学数据素养教育中存在的问题，从内部与外部进行发展制约因素的归因分析后，发现不同教育背景、学科背景和科研需求的主体对科学数据的认知不同，需求也不同。高校图书馆应针对不同教育服务对象、不同需求主体，对科学数据素养教育内容和形式进行调整，为用户提供个性化和专业化的教育服务。综合用户需求与高校图书馆科学数据素养教育存在的问题，提出相关培育对策。

（一）构建科学数据馆员培养机制

科学数据素养的欠缺严重影响科学数据素养教育成效，针对这一问题，图书馆及馆员重视并积极参与科学数据服务，这是促进科学数据素养教育持续发展的重要内因。通过前期对高校图书馆科学数据素养教育服务网络调研发现，高校图书馆存在科学数据素养教学能力不足和教育资源稀缺的问题。要解决这一问题，最基础的是，高校图书馆馆员要具备相应的科学数据素养，以及科学数据素养培训和教育的能力。当前高校图书馆需加强科学数据素养教育的馆员队伍和机构建设，在现有学科馆员、信息素养培训馆员的基础上培养科学数据服务馆员，为形成专业化的科学数据服务馆员队伍奠定基础。与此同时，要加强高校图书馆专业科学数据机构建设，拓展图书馆数据管理与服务工作，为科学数据素养教育提供不竭的动力和资源保障。在具备一定服务能力的情况下，要增强图书馆馆员主动服务意识，这样才能更好地开展科学数据素养教育服务。图书馆的数据馆员应主动深入不同院系，通过实地调研，了解不同学科背景、不同教育背景的学生和科研工作者的科学数据需求。如果具备相关资源，可以参与院系的科研项目。在提高馆员业务水平的同时，还能有针对性地进行用户细分的科学数据素养培育。

（二）构建数据生命周期的完整教学体系

调研发现，图书馆在进行科学数据素养培训时，主要是针对科学数据素养某一部分技能进行培训，并未从科研数据生命周期和整个科研流程展开，教育内容缺乏系统性和综合性。但是，用户在进行科学研究或科研过程中，不可能把数据素养的某一方面割裂开来。科学数据应该符合生命周期的方法，科研工作与数据生命周期紧密相关，因此图书馆在进行科学数据素养教育时，可以将其嵌入科学数据生命周期中，以实践科研项目为例，开展启发式教育。科学数据生命周期主要以科研工作中社会科学数据本身作为研究对象，研究其在生命周期各个阶段的状态和规律。科学数据生命周期可以分为不同阶段：随着科研项目启动，制定计划，产生数据，保存数据，并对数据进行筛选，将筛选后的数据进行储存。对于产生的新数据要进行收集、分析和利用，并更新数据。科学数据在科研过程中是不断更新完善的，高校图书馆要根据科研用户的数据需求，提供相关教育服务，从而发挥科学数据最大的科研价值。科学数据素养教育要以科学数据生命周期为主线，在启发性的教育形式下，在具体科学研究项目或数据实践操作中提高用户科学数据素养。在问卷调研中发现，本科生的数据知识要继续加强普及。对科学数据源认知缺失将会给科学数据收集带来困难。调研发现，一部分学生并不清楚自己所在学科的主要科学数据平台。用户数据获取主要以网络搜索为主，数据分析与处理能力低。基于用户对数据分析软件和可视化软件需求量大的现实，高校图书馆采用实践操作的方式对用户进行数据处理和分析技能教育，培养用户审视科学数据生命周期的意识，使其能对科学数据不断修正剔除错误，促使数据动态更新和更正。

（三）完善数据管理平台及基础设施建设

建立科学数据管理平台，在有效解决科研用户数据管理需求的同时，还能为其提供数据管理观摩和实践，以用促学促教，达到双赢的效果。大多数用户目前数据储存方式为个人自由保存，主要依靠个人储存设备，随意性大。图书馆建立科学数据管理平台，可以提供永久储存、访问的数据管理和利用服务，在为用户提供数据管理服务时，增强用户数据管理意识。由于大多数用户对科学数据管理的规范化并不了解，高校图书馆应该在数据管理网站平台上普及科学数据管理相关知识，如规范化数据描述、数据清洗方法，展示典型数据管理案例，并提供多种方式的实时咨询服务，从而使有相关数据需求的用户可以尽早熟悉科学数据管理相关知识。在构建数据管理平台的同时，要增强用户科学数据安全意识。在管理用户进行数据储存和共享访问的同时，要注重引导用户重视自己的数据共享安全。由于科研数据专业性强、类别繁多，图书馆应教育用户通过设置不同访问权限等方式保护数据安全，考虑各自利弊风险因素。图书馆相关数据服务机构要和数据教育服务馆员相互配合，利用多种宣传平台，引导用户安全规范地按照规范化流程进行科学数据管理实践。

（四）构建数据文化交流圈

调查显示，超过一半的学生期待建立虚拟的交流社区。针对科学数据素养社会化程度低、社会人员主要靠自学而无交流途径等问题，科学数据素养教育实践的提升需要构建良好的环境，搭建良好的科学数据素养交流平台，形成积极向上的数据文化氛围，以此提高科学数据素养教育实践效果。高校图书馆学会或者高校联盟可以牵头开办有关科学数据素养的研讨会，或利用互联网开办线上数据素养交流会或竞赛。增强不同高校图书馆之间的互动交流，在交流中传播数据文化，培养科教人员以及学生的数据价值观。此外，高校图书馆还可以利用自媒体或直播平台将交流活动由校内推向校外，使社会人员通过线上活动以及数据竞赛等实践参与进来，增强高校图书馆以及其他科研学术圈的科学数据文化活动的辐射，形成良好的数据素养培育环境。

（五）完善数据共享主体间利益平衡的规则标准

数据共享主体主要指数据的创建者和利用者，包括科研机构、数据中心和用户等群体。本书的数据共享群体主要指用户，调研发现，相当一部分用户不愿意将自己的数据共享，这一现象与国家建立大数据中心的倡导是背道而驰的。究其原因，一是担心数据泄露对自己科研成果造成不利影响，二是缺乏激励用户数据共享的机制。因此，高校图书馆要建立合理的激励机制，平衡不同数据共享主体之间权利与义务的关系，厘清利益与风险之间的界限，从而使每个人的共享意愿提高，使科研成果和数据资源拥有更大的科研价值空间。为促进数据公开与共享，高校图书馆可以联合图书馆学会借鉴国外相关政策，制定和完善保障数据分享者利益的规则和标准，打破数据开放的壁垒。

三　面向价值观教育的图书馆传统文化教育

图书馆蕴藏着丰富的文献资源和精神财富，它不仅是一个贮存知识的物理场所，更是个传播知识、弘扬文化的重要阵地。它对全体民众免费开放，每个人都有平等地享受图书馆资源和服务的权利。基于此，借由图书馆来进行传统文化教育显得尤为贴切和具有重要意义，也是对民众开展价值观教育、坚定文化自信的重要一环。

文化是民族的血脉，是人民的精神家园。传统文化的根不能丢，在任何历史时代，对于优秀传统文化的继承和弘扬都是一项重要课题。中华文明经历了上下五千年的传承，是每个华夏子孙的精神财富和力量源泉，是国家和民族团结一心、共同进步的原动力，是每个中国公民奋发图强不断进步的底气。对整个国家而言，优秀的传统文化可以引导良好的社会风气，凝聚社会正能量，能使全国各族人民万众一心战胜困难、迎接挑战共创辉煌。对个人而言，优良的传统文化可以帮助公民塑造正确的三观，能够不断增强人民的人格素养，而个体的团结和正能量也会塑造更加团结与和谐的社会。此外，中国幅员辽阔、地广物博，地理文化的差异性导致传统文化的多样性，需要整个民族和公民共同努力来传承和弘扬。① 图书馆作为国家文化机构，具有教育和传播文化的职能，在弘扬传统文化方面具有得天独厚的优势，具体如下。

---

① 贺森林：《公共图书馆传承优秀传统文化策略研究》，《图书馆学刊》2017 年第 3 期。

（1）丰富的馆藏储备。图书馆具有丰富的典藏资源，是传统文化的资源宝库，包含大量的史书文献、地方志、民间传说、文人笔记等历史资料，这里是学习传统文化的殿堂。各类图书馆囊括各种类型的史学资料，是人们了解历史、风土人情、民俗文化最真实可靠的资源中心，为传统文化的传播提供资源支持。[①] 另外，传统文化有久远的历史，大多数的记录均通过古籍、纸质书刊的形式来记载，而图书馆的馆藏可靠地追溯了这些历史，散落各地的史学资料也需要图书馆人的不断收集和整理，为传统文化的弘扬做出贡献。

（2）先进的网络技术。随着科学技术的不断发展，各种类型的图书馆也开始采用先进的技术手段，不断满足和方便读者用户的多样性需求。传统文献资源的数字化，使用户可以不受地域和时间的限制了解各特色馆的文献资源，使传统文化实现跨地域共享，甚至通过 VR 技术能身临其境地感受典藏的魅力；图书馆可以网上进行图书推荐等活动，实现远程为用户推荐和分享传统文化资源，使传统文化的学习覆盖到多数用户；通过移动客户端实时访问数字图书馆，将图书馆的诸多智能服务连接到普通用户的手机端，实时答疑、实时服务，实现 24 小时的自助问答和获取资源。利用这些新技术，传统文化的学习更加日常和便捷，使得人们不断接触到优秀传统文化。

（3）专业的文化传播团队。图书馆的馆员作为文化的传播者，具有较大的专业优势。他们了解图书馆的馆藏，了解获取资料的办法。他们长期从事文化事业，有较为丰富的地域文化收集整理经验。尤其是特色馆的馆员，他们长期深入基层，熟识地域文化的特点和历史渊源。另外，他们有着阅读推广、文化传播、信息检索等经验，能够更加便利地传播和弘扬传统文化，亦能够更加快速检索到所需知识，为用户的多样性需求提供服务。

（4）宣传平台优势。图书馆是公共文化机构，是面向全体大众免费开放的，是广大读者可以终身学习的场所，且有着较为安静和舒适的物理空间。图书馆可以凭借自身优势开展各类弘扬优秀传统文化的活动，

---

① 郭红：《高校图书馆开展传统文化教育途径探析》，《文化学刊》2018 年第 2 期。

如开展讲座、知识竞赛、优秀文化活动会演等，使普通民众参与到传承活动中来，力争营造全社会良好的文化保护氛围。此外，图书馆能够较大范围地调动人民群众的积极性，帮助民众普及传统文化的深厚内涵，感受其文化魅力，营造全民学习、终身学习的氛围。

中华优秀传统文化是民族精神最为集中的体现，图书馆作为弘扬传统文化的重要阵地，可以通过以下策略来加强传统文化的弘扬和传承。

（1）创新宣传形式，加大宣传力度。国际图联大会上，毛罗·圭里尼指出，“图书馆保存着人类的知识；历史与技术带来变化，图书馆紧跟变化，通过文化遗产塑造未来”。在新的历史时期，新技术、新变革不断刷新着世界格局，需要各个国家、各个民族携手并肩，不断提高自身国家的竞争力，在世界舞台上拥有越来越重要的地位和话语权。图书馆应将弘扬传统文化、提升整体国民素质作为重要历史使命，不断将新技术、新手段引入文化传播中来，促进传统文化的传承与发展。公共图书馆、高校图书馆、特色馆等各类图书馆应大力发扬自身馆的特色，了解受众用户的多层次需求，开展多种形式的传统文化宣传，使传统文化活跃起来，成为人们生活中必不可少的精神食粮。例如，公共馆可以结合当前社会热点或者人们较为关心的话题，开展互动性讲座。此外，新媒体时代的到来，可以通过短视频等形式推送或者组织传统文化活动，充分调动各行业、各年龄层次人民群众的积极性。

（2）丰富馆藏，满足群众的阅读需求。图书馆最本质的服务还是馆藏的提供，是传统文化最为简单和直接的传播形式。各大图书馆应立足于自身特色，利用大数据技术分析本馆用户特点，根据本地区传统文化特点，坚持取其精华、去其糟粕的原则，整合现有数据资源，开发未纳入的资源，逐步完善本馆的传统文化主题数据库，加快传统文化弘扬和传播的进程。另外，逐步加大投入，不断开发和收集各种文献资源，对优秀传统文化资源进行收集、修复、整理、储存和传播，及时更新最新传统文化相关的文献期刊，不断扩充馆藏资源；加大对专业人才的引进，引进历史学、图情档等多元学科的专业人士，使传统文化的宣传和传播更加专业和高效。传统文化文献资源是先人为我们留下的珍贵遗产和精神财富，图书馆必须肩负起弘扬传统文化的使命，有必要花费财力、精力丰富传统文化馆藏资源。

（3）扩展职能定位，参与传统文化保护。图书馆本身具有宣传传统文化和传播传统文化的巨大优势，在今后的发展中，不断拓宽职能定位、积极参与传统文化的挖掘和保护是图书馆未来的发展趋势。图书馆应由单一的资源存取模式向多元化的传统文化保护模式转变。可以从以下思路着手。第一，弘扬传统文化，图书馆应扩展职能定位，不仅要发现传统文化的浅层次内涵，更要深入挖掘和发现传统文化的深度内涵精神，不断补充和完善传统文化成果，形成较为完善、清晰的传统文化体系。第二，传统文化的传承应落实到馆内的文化推广活动中来，营造共同学习、弘扬传统文化的优良传统和良好氛围。根据不同传统文化类型、表现形式、地域风俗特点，开展符合文化特点、彰显文化价值的文娱活动。例如，通过展览、讲座、有奖问答、智能竞赛、话剧表演、手艺表演、主题沙龙等多种途径，充分调动各类读者的积极性，充分了解地域风俗和风土人情，彰显传统文化的魅力，营造全民学习的和谐氛围，进而不断弘扬优秀传统文化。

第五节　本章小结

在大数据时代，图书馆服务文化被赋予新内涵。完善图书馆服务文化体系，对于实现图书馆服务的新升级、肩负起新时代图书馆社会职能具有重要意义。本章从图书馆服务的智能文化、数据文化、环境文化、教育文化四个方面出发，系统阐述图书馆服务文化涵盖的内容。在智能文化方面，图书馆服务应逐渐实现智慧服务，将先进的科学技术手段引入图书馆管理系统、信息服务系统，使服务升级，实现服务的人性化和智能化。在数据文化方面，图书馆服务的创新必须建立在完备的数据资源和全面的资源建设之上，不断整合已有文献资源和电子资源，通过多样化数据库的建设实现资源的一站式服务。在环境文化方面，环境文化是图书馆服务质量最直接的体现，图书馆服务的人文关怀性、安静舒适的物理空间、清朗安全的网络环境是营造良好学习氛围、提升用户使用体验、提高图书馆服务质量的必备条件，需要图书馆服务体系的不断完善和改进。在教育文化方面，图书馆服务的教育属性是图书馆最本质和最核心的服务职能，主要包含科学教育、文化教育、信息素养教育、价值观教育。笔者基于四类教育，从学科服务、阅读推广、数据素养教育、传统文化教育四方面详细阐述教育素养文化的体现形式和场景。综合以上内容，本书力争从多个角度构建图书馆服务的文化体系，为创新图书馆服务模式提供新思路。

第七章

大数据时代图书馆服务创新知识资源体系的方法应用与分析

网络环境日臻成熟，互联网上纷繁复杂的信息拓展了人们获取知识的途径，海量数据的到来使得读者更难进行知识的精准获取和知识有效管理。图书馆知识管理是指运用知识管理理论与方法，合理配置和使用图书馆各种资源，充分满足用户不断变化的多样文献信息资源需求，并提升图书馆的各项职能和更好地发挥其作用的过程。大数据时代给图书馆的知识管理带来了新的机遇和挑战，图书馆可以根据海量用户数据制定更符合用户需求的知识管理策略，图书馆也需要将海量数据进行有效的知识存储和管理。因此，笔者提出构建大数据时代图书馆服务创新知识资源体系，从学科评价、学科主题、学科交叉、学科团队四个方面出发，深度挖掘图书馆资源价值，将知识管理的方法应用到学科服务中，提升图书馆学科服务的广度与深度。通过对知识管理方法的介绍与场景应用，为图书馆服务提供案例参考，进一步形成图书馆服务创新知识资源体系，具体内容见图7-1。

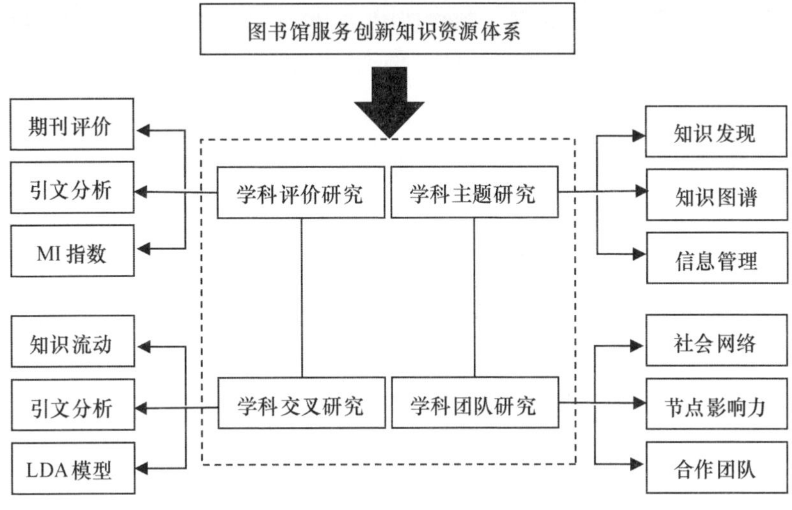

图 7－1　大数据时代图书馆服务创新知识资源体系

第一节　大数据时代图书馆服务创新知识体系的学科评价研究①

学科评价是利用相关的技术方法，将学术信息进行梳理、整合，以期对学科的发展现状、发展进程、发展前景、学科结构甚至是学科间的关联度等进行评价。大数据时代，学科评价有了更多元、海量的数据，使学科评价更为全面和科学。

一　学科评价研究方法场景介绍

学术期刊作为刊载学术论文的主要载体，在促进科学知识的交流与传播、推动科技创新和科技进步中发挥着重要的作用。近年来，随着国家科技投入的持续加大、科研水平的不断提高以及出版事业的快速发展，

① 程结晶、李秀霞：《基于 J-NMF 算法的作者类团划分研究》，《情报理论与实践》2020 年第 11 期；郝玉珊、李秀霞：《融入内容的作者文献耦合分析》，《情报探索》2019 年第 2 期；郝玉珊、李秀霞：《基于被引均衡性的期刊影响力指标：MI 指数》，《情报理论与实践》2019 年第 9 期。

中国学术期刊取得长足发展。截至 2019 年 6 月，中国最大的全文数据库 CNKI 收录的学术期刊多达上万种。学术期刊种类和规模的扩大，在促进学术论文发表、丰富学术资源的同时，也给读者在优质期刊的选择上带来一定的困难。因此，如何对学术期刊进行合理、有效的评价并筛选出高影响力的期刊变得尤为重要。期刊影响力是指期刊在一定时期内发表的学术研究成果，在某段时间里促进相关学术研究与应用发展的能力，[①] 反映学术期刊在相关学科领域的学术地位，是学术期刊生存和发展的根本。[②] 对期刊影响力进行评价的意义在于激励和促进学术期刊自身的发展，便于图书情报机构进行图书管理，方便科研工作者了解学术期刊的内在价值。因此，构建科学合理的学术期刊评价指标一直是学者们关注的热点。

目前，国内外学者围绕期刊评价已开展大量研究，取得丰硕的成果。期刊影响力评价的方法有很多，宏观上有定性和定量两种评价方法。其中定性评价主要是指利用同行专家的知识、经验，直接对期刊质量和学术水平做出定性评审、判断；定量评价则是采用数学统计的方法，收集和处理期刊发文量、引文量等相关数据，通过一定的评价指标对期刊做出数量化的描述和判断。根据评价要素的不同，期刊定量评价指标可分为以下几类：基于期刊论文被引频次的评价指标、基于引用和被引用质量的评价指标、基于期刊论文被引时间的评价指标、基于期刊被引离散度的评价指标。

二　学科评价研究方法概述

长期以来，国内外学术界对期刊影响力评价指标的研究积累了大量的成果，但分析发现，研究多是基于引用数量展开，分析引用数据离散性的研究不多；虽有考虑期刊论文引用与被引用质量的研究，但同时考虑期刊文献引用作者和引用期刊特征、被引用作者和被引用期刊特征的研究很少；考虑期刊文献被引时间特征的研究主要基于引证时间窗口的

---

① 蒋勇青、齐萍：《学术期刊影响力评价方法研究》，《中国软科学》2017 年第 3 期。

② 张铁明等：《关于提高我国科技期刊学术影响力的思考》，《编辑学报》2010 年第 2 期。

不同构建不同的评价指标、研究被引峰值对期刊影响力的作用等，对引用的时间异质性研究尚不够深入。除此之外，期刊评价还存在很多不合理问题，如评价方法适用范围较小，难以适用于不同学科领域学术期刊的评价；面对大数据时代环境，对学术期刊评价的新指标研究不足；在综合多因素的评价方法中，各因素的权重设计方法不统一等。针对学术期刊评价中现存的诸多问题，本书对学术期刊影响力评价指标给出以下改进方案。

（一）被引频次与被引频次离散度的结合

期刊文献的被引数量一定程度上反映了期刊被读者利用、认可的程度，被引数量越高，说明得到利用和认可的程度越高。被引数据的离散度不同于平均被引次数，离散度反映期刊文献被引数据分布的均衡程度。不难理解，在相同被引数量的前提下，期刊被引数据分布越均衡，离散度越小，期刊的社会影响力越高。研究发现，期刊文献的被引分布不是均衡的，呈典型的右偏态分布特征，说明不同期刊其刊载文献引文数据分布具有不同的离散度。被引频次高，同时离散度小的学术期刊才会有较高的学术影响力。因此，在期刊评价中需考虑将期刊被引数量与被引数据分布的离散度结合，综合考虑期刊文献被引的特征，以更加科学、合理地利用被引数据开展期刊评价。

（二）被引频次与被引时间异质性的结合

很多现有的期刊评价指标是建立在被引频次基础之上的，但期刊论文刚发表时的被引与发表多年后的被引效果是不同的，即不同的被引时间反映了期刊不同的影响力。在评价期刊影响力时，应考虑评价指标（总被引频次、影响因子等）的不同时间跨度，减少时间异质性对评价结果的影响。可见，期刊被引时间异质性也是评价期刊影响力时必须考虑的因素。因此，构建学术期刊评价指标时，需要根据学科领域的论文特点预测其被引高峰期，结合评价指标的时间特点，同时对不同时间跨度内的被引频次赋予不同的权重。科学处理被引频次与时间异质性的关系，降低引用时间异质性对学术期刊评价的影响。

（三）引用质量与被引用质量的结合

2011 年，教育部出台的《关于进一步改进高等学校哲学社会科学研究评价的意见》指出，要确立质量第一的评价导向。期刊评价中的质量因素有很多，在定量评价中，从引用的角度来看，质量因素主要指期刊论文的引用质量和被引质量。前者重点指期刊文献中参考文献的作者声望、所在期刊的学术质量，后者重点指期刊文献被引作者的声望、被引期刊的学术质量。学术界早已关注质量因素对期刊评价的作用，目前的相关研究已有不少。但分析发现，尚未有将引用质量和被引质量结合的研究。既然两种质量因素都会影响学术期刊的影响力，那么就要综合考虑两种因素的共同作用。

（四）构建学科分类基础上的期刊评价方法

现有的期刊评价指标将所有期刊等同对待，对学科领域、专业方向不加区分。由于不同的学科领域、不同的专业方向，其研究人员规模、读者群规模，所用的研究方法、技术、工具以及实验环境等不同，对应的学术期刊数量也不同，如近几年公布的 CSSCI 核心中，经济学期刊有 70 种，而新闻学与传播学期刊仅有 15 种。同是图书馆、情报与文献学，不同方向的学术期刊数量也不同，图书馆学期刊有 10 种，情报学期刊有 8 种，档案学期刊仅有两种。学术期刊数量的不同对期刊被引频次必然带来很大的影响。从概率统计的角度来讲，一个学科领域对应的学术期刊越多，每个期刊的平均被引次数就会较低，反之则会较高。学科、专业的划分应是期刊评价的前提。当今新兴学科不断出现，学科、专业分类越来越复杂，要想得到科学合理的期刊评价效果，必须在保持原有期刊评价体系中某些合理因素的前提下，设计学科分类基础上的期刊评价方法，提高期刊评价结果的公平性、合理性。

（五）建立新媒体环境下的学术期刊评价方法

已有的期刊评价指标多适用于纸质出版模式下的期刊评价。随着数字化、网络化以及移动技术的发展，学术期刊已经从纸质出版向数字出版，再向移动优先出版转变。人们的阅读习惯从“深”阅读向“浅”阅读转变、从“纸”阅读向“屏”阅读转变，[①] 阅读行为也从单一的阅读

① 胡凡刚等：《教育虚拟社区伦理对社区交互影响的实证分析》，《电化教育研究》2017 年第 5 期。

变为阅读的同时向好友推荐、转发等，上述转变对期刊影响力评价指标提出新要求。2010 年，J. Priem 在自己的 Twitter 上首次提出替代计量（Altmetrics）评价指标，该指标是为适应期刊出版模式转变和人们阅读行为改变而提出的，目前已得到国内外学者的认可。但 Altmetrics 指标尚存在数据容易被人恶意操纵、指标异质性、指标覆盖率低等不足，因此，构建新媒体环境下的学术期刊评价方法是摆在期刊评价研究人员面前亟须解决的问题。

三　学科评价研究方法应用

（一）指标构建

1. 期刊引文均衡性指标

期刊文献被引的均衡性源于期刊被引的均值性，离散度可表示一组数据的差异化程度。泰尔指数（Theil index）也称 T 指数，是基于信息理论中的熵概念来计算不平衡性。本书将原有的 Pi/P 改为 1/P，计算每篇论文被引份额与论文份额的一致性，得到 T指数，使其更好地符合期刊引文分布的实际情况，实现期刊被引分布的均衡性分析。

2. MI 指数

在 William M. Cockriel 等提出的 MDI 指数[①]（改为脚注格式）的基础上，将改进后的期刊被引离散指数 T作为平均被引频次 μ 的权重，给出衡量期刊平均影响力的指标——MI 指数。MI 指数的提出，可以弥补已有指标未考虑引文分布均衡性的不足，使得期刊评价更加科学、合理。对于期刊自身而言，可以激励期刊刊载高质量的学术论文，减少论文质量参差不齐的现象，促进期刊的良性发展。

（二）数据来源

查找 2017 年 Web of Science 数据库和 Scopus 数据库同时收录的图书情报学领域的期刊，共有 51 种。由于有 3 种期刊缺乏有待对比的指标（如 CiteScore、SNIP、SJR 和 h 指数），故选取其中的 48 种作为评价对象。

---

① William M. Cockriel, James B. McDonald, "The Influence of Dispersion on Journal Impact Measures", *Scientometrics*, Vol. 116, No. 1, 2018, pp. 609 - 622.

选择与 JIF 相同的两年引文窗口，统计 Web of Science 数据库中 2015—2016 年的 48 种期刊论文在 2017 年的被引数据。

（三）结果分析

根据 MI 指数计算公式，分别计算 48 种期刊的 MI 指数值，部分期刊的数据统计结果见表 7－1。

表 7－1　　部分期刊的数据统计结果

	MI	CiteScore	SNIP	SJR	JIF	h 指数
Journal of Information Technology	0. 32	3. 83	2. 638	1. 752	4. 535	66
International Journal of Information Management	0. 278	5. 78	2. 824	1. 373	4. 516	82
Government Information Quarterly	1. 74	5. 82	2. 095	1. 321	4. 009	76
Journal of Informetrics	1. 46	3. 52	1. 637	2. 06	3. 484	54
Social Science Computer Review	1. 13	2. 96	1. 394	1. 229	3. 253	56
European Journal of Information Systems	1. 47	4. 23	2. 358	1. 628	3. 197	88
Journal of the Association for Information Science and Technology	0. 26	3. 36	1. 963	1. 31	2. 935	118
Research Evaluation	0. 67	2. 79	1. 766	1. 267	2. 449	36
International Journal of Geographical Information Science	0. 82	3	1. 62	1. 113	2. 37	93
Information Systems Research	0. 98	3. 7	1. 591	3. 16	2. 301	135
Scientometrics	0. 60	2. 72	1. 378	1. 125	2. 173	90
Journal of Information Science	0. 41	2. 09	1. 478	0. 674	1. 939	54

为评估 MI 指数的效果，分别通过 Web of Science 数据库获取上述期刊的 JIF，通过 Scopus 数据库获取各期刊的 CiteScore、SNIP、SJR 和 h 指数，作为对比指标。为消除不同指标间数据量差异过大对结果的影响，对各指标数据做归一化处理，并根据归一化数据列出各期刊不同指标的排名，部分期刊不同指标的排名情况见表 7－2。虽然 MI 指数与其他指标总体变化趋势一致，但 MI 指数的波动幅度最为明显，且没有出现不同期刊的 MI 指数相同的现象，说明 MI 指数对期刊文献的被引频次比较敏感，

弥补了部分期刊 h 值相同的不足。另外，MI 指数除了含有与其他指标公共的峰值之外，它还有自己的峰值，说明 MI 指数能挖掘部分平均引用频次不高，但平均影响力较强的期刊。

表 7-2　部分期刊不同指标的排名情况

	MI	CiteScore	SNIP	SJR	JIF	h 指数
Government Information Quarterly	1	1	6	7	3	8
Information Processing and Management	2	3	2	17	5	6
Journal of Informetrics	3	7	12	2	4	13
European Journal of Information Systems	4	4	5	4	7	5
Social Science Computer Review	5	11	19	10	6	11
Information Systems Research	6	6	14	1	11	1
Information and Organization	7	9	7	12	14	15
International Journal of Geographical Information Science	8	10	13	15	10	3
Research Evaluation	9	12	10	9	9	23
College and research Libraries	10	19	8	5	17	20
Scientometrics	11	13	20	14	12	4
Journal of Health Communication	12	18	27	16	16	9

另外，根据表 7-1 的数据统计结果，对 48 种期刊的各评价指标做 Pearson 相关分析，结果见表 7-3。

表 7-3　各指标的相关性分析结果

	MI 值	CiteScore	SNIP	SJR	JIF	h 指数
MI 值	1	0.754**	0.569**	0.644**	0.712**	0.609**
CiteScore	0.754**	1	0.853**	0.778**	0.952**	0.808**
SNIP	0.569**	0.853**	1	0.731**	0.838**	0.692**
SJR	0.644**	0.778**	0.731**	1	0.758**	0.806**
JIF	0.712**	0.952**	0.838**	0.758**	1	0.754**
h 指数	0.609**	0.808**	0.692**	0.806**	0.754**	1

注：** 表示在 0.01 水平（双侧）上显著相关。

由表7-3可知，MI指数与CiteScore、SNIP、SJR、JIF、h指数均呈正相关，相关系数在0.569—0.754。由于其他指标均以期刊引文数量作为评价依据，具有相似的理论基础，因此其他指标间也均呈正相关。其中，JIF与CiteScore的相关性最大，系数为0.952；SNIP与h指数的相关性最小，系数为0.692。

第二节　大数据时代图书馆服务创新知识体系的学科主题研究①

在大数据背景下，以数据为支撑的学科服务可以有效地促进知识发现，并为用户提供更加深入的知识服务。与此同时，大量异构数据的累积，对图书馆进行数据分析提出更高的要求。在这种情境下，图书馆如何有效地进行图书馆知识探索服务，已成为图书馆面临的紧迫任务。基于这一背景，笔者以"信息管理"这一图书情报学科研究主题为例，探索图书馆学科主题研究方法及应用。②

一　学科主题研究方法场景介绍

信息管理的概念是20世纪70年代在国外首先提出来的，经过几十年的发展，其内涵不断扩充，应用领域不断扩大。国内学者从不同视角对Web of Science数据库中国外信息管理知识的研究与发展展开探讨，如侯延香以LISA为文献来源，对其1995—2005年10年间收录的信息管理相关文献进行检索，选出23个主题的研究论文，探讨世界范围内信息管理的发展状况；③ 柯平等以ISI的Web of Science为数据源，借助文献统计方法，从文献的年度分布、学科分布、国家分布及作者分布等方面，对国

① 程结晶、丁慢慢、朱彦君：《国外信息管理领域知识流的新兴趋势及可视化分析》，《现代情报》2017年第4期。

② 贾玉文、黄小淋、王康：《大数据环境下国内图书馆服务研究热点及发展趋势》，《新世纪图书馆》2019年第1期。

③ 侯延香：《十年来LISA收录的信息管理论文之计量研究》，《图书馆理论与实践》2008年第1期。

外2001—2010年有关信息管理研究的相关论文进行统计与分析。同时采用社会网络分析方法，借助UCINET等工具对文献的关键词进行统计和聚类分析，揭示国外信息管理研究的增长趋势和研究热点等。①

从目前的研究来看，国外信息管理领域的研究多是基于载文量、载文主题等方面进行分析，通过关键词和重要文献的累计频次来揭示研究热点。这些方法从宏观角度上反映信息管理领域的发展趋势是有效的，但是不能有效反映某一特定时间段的研究方向。因此，通过对国外信息管理领域的文献进行总结与分析，利用突现探测技术，结合Web of Science数据库中国外信息管理知识的挖掘、识别、获取、应用与开发、分解、储存、加工与传递、共建共享以及产生价值的运动过程，② 将Web of Science中国外信息管理的文献进行综合分析，探测其突现关键词、文献、学科，并利用双图叠加技术，分析其主要发文领域和借鉴的主要学科，探索Web of Science数据库中国外信息管理领域知识流的发展动态和趋势，为图书馆进行学科主题分析提供思路指引。

二　学科主题研究方法概述

1994年，瑞典科学计量学家皮尔逊（Olle Persson）从文献计量学的角度研究引文（施引）文献、被引文献、研究前沿、知识基础之间的互通关系，并提出知识基础可用共引聚类来表示。笔者运用以上这些研究观点与方法来分析Web of Science数据库中国外信息管理领域知识管理的发展及趋势，将成为推动该领域知识流发展的新动力。“突现”是指一个变量的值在短期内有非常大的波动，这个变量可以是引文（施引）文献所用的单词或短语的频次，也可以是引文（施引）文献本身（如作者、机构、文献名）的频次。这种“突现”变化的信息被视为一种可用来度量更深层变化的手段，采用这种手段将有助于鉴定出某一个时期内最突

---

① 柯平、贾东：《2010年境外信息管理研究进展——基于相关文献的计量分析和内容分析》，《中国图书馆学报》2011年第5期。

② 百度百科：《知识流》，https：//baike. baidu. com/item/% E7% 9F% A5% E8% AF% 86% E6% B5% 81，2020年8月4日。

出的文献知识,[①] 即文献信息的挖掘与文献知识扩散、文献知识吸收和文献知识扫描的发展进程。由此，结合 CiteSpace 具有的突现探测功能的特性，并利用这个功能将文献信息与文献知识导入并深入分析，就会发现 Web of Science 数据库中国外信息管理领域知识流研究的前沿问题。

一篇文献知识的累计引文频次能够衡量其在某一学科领域的影响力，但是不能确定一篇文献知识在某一特定时间段的影响力。显然，通过 CiteSpace 的突现探测，首先将 Web of Science 数据库中国外信息管理领域的知识流在某一特定时间内词频变化率高、引文增长速度快的突现词和突变文献从海量数据中拣选出来，能更好地分析国外信息管理学科的前沿动态。其次对 Web of Science 数据库中国外信息管理领域进行突现关键词分析，得出国外信息管理领域研究主题的大致发展状况。最后借助对主要被引文献的聚类分析，进而从参考价值较高的被引文献中找出突现文献和施引文献，以此来综合分析与探讨 Web of Science 数据库中国外信息管理领域知识流的态势。[②]

共引分析也称为共被引分析，是指如果两篇（或多篇）论文同时被后来的一篇或多篇论文引证，则称这两篇论文（被引证论文）具有“共被引”关系。随着共引分析的广泛应用，其概念逐渐推广到词的共引、文献共引、著者共引、期刊共引等，用以揭示科学结构的发展现状乃至变化情况，进行研究前沿分析、领域分析等。共引分析方法的一般过程可以概括为分析领域的确定、分析对象的选择及共引矩阵的形成、共引数据的处理、结果分析和解释。[③]

三 学科主题研究方法应用

（一）数据来源

目前有 250 多个学科领域的 10000 多种核心期刊被 Web of Science 数据库收录。笔者以 Web of Science 核心集中的科学引文（SCI-EXPAND-

---

① 王磊:《国内图书馆学科服务现状可视化分析》,《图书情报工作》2013 年第 2 期。

② 梁洁:《教育技术学 CSSCI 来源期刊的引文网络结构分析》，硕士学位论文，山东师范大学，2012 年。

③ 王建芳、冷伏海:《共引分析理论与实践进展》,《中国图书馆学报》2006 年第 1 期。

ED)、社会引文（SSCI）以及会议引文数据库（CPCI-S）为文献来源，以“Information Management”为检索主题，时间跨度为2006—2015年，文献类型选择“Article”和“Reviewer”，共检索到2666篇文献。

（二）结果分析

笔者利用Web of Science数据库，借助于CiteSpace软件对国外信息管理领域的新兴趋势及知识流动进行可视化分析。根据统计数据以及知识图谱，分别从突现关键词、文献、学科，并利用双图叠加技术等进行分析，得出以下研究结论。

第一，从发文量和突现学科两个角度来分析Web of Science数据库中国外信息管理领域的发展现状。在2006—2013年发文量呈直线上升趋势，2013—2015年发文量有所下降，表明国外信息管理领域的研究已趋于成熟。在学科分布方面，国外计算机学科占最主要的地位，但从2007年开始，学科分布较多元化，国外医学领域成为学者最受关注的热点领域。由此得出，当信息技术手段不断趋于完善时，国外信息管理领域开始偏向于在医学领域的研究和应用。

第二，通过分析突现关键词、主要被引文献聚类及主要突现文献来发现Web of Science数据库中国外信息管理领域的研究趋势。大致分为三个阶段。第一阶段，Web of Science数据库中国外信息管理的理论与技术是此时期的两大主题。第二阶段，Web of Science数据库中国外信息管理领域研究的主题经历了一次升华和深化，其研究重心更加面向信息用户，此时该领域的研究也比较成熟。第三阶段，研究热点，国外主要集中在医学领域，是医学信息管理知识流开拓创新研究的主要依据。

第三，通过CiteSpace的双图叠加，从知识交流角度来看，Web of Science数据库中国外信息管理领域知识流的变化，为国外信息管理知识的拓展提供新的研究范式。基于以上分析可知，通过对Web of Science数据库中国外信息管理领域多角度的可视化研究，揭示Web of Science数据库中国外信息管理领域知识流的发展动态和新兴趋势，为中国在该领域的研究与发展提供借鉴，有利于促进中国信息管理领域知识流研究的创新与发展。

第三节 大数据时代图书馆服务创新知识体系的学科交叉研究[①]

一 学科交叉研究方法场景介绍

知识的价值在于流动，流动的过程包括知识的获取、知识的吸收和知识的创新三个环节。[②] 而文献之间的引用关系形成引文网络，学者们也往往选用基于引文网络分析的方法来研究知识的转换、知识间的关联及知识的流动过程。[③] 在国内，引文分析法在计量学中已形成一门成熟的分支学科。[④] 但近几年，对于引文分析法的争议屡见不鲜。2010 年，叶继元指出目前对引文评价功能的利用比较片面。[⑤] 2011 年，杨思洛从引文分析理论、引用过程、引文分析方法以及工具、引文分析应用与实践四个方面叙述引文分析存在的问题。[⑥] 2013 年，祝清松提出，单纯地利用被引次数是目前引文分析法的最大问题。[⑦] 引文内容分析应运而生，它的提出将引文分析从定量分析转变为定性分析，也成为下一代引文分析的方向。早在 1989 年，外国学者 W. Katherine 等就将引文内容分析法运用到分子遗传学。[⑧] 而近几年，无论是国内还是国外，对引文内容分析的研究逐渐兴起。综上所述，原理都是直接从引用内容入手，鲜有将引用内容回归到原始文献中，对整篇文献进行分析。笔者力图通过建立三个文献集，通过初始文献集的桥梁作用，利用引用与被引用关系，将初始文献的施

---

① 张艺蔓、马秀峰、程结晶：《融合引文内容和全文本引文分析的知识流动研究》，《情报杂志》2015 年第 11 期。

② 梁永霞、刘则渊、扬中楷：《引文分析学的知识流动理论探析》，《科学学研究》2010 年第 5 期。

③ 周晓英、陈兰杰：《基于引文网络的知识链接框架研究》，《情报杂志》2010 年第 10 期。

④ 刘则渊、陈悦、侯海燕：《科学知识图谱：方法与应用》，人民出版社 2008 年版，第 30—80 页。

⑤ 叶继元：《引文的本质及其学术评价功能辨析》，《中国图书馆学报》2010 年第 6 期。

⑥ 杨思洛：《引文分析存在的问题及其原因探究》，《中国图书馆学报》2011 年第 37 期。

⑦ 祝清松：《引文内容分析方法研究综述》，《情报资料工作》2013 年第 5 期。

⑧ W. Katherine et al. , "Tation Context Analysis and Aging Patterns of Journal Articles in Molecular Genetics", *Scientometrics*, Vol. 1, 1989, pp. 127 - 163.

引文献集和参考文献集联系起来，进而分别提取施引文献、初始文献及参考文献的研究主题，分析知识的流动态势。

二　学科交叉研究方法概述

（一）引文内容分析法与全文引文分析法相结合

引文内容分析能够帮助揭示文献引用关系的深层语义内涵，主要包括数据预处理、引文内容抽取和内容深度分析三个步骤。本书所用的引文内容分析法有所不同，不抽取引文内容。因为不管是引文内容还是引文上下文的内容，都不能完整地表现引用的真实意图，也无法单纯从一句话中提取主题。由于获得全文数据存在局限性，笔者只选取题名、关键词及摘要作为提取全文主题的依据。

（二）构建文献集

基于引文知识流动的最基本单元是单篇文献，如果文献 A 引用文献 B，那么 B 中的知识就流动到 A。因此，笔者将单篇文献扩大到文献集，分别建立初始文献集、初始文献的施引文献集和初始文献的参考文献集，并且增加一次引用关系。为使数据更全面和准确，每个文献集中包含每篇文章的题目、摘要和关键词信息，为下一步的主题提取做好数据准备。

（三）基于 LDA 模型的主题抽取

主题模型作为文本表示研究的主要范式，越来越多的科学论文提出提取主题的方法模型，这些方法都是基于概率分布的思想，一篇文章可以看作一些话题的组合，每一个话题是一个概率分布。笔者选用 D. Blei 等提出的 LDA（Latent Dirichlet Allocation）模型，① LDA 模型认为每一篇文档代表一些主题所构成的一个概率分布，而每个主题又代表很多单词所构成的一个概率分布。② 模型的生成过程分为三步：第一步，对一篇给定的论文，从主题狄利克雷分布中抽取一个主题；第二步，从抽到的主题所对应的单词分布中再抽取一个单词；第三步，进行迭代运算，直至

---

① D. Blei et al.,"Latent Dirichlet Allocation", *Journal of Machine Learning Research*, Vol. 3, 2003, pp. 993 – 1022.

② 廖君华、孙克迎、钟丽霞：《一种基于时序主题模型的网络热点话题演化分析系统》，《图书情报工作》2013 年第 9 期。

遍历论文中每个单词。其联合概率可写为：

$$p(\theta, z, w \mid \alpha, \beta) = p(\theta \mid \alpha)\prod_{n=1}^{N} p(z_n/\theta)p(w_n \mid z_n, \beta)$$

其中，α 和 β 是表示语料级别的参数，θ 是文档级别的变量，z 和 w 是单词级别的变量。

三 学科交叉研究方法应用

本书以信息科学和计算机科学的交叉研究领域为例，选取 Scopus 为文献来源数据库进行分析。本书选择 2012 年的文献作为初始文献集，共 1949 篇；其施引文献则是自 2012 年起的高被引文献，共 1148 篇；其参考文献限定 2010 年和 2011 年的高被引文献，共计 1405 篇。这样的数据既不会冗余又能满足实验的要求，形成一个连续的时间序列，更好地展现知识流动情况。

分析结果如下。

第一，三个文献集的研究主题分析。从施引文献集中提取出的三个主题中，前两个主题基本在信息科学与计算机科学的研究范围，而第三个主题则偏向医学方向。从初始文献集中提取出的三个主题中，第一个主题和第三个主题依旧是信息科学与计算机科学的研究范畴，而第二个主题偏向医学。从参考文献集中提取出的三个主题中，医学的主题处于第一的位置，相比之前不同的是，出现疾病的名称，而紧排其后的是之前没有出现过的生物学的内容，信息科学与计算机科学的研究主题只有一个且排到最后。从贡献率角度分析，三个文献集的第一个主题出现下降的趋势，说明知识的凝聚性下降，在引用的过程中出现扩散的过程；再看排在第一位的主题词，所占比例也逐渐下降，表示主题不再取决于个别单词，越来越多的单词为主题的确定提供贡献率。

第二，文献集中的知识流动。在文献间的互相引证关系中，每篇文献都被赋予特殊的意义，它们不再是一个独立个体，而是能够通过引证关系与其他文献产生直接或间接联系的作用体。① 因此，文献的每次引证

---

① 徐建中、王名扬：《文献被引特征空间上的引文模式分析》，《情报杂志》2013 年第 11 期。

行为都包含着文献所承载的知识多维度渗透的过程，进而表现为学科内、外的知识流动。

(1) 学科内部知识流动

研究结果涉及四个学科，分别是信息科学、计算机科学、医学、生物学。由于生物学只出现一次，还没有出现知识流动，所以本书只论述前三个学科内部的知识流动情况。信息科学（Information Science）作为信息时代的必然产物，是由信息论、控制论、计算机理论、人工智能理论和系统论相互渗透、相互结合而形成的一门信息综合性学科，[①] 主题词中“entropy”“management”“intelligence”“system”恰好说明了这一点。总结它们在文献集中的主题，包括施引文献集中的“数据处理”、初始文献集中的“信息资源管理”以及参考文献集中的“基于用户的信息服务”。数据处理（processing）是信息资源管理（resource management）的前期工作，而对数据的处理和对资源的管理，都是为信息服务打下基础，信息服务的对象则是用户（user），其流动过程由浅入深，逐渐从基础性操作向综合性管理转变。计算机科学（Computer Science）是系统性研究信息与计算的理论基础以及它们在计算机系统中如何实现与应用的实用技术的学科，主题词中关键词“system”“technology”体现出这一点。随着文献集的变化，计算机科学内部的知识流动不是很明显，基本集中于网络安全以及计算机相关技术的主题上。“system”出现三次，“network”“security”“interface”“user”出现两次。在施引文献集中，网络安全主题占据主体：身份验证（identification）、个人隐私（privacy），知识流动到原始文献集中，主题转移到网络协议中：代理（agent）、协议（protocol）、分配（allocation），流动到参考文献集，主题又转移到网络交流中：交流（communication）、应用（application）、检索（retrieval），主题相对集中，流动范围不大。医学（Medicine）主题的关键词第一次出现是在计算机科学的主题当中，随后形成独立的主题，说明二者之间有密切的联系。从施引文献集中纯医学的主题，如“disease”“injury”“diagnosis”“blood”“therapy”等，到初始文献集中与计算机科学主题交融，如

① 李兴国：《信息管理学》，高等教育出版社2007年版，第54—150页。

“technology”，并越来越注重患者的行为，如“people”“behavior”“treatment”“understanding”等，再到参考文献中关注个别疾病。这一点与信息科学的知识流动颇为相似，最终都是回归到“人”这个主体上，都是为其服务。所有学科乃至所有行业，最初与最终的落脚点都是以人为中心。与前两个主题对比，医学主题的关键词交叉性最强（“medicine”没有与其他医学关键词一起出现在医学主题中，而是先与计算机科学的关键词出现在一起，后又与信息科学的关键词出现在一起），表明医学的发展离不开计算机水平与信息化的提高。总体来看，知识流动呈扩散化趋势，在流动的过程中与其他学科的主题词出现交融，并最终都由理论层面回归到面向大众的应用层面。

（2）学科间知识流动

本书所选的研究领域为信息科学和计算机科学的交叉领域。在施引文献集中，2/3 的主题被这两大领域占据着，医学主题崭露头角；在初始文献集中，医学主题的贡献率逐渐上升到第 2 位，但所占比例没有变化；而在参考文献中，医学主题的贡献率不仅上升到第 1 位，而且占据 2/3 的主题量。由此可见，国外的信息科学、计算机科学与医学的确存在密切的关系，且知识流动频繁。每个主题中的主题词也不完全属于某个领域。例如，在相同的文献集中：初始文献集的信息科学关键词“organization”出现在医学主题中，“resource”出现在计算机科学中，参考文献集的医学关键词“function”出现在生物学的主题中。在不同的文献集中：医学中的“medicine”先是出现在施引文献集的计算机科学领域，随后又出现在初始文献集的信息科学领域，施引文献集中信息科学主题的“analysis”又出现在参考文献集的生物学领域。这说明学科之间的交叉不是一蹴而就的，而是一个随着时间的积累慢慢融合、演变的过程。随着某个领域的个别主题词进入其他领域中，并逐渐壮大，直至形成一个独立的主题，再逐渐壮大形成一门独立的学科，医学信息学由此而来。医学信息学（Medical Informatics）是信息科学、计算机科学与医学的交叉学科，借鉴卫生科学、医学和图书馆学的学科基础，以计算机为代表的信息技术在医疗、医学科研和教学服务中日益发挥着举足轻重的作用。值得关注的是，在参考文献集第二个主题中生物学主题的出现，说明其与医学、信息科学和计算机科学也存在千丝万缕的关系。众所周知，随着实验技术的不断进步，生物信息学的贡献越来越大，与医学信息学相结合，又形成一门新的学科——生物医学信息学。这也代表着生物信息学在临床实践中的运用，是21世纪医学发展的趋势。综上，知识流动带动学科间知识交叉，形成交叉学科，而交叉学科之间的知识流动，又形成新的交叉学科。

目前针对引文内容分析方法开展的相关研究还不是很多，主要影响因素是全文的可获取性，这相对于传统基于被引用次数的引文分析增加了很多困难，但其理论意义和应用价值是无可替代的。笔者虽然没有进行全文获取工作，但提取文献的题名、关键词以及摘要，在一定意义上可以反映出文章主旨。通过建立施引文献集、初始文献集和参考文献集，利用它们之间的引证关系，分别提取三个文献集的主题来分析知识流动趋势。实验结果探测出前沿热点，得到学科内部与学科之间的知识扩散情况，说明所提出的方法是十分有效的。引文内容分析和全文本引文分析都是引文分析发展的新方向，说明学者的关注点由量向质的转变。

第四节　大数据时代图书馆服务创新知识体系的学科团队研究①

一　学科团队研究场景

社会网络是行动者在互动中形成的一种关系网，这种网络由节点和节点间的连线构成，节点代表各类社会行动者，节点间的连线代表社会行动者之间的联系，节点位置的近远和节点间连线的粗细反映行动者之间关系的亲疏与联系的强弱。通过社会网络，人们可以获取所需的资源。通过社会网络分析（Social Network Analysis，SNA），人们可以发现各种复杂的社会关系和社会结构，② 进而开展组织管理、知识管理等。SNA 能

---

① 程结晶、邵方圆：《社会网络中节点的结构权力研究》，《情报科学》2021 年第 8 期。

② L. M. Koehly，V. A. Shivy，"Social Network Analysis：A New Methodology for Counseling Research"，*Journal of Counseling Psychology*，Vol. 1，1998，pp. 3 – 17.

够对网络中行动者间的关系进行量化研究，它给出一个结构性的研究视角。目前，SNA 已形成一套用来描述网络结构特征的具体且完整的测量方法和指标，被广泛应用于社会学、经济学、心理学、计算机科学、图书情报学、教育学等学科领域。

SNA 主要是分析网络中节点的位置和节点间的关系，常用的指标有节点间的直径、平均路径长度，节点的聚类系数、网络密度、结构洞以及节点中心性等。其中，从个体行动的角度出发评估网络中节点地位和影响力的节点中心性指标包括点度中心度（Degree centrality）、中介中心度（Closeness centrality）、接近中心度（Betweenness centrality）、特征向量中心度（Eigenvector centrality）。节点中心性分别从不同的角度分析节点在网络中的地位和影响力，在所有 SNA 指标中居于核心的地位。随着 SNA 应用范围的不断拓展，对网络节点的研究不断发展和创新，如特征向量等，以及各类改进方法。另有基于邻居节点向外传播能力的 Weight Degree Centrality 指标，基于拓扑信息的节点扩展能力、传播能力指标，融合节点的核中心性和连接距离等参数的混合式评价指标等。

上述多种方法为 SNA 中节点影响力的研究注入新内涵，但尚未发现有从 SNA 节点中结构权力的视角分析网络节点地位的研究。网络节点中的结构权力是网络中一成员对另一成员的影响力，决定着网络组织的运行，是一种“软实力”。节点中的结构权力大小直接影响网络成员之间的合作深度，反映网络成员获取知识和利用知识的能力。2017 年，F. P. Santos 等提出一种结构权力（Structural Power，SP）指标，用以分析博弈游戏中网络成员权力地位的公平性。① 笔者拟将 SP 指标引入 SNA 中，借以研究社会网络节点中的结构权力地位，提供 SNA 中网络节点研究的新视角，丰富发展 SNA 的方法体系，为研究社会网络中的数据分析、知识扩散、知识管理等问题奠定基础。

---

① F. P. Santos et al.，“Structural Power and the Evolution of Collective Fairness in Social Networks”，*Plos One*，Vol. 4，2017，pp. 1 – 14.

二 学科团队研究方法

社会网络中节点间存在多种关联。节点的连接关系不同，其在网络中的权力地位也不同，笔者认为由网络整体关联决定的节点权力称为节点的 SP。为完成此种节点的 SP 值分析，可使用众多节点之间的关联性来计算。例如，鉴定团队中哪些成员比其他成员更具有影响力，可以设 A、B 是社会网络中任意的两个成员节点，将节点 A 相对其他节点（以节点 B 为例）的 SP 定义为：

$$SP_{A,B} = \frac{2\delta_{A,B} + \sum_{i \in nodes} \delta_{A,i} \times \delta_{i,B}}{\sum_{i \in nodes} \delta_{i,B} + 1} \quad (7-1)$$

$$SP_A = \sum_{j \in nodes} SP_{A,j} \quad (7-2)$$

式（7－1）中，$\delta_{A,B}$表示节点 A 和节点 B 之间的关联。如果 A 和 B 之间存在连接（至少有一条线连接），那么 $\delta_{A,B}$ 为 1，否则为零；若某一节点 i 同时与节点 A、节点 B 相连，则 $\delta_{A,i} \times \delta_{i,B} = 1$。如果节点 B 与 A 有较多的联系，那么节点 A 相对节点 B 具有较高的结构权力。如果节点 B 与其他节点有更多的联系，即分母中 $\sum_{i \in nodes} \delta_{i,B}$ 值增大，那么节点 A 的结构权力就会降低。式（7－2）中的 j 表示网络中节点 A 之外的其他任意节点。

由式（7－1）、式（7－2）可知，节点 A 的 SP 值不仅取决于节点自身在网络中的关联性，还与网络中其他节点的关联性有关。因此，SP 是在节点自身连接关系和整体网络关联性基础上评估节点结构权力地位的指标。

三 学科团队研究方法应用

本书以中国 10 所高校的情报学领域合作团队为例，构建 10 个合作团队的合作网络，计算其网络中合作团队成员的 SP 值，并与网络中其他成员的中心性指标对比，以评估 SP 在 SNA 中的作用。

（一）数据来源

本部分数据选自中国学术期刊网络出版总库（中国知网 CNKI），检索分类号为 G35 的情报学或情报工作方向的所有文献，得到 10 所高校在 2009—2019 年的相关发文数据，共 4409 篇文献。将其按所在高校的不同划分为 10 组数据，每组数据对应一个合作团队。然后，将 10 组数据分别导入 Bicomb 软件中，提取每篇文章的作者，并形成作者共现矩阵，以此作为后续研究的数据对象。

（二）结果分析

第一，合作团队成员的 SP 值分析。

结果表明，SP 首先反映网络中其他节点与考察节点联系的多少，联系越多，SP 值越高；其次，SP 反映与考察节点及与考察节点相连的其他节点的多少，同时与两者关联的节点越多，SP 值越高；最后，SP 值还反映相对考察节点第三节点的关联性，第三节点的关联性越复杂，SP 值越低。可见，利用 SP 值能够有效识别在网络中具有核心地位，同时又对整体网络信息交流与传播具有控制作用的成员。

第二，合作网络中节点 SP 值与其中心性的相关性分析。

结果表明，SP 值与点度中心性、接近中心性、中介中心性三个指标具有显著相关性。合作团队成员的 SP 指标综合考虑了团队成员在合作网络中与其他成员的关联性、在网络中的位置关系以及其他成员节点间的多种关联性，能够在整体网络结构中反映团队成员的 SP 地位。因此，合作团队成员的 SP 指标具有更全面和综合的评价视角。

针对社会网络中节点的 SP 地位评价研究创新性不足的问题，本书借鉴 F. P. Santos 在分析博弈游戏中网络成员的 SP 地位的公平性时给出的 SP 指标，用于评价社会网络中节点的 SP 地位。通过计算中国 10 所高校情报学领域合作团队成员的 SP 值，并将其与中心性指标值进行相关分析，发现合作团队成员的 SP 指标与合作网络中的中心性指标呈显著相关性，其 SP 指标综合考察节点自身在网络中的位置、与其他节点的连接数量、第三成员同时与考察成员和其他成员的关联性、其他成员之间的关联性等。因此，合作团队成员的 SP 指标既能评价某一成员的中心地位，又能兼顾其他成员在整体网络中的多种关联，是一种基于整体网络关联性的网络节点的结构权力评价指标。

第五节 本章小结

知识管理需要深入研究文献资源，满足用户的需求，不断通过收集用户的相关数据，进行系统分析和比较研究，以便及时改变策略，增加服务类型，使潜在用户成为真正的用户。图书馆知识管理的最终目标是通过创新的服务来满足用户的需求，现阶段图书馆服务的主要矛盾是用户对信息资源日益增长的需求与图书馆相对落后的服务方法之间的矛盾，解决冲突或改进服务的基本方法是知识管理。这需要服务人员尽可能掌握知识挖掘方法，实现高效率的知识管理。本章以构建大数据时代图书馆服务创新知识资源体系为目标，从学科评价、学科主题、学科交叉、学科团队四个方面出发，通过方法介绍、场景应用进行了详细的阐述，为图书馆开展知识管理和学科服务提供参考，也为形成图书馆服务创新知识资源体系提供理论支撑。

第八章

大数据时代图书馆服务保障体系

目前，大数据时代已经到来，它对图书馆的系统运行模式、用户服务模式、读者阅读方式和未来发展方向产生深远的影响。随着大数据对图书馆建设与用户服务模式变革影响力的增强，图书馆的服务理念保障、技术保障、评估保障、能力与安全保障、文化体系保障成为大数据时代图书馆服务的支撑机制。本章主要从五个方面来梳理完善图书馆服务的保障机制措施，为图书馆保障工作的开展提供决策参考，保障体系如图 8－1 所示。

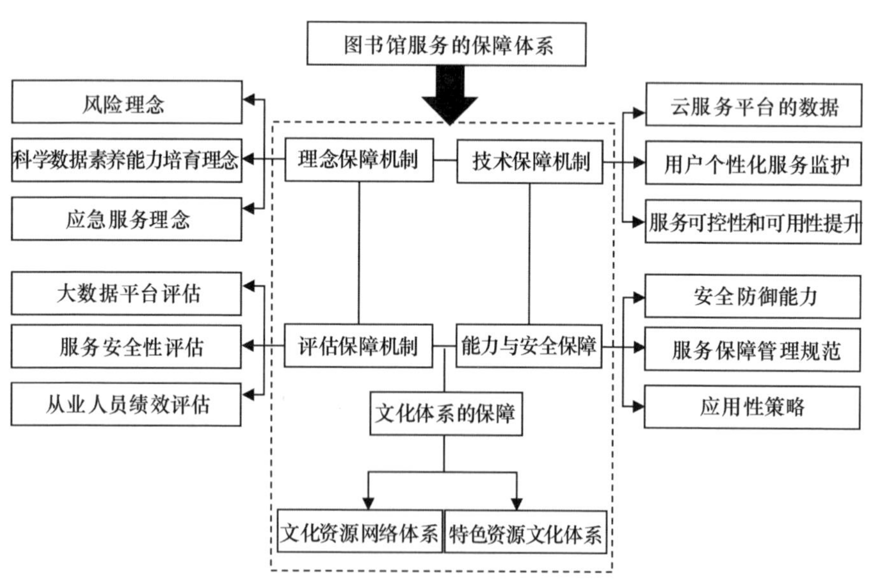

图 8－1　大数据时代图书馆服务保障体系

第一节　大数据时代图书馆服务理念保障机制①

一　建立大数据服务的风险理念

在大数据时代，数字资源呈几何级数增长，图书馆面临数据采集、存储、加工、分析、以服务为中心的挑战。数据的快速访问性、多元化表示性、秒级处理性、安全保障性对图书馆服务发展和数据决策的效率提出更高要求。深入了解大数据时代图书馆的服务保障理念机制，从思想上转变，是建立服务保障机制的基础。

从图书馆角度出发，开放数据的收集和使用不仅是适应大数据时代用户愿景的实现，也是丰富图书馆馆藏和支持资源系统升级的要求。在促进图书馆资源建设的同时，由于互联网的开放性和数据传播中涉及的隐私保护，在图书馆中开放数据的应用存在很多风险。在服务质量和服务模式方面，图书馆应投入更多精力，提升数据采集、存储、管理、分析和决策过程的效率。充分挖掘数据服务保障过程中的风险理念，构建多维式的数据服务保障理念机制，确保大数据应用平台和服务模式的安全性、可用性、经济性和便利性，为读者提供满意的大数据保障服务。

从用户维度、网络维度和数据维度，充分挖掘数据服务保障过程中的风险理念（见图8－2）。

（1）用户维度中的风险理念。用户操作失误或管理者忽视系统漏洞，导致网络通信中断，从而将图书馆置于更大的风险中。有些图书馆还没有建立开放式的数据目录，数据不能公开共享，公开共享范围具有不确定性，难以解决开放存取问题。当前，在用户隐私保护方面还存在不足，这就导致在开放数据中难以有效保护数据发布者权益，图书馆在隐私保护标准方面也有待提升，需要强化用户个人信息的保护。

（2）网络维度中的风险理念。设备的稳定运行易受电磁干扰，造成数据丢失，影响数据传输的可靠性。为提高网络安全系数，保证开放数

---

① 宋春健、宋甲丽、程结晶：《双一流背景下图书馆游戏化服务的SWOT分析》，《新世纪图书馆》2019年第11期。

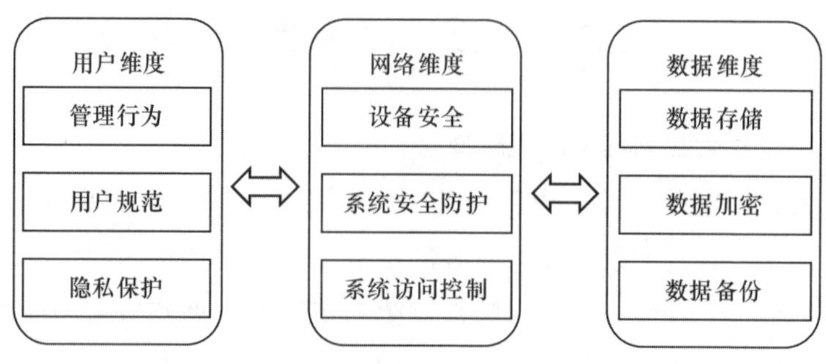

图8－2　风险维度模式

据的有效访问和使用，图书馆应统一规划基础网络，保证系统中重要节点和服务器的IP和MAC绑定，避免地址混淆，影响稳定性。系统的安全防护过低，导致受创和外来攻击，扰乱系统的稳定性。

（3）数据维度中的风险理念。在开放式数据存储过程中，如何防止数据被破坏、丢失或非法使用，是一个需要考虑的问题。在大型数据环境中，许多图书馆将这些数据存储在云服务器中，以降低开放数据管理的成本。虽然虚拟化数据访问更方便，但存在很大的风险。在图书馆大数据存储过程，图书馆应做好审核等工作，过滤冗余数据，删除敏感信息，或利用数据屏蔽技术去除数据的显著特征，避免吸引更多的攻击者访问敏感信息。

二　建立用户科学数据素养能力培育理念

高校科教人员、高等院校学生以及社会大众要提升自己科学数据素养，以适应数据资源类型不断变化以及数据处理技术不断更新的社会。高校图书馆进行科学数据素养教育，重要的是充分了解用户当前科学数据素养能力水平和需求方向，才能在服务发展上实现创新。在此环境下，通过调查问卷把握用户科学数据素养水平和需求，了解图书馆开展此项服务的内容，进而不断学习和完善。

选取“双一流”建设高校名单中的一流大学建设高校,[①] A 类高校36 所，B 类高校 6 所，共计 42 所。通过调查这些高校图书馆网页，重点浏览“教育培训、读者服务、通知公告、服务、资源”等栏目，以了解当前高校图书馆科学数据素养教育现状。科学数据素养教育在国内处于起步阶段，一流院校图书馆的教育方式代表着中国科学数据素养教育的先进水平。开展一流高校图书馆科学数据素养教育实践的调研分析，对于带动国内其他高校图书馆科学数据素养教育有典范意义。

（一）科学数据素养教育内容

高校图书馆开展的教育内容主要为五大方面：一是科学数据基本知识；二是数据库的使用；三是科学数据相关处理；四是科学数据分析工具应用及技巧；五是科学数据的交流与应用（见图 8 -3)。

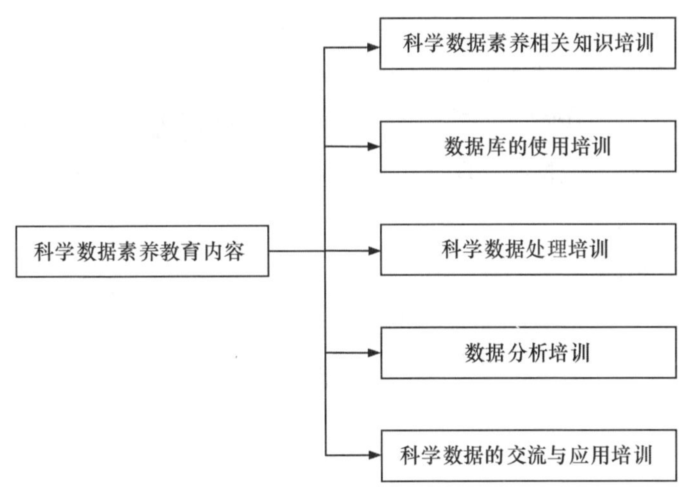

图 8 -3 高校图书馆科学数据素养教育内容

资料来源：宋甲丽、程结晶：《高校图书馆科学数据素养教育现状调查及建议》，《图书馆学研究》2018 年第 19 期。

---

① 《教育部 财政部 国家发展改革委 关于公布世界一流大学和一流学科建设高校及建设学科名单的通知》，2017 年 9 月 21 日，教育部网站，http：//www. moe. gov. cn/srcsite/A22/moe_843/201709/t20170921_314942. html。

第一，科学数据素养相关知识培训。在调研的高校样本中，34 个高校图书馆开展科学数据素养相关知识的培训，占总体样本的 81.0%。这些培训大多涉及科学数据的含义、形式、分类；常用的科学数据平台；数据挖掘的基本流程和方法；培养学生学术道德和信息伦理。但是大多数图书馆对科学数据素养知识的培训并不全面，有的只是涉及数据素养的某一部分。许多高校图书馆的科学数据素养培训，是由信息素养培训发展起来的。这一方面印证高校图书馆在信息素养教育中具有丰富经验，另一方面也反映出高校图书馆在大数据时代并未意识到科研数据的重要价值，这值得高校图书馆反思。其中明确提出科学数据素养的只有武汉大学、北京大学、上海交通大学、华中科技大学等 11 所高校的图书馆，仅占样本总体的 26.2%。

第二，数据库的使用培训。由于信息素养积累的经验以及图书馆自身拥有的数据资源优势，38 所高校图书馆开展数据库的使用培训，占总体样本的 90.5%。绝大部分高校图书馆有数据库使用培训，包括不同学科数据库的检索和使用。例如，Web of Science 引文数据库的检索与利用，如何利用 Inspec 数据库处理日常学习和科研问题，ISI 系列数据库使用及对教学科研管理评价的作用，SciFinder 检索方法在科学研究中的使用，利用 ESI、InCites 等数据库追踪学科热点等，以及利用库客等音视频数据库进行多媒体数据库的应用培训。

第三，科学数据处理培训。有 31 家高校图书馆开展科学数据处理培训，占总体样本的 73.8%。科学数据处理又包含以下几个方面。

（1）科学数据的获取。包括信息检索基础知识，文献检索与利用，学术信息获取、评价、管理与发布的方法与技巧。深层次的研究数据的检索和利用，包括高效地获取统计数据与国际专利申请的重点、难点和技巧。例如，中国人民大学和西北农林科技大学开展的数据与事实检索，介绍国内各类统计数据、地图、名词等信息的获取途径及方法。

（2）数据整理。云南大学等 6 所高校的图书馆对图片处理软件 Photoshop 的应用进行培训。南开大学、厦门大学、吉林大学、上海交通大学等 5 所高校的图书馆对思维导图进行培训，其中华东师范大学图书馆以

MindjetMindManager 为例讲解思维导图软件的使用。只有少部分高校图书馆开展数据整理相关培训，数据整理有助于对复杂的数据进行归纳，便于利用，有助于科学数据后期的分析和应用。

（3）数据管理。对个人科研文献管理工具进行培训的图书馆数量为 31，占全体样本的 73.8%。NoteExpress、Notefirst 和 Endnote 是当前最受欢迎的个人科研文献管理工具，它最主要的功能是为用户在整个数据生命周期和科研过程中准确快速利用电子资源提供指导。除此之外，中央民族大学和北京航空航天大学等的图书馆还对科研论文排版软件 LaTeX 进行培训。数据管理作为用户科学数据素养中重要的一项能力，相关培训在近年来掀起热潮，契合图书馆未来的发展方向。

第四，数据分析培训。有 25 个高校图书馆开展数据分析培训，占总体样本的 59.5%。通过开展文献分析与科研管理的相关培训，对数据分析软件工具 Excel、SPSS、CiteSpace、Matlab、Scopus 和 HistCite 等进行培训。其中培训最多的数据分析软件为 Excel，有 15 所高校图书馆开展培训，约占总数的 35.7%；其次是 SPSS 和 CiteSpace，数量分别为 12 所和 5 所。数据分析作为科研活动中关键的一步，是数据价值挖掘的必要环节，进行分析才能挖掘其中的价值，否则再多的数据也毫无意义。

第五，科学数据的交流与应用培训。29 所高校图书馆开展过科学数据应用的培训，占样本总体的 69%，具体培训内容总结如下。

（1）数据表达方式培训。数字人文已经成为近年来研究的前沿和热点，它将数字技术或软件工具运用到人文领域，为理论性较强的人文学科带来新的研究思路和成果。

（2）学术论文写作及投稿培训。有 29 所高校图书馆进行学术论文写作、调研和投稿培训，约占总数的 69%。核心期刊投稿引导的培训为科教人员和学生的学术投稿提供全方位的指导。该培训服务涵盖论文撰写前的文献调研和选题范围、论文撰写的规范要求、论文的结构框架安排，以及写作过程中遵循的学术伦理。随着一流大学和一流学科建设的展开，许多高等院校在图书馆开设 SCI 咨询中心，为科教人员和学生检索与引用

SCI 中的学术论文提供帮助，[①] 为科教人员以及研究生在 SCI 收录期刊发表学术论文提供咨询，协助高校内部科研院所进行国内其他一流高等院校 SCI 最新发文统计等。

（二）科学数据素养教育方式

高校图书馆在开展科学数据素养教育时运用多种教育方式，根据教育对象、教学内容灵活地设置课程形式。在调研的高等院校图书馆样本里，科学数据素养教育主要有以下几种途径（见表 8－1）。

表 8－1　　高校图书馆科学素养教育形式分布情况　　（单位：所，%）

	数量	占总体比例
讲座培训	30	71.4
在线课程	29	69.0
公选课	16	38.1
公司培训	15	35.7
比赛实践	10	23.8
嵌入式教学	8	19.0

第一，讲座培训。讲座培训是科学数据素养教育最常见的一种形式，有 30 所高校图书馆开设科学数据素养相关知识培训，占总体的 71.4%。科学数据素养的讲座培训多以讲解与动手实践相结合的方式展开。大多数高校图书馆的讲座都包含不同数据库的检索、各种文献资源以及常用软件的使用等内容。

第二，在线课程。在线培训已经发展为仅次于讲座培训的教育方式。有 29 所图书馆采用网络培训形式，占总体样本的 69%。许多高校如清华大学和北京大学拥有国家精品视频课程，可供学生个性化选择。高校可充分利用在线课程、慕课和微课、学科专题网站等网络课程对学生科学数据素养进行教育服务。接近半数的高校图书馆提供各具特色的在线教

---

① 刘兹恒、涂志芳：《数字学术环境下学术图书馆发展新形态研究——以空间、资源和服务“三要素”为视角》，《图书情报与工作》2017 年第 16 期。

育培训，而且很多都是利用其他高校或机构的教育培训资源，如慕课、爱课程等网站的教育资源。

第三，公选课。作为传统教育培训形式，由图书馆开设、正式列入学校教学计划的有关数据素养教育的公选课，有必修课或选修课，以增强学术信息和数据意识为目的，让学生掌握利用数据资源的基本技巧和方法。调研发现，有 16 所高等院校图书馆采用了公选课这一方式，占总体的 38.1%。公选课的首要任务是培养学生良好的数据素养，使学生具备使用不同检索工具和软件的技能。

第四，数据公司培训。高校图书馆通常会邀请数据库厂商对购买的数据库产品进行培训。邀请数据公司培训的高校图书馆数量为 15 所，是总体的 35.7%。培训主讲人主要是超星、万方等数据库商的资深培训师。

第五，比赛实践。图书馆为激发学生对各类数据资源库的学习兴趣，检验学生对数据资源的检索技能，会定期举行有关数据库和各类信息资源查找的比赛。借助比赛，促进学生全面掌握学术资源评价和利用的技能，以实现提升学生科研能力的目的。有 10 所高校图书馆采用比赛实践来提升学生科学数据素养，占到总体的 23.8%。

第六，嵌入式教学。嵌入式教学是采取科学数据素养教育和专业课程相结合的方式，将数据素养教育融入学生专业课堂中，这是科学数据素养教育中比较新的一种形式。调研发现，采取该形式的图书馆占总体样本的 19%。在嵌入式教学中，数据馆员或学科馆员与专业课教师通力合作。馆员根据任课教师的要求，为学生开展个性化的资源推荐，进行数据信息等方面的培训，使学生能够高效利用图书馆获取本专业相关学术信息，进而提升自身综合利用信息的能力。

三　建立大数据服务的应急服务理念

图书馆作为公益性信息服务和传播机构，早在 40 多年前，已经将关注社会问题、承担社会责任纳入职责范围。① 2020 年暴发的新冠疫情，属

---

① 张靖：《美国国立医学图书馆灾害应急信息服务与启示》，《图书情报工作》2016 年第 7 期。

于国家重大公共卫生安全突发事件。公共安全突发事件下公众对疫情的关注热度，考验着社会网络系统中生长着的有机体应对各种突发事件的处理能力，而公共图书馆正是社会网络系统中生长着的有机体的重要组成部分，承担着公共安全突发事件中发挥社会认知的使命和公共服务职责。作为掌握一定公共资源为公民服务的公共机构，在重大安全突发事件中，公共图书馆不仅要提升自身应急信息服务能力，而且要为社会网络系统的稳定建设提供自身专业服务，因此建立科学合理的应急服务体系至关重要。面对新冠疫情的影响，笔者将公共图书馆应急服务融入公共安全突发事件全过程，对其发生前、发生中、发生后不同阶段应急信息服务进行现状分析，对其服务能力进行系统跟踪，为图书馆应急服务研究提出参考措施。

本书选取31所省级公共图书馆作为调研对象，省级公共图书馆的应急服务代表国内公共图书馆较高水平，开展省级图书馆调研分析，对于带动国内其他公共图书馆应急服务有典范意义。笔者采取网络调查法，通过检索公共图书馆微信公众号和网站，获取第一手研究数据，调查时间为2020年1月20—4月20日，调查内容为公共图书馆应急服务现状。应急响应事件的前、中、后三个阶段界限通常比较模糊，① 本书以特殊时间点对公共图书馆应急服务响应过程的三个阶段进行划分，以2020年1月23日文化和旅游部办公厅国家文物局办公室发布《关于做好新型冠状病毒感染的肺炎疫情防控工作的通知》之前为重大安全突发事件发生前，② 以2020年2月25日文化和旅游部公共服务司发布《公共图书馆、文化馆（站）恢复开放工作指南》之后为重大安全突发事件发生后。③在不同阶段应急管理需求基础上，对公共图书馆在三个不同阶段应急服

① 苏新宁、蒋勋：《情报体系在应急事件中的作用与价值—以新冠肺炎疫情防控为例》，《图书与情报》2020年第1期。

② 《文化和旅游部办公厅　国家文物局办公室关于做好新型冠状病毒感染的肺炎疫情防控工作的通知》，2020年1月23日，文化和旅游部网站，https：//www. mct. gov. cn/whzx/ggtz/202001/t20200123_850561. htm。

③ 《文化和旅游部公共服务司关于印发〈公共图书馆、文化馆（站）恢复开放工作指南〉的通知》，2020年2月25日，中国政府网，http：//www. gov. cn/xinwen/2020 - 02/25/content_5483104. htm。

务的现状进行调研和分析，研究纲要如图 8－4 所示。

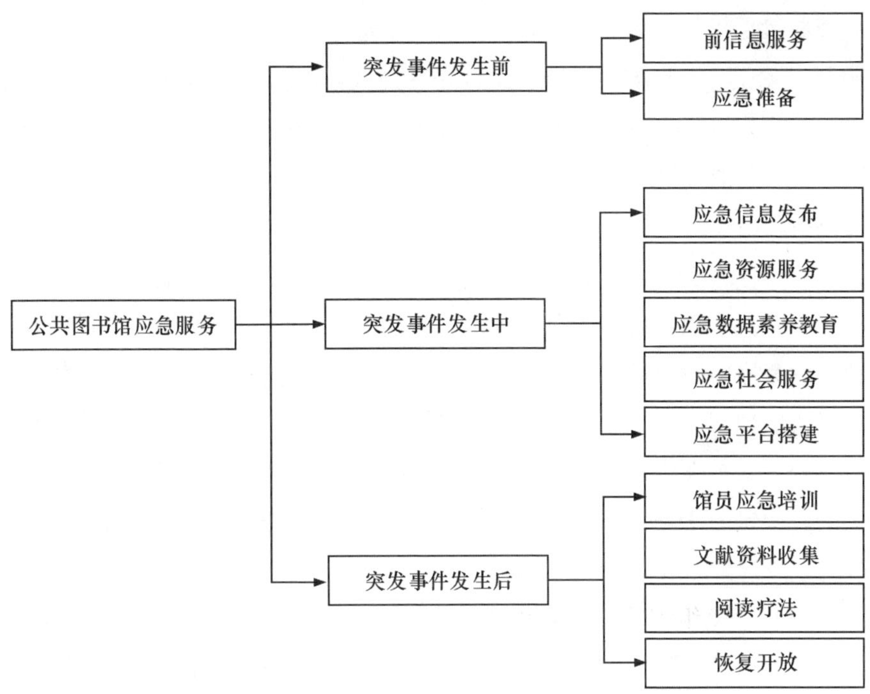

图 8－4　公共图书馆应急服务研究纲要

应对重大突发公共安全事件，每一个组织或机构都应充分发挥自身优势。作为生长的有机体的一部分，公共图书馆能否在此次突发事件的“大考”中交出一份令人满意的“答卷”，本书选择 31 所省级公共图书馆进行调研分析。

（一）重大安全突发事件发生前的服务

第一，前信息服务。在重大安全突发事件发生前，公共图书馆主要以信息素养教育和阅读推广等常规服务为主。《公共图书馆服务发展指南》对公共图书馆基本作用进行定位，即通过提供各种形式的资源和服务支持公众的信息获取和阅读行为。[①] 随着互联网的发展，公共图书馆的

① 吴慰慈：《图书馆学基础》，高等教育出版社 2017 年版，第 16—120 页。

数字文化服务能力也在不断提升，前期的发展成果在此次突发事件中得到的体现。例如，黑龙江省图书馆利用多年参考咨询服务平台服务经验，在疫情期间，开展远程实时咨询、电子资源远程传递、馆藏书目代查代检等服务，提升用户满意度，多年丰富经验的积累凸显出前信息服务的重要性。但是，公共图书馆在2020年1月24日闭馆前未有疫情直接相关服务，这说明图书馆在情报预测方面存在薄弱环节，也是今后发展的方向之一。公共图书馆利用知识挖掘等技术优势，对机构信息、社会媒体、社交网络等全面性的信息源进行信息收集、整理，为政府决策部门提供情报服务。

第二，应急准备。应急准备是对可能突发的公共安全事件实现迅速、科学、有序的应急行动而做出的准备工作，是预警能力与危机管理能力的重要体现。[①] 公共图书馆是人员密集场所，为切实做好疫情防控工作，有效避免人员聚集可能引发的交叉感染风险，最大限度地保障用户身体健康，调研的31所公共图书馆在国家文化和旅游部统一部署下，迅速开展应急反应，于2020年1月24日宣布紧急闭馆，未造成感染事故。

（1）应急组织管理。公共图书馆在疫情暴发之初，迅速成立疫情防控应急工作组，紧急制定或完善应急预案，确立疫情防控原则和具体要求。对图书馆人员职责进行调整和分配，建立应急队伍，确保疫情防控工作落实到位，力求将读者损失降低到最小。调研发现，有11所公共图书馆明确组织管理，占样本总体的35%；有9所公共图书馆制定应急预案，占样本总体的29%。其中，四川省图书馆成立综合协调、后勤安保、职工健康、线上服务、决策参考、行业辅导六个疫情防控小组，抓实组织工作，强化组织保障。

（2）应急人员管理。在应急人员管理上，公共图书馆严格把关，有11所公共图书馆施行个人每日健康打卡，构筑个人智慧健康体系基础。例如，云南省图书馆发布《云南省图书馆关于工作人员上班做好防控疫情加强自我保护的规定》，强化馆员自我防护，坚持馆员每日“零报告”制度，通过工作群、“健康码”、网上信息填报等多种方式，图书馆工作

---

① 柯平、包鑫：《公共图书馆在应对公共安全突发事件中的地位和作用》，《图书馆论坛》2020年第4期。

人员每日及时上报自己的健康状态、往返情况、出差计划等动态信息，做好排查摸底工作，对外来人员进行严格管理；山东省图书馆搭建起“早发现、早报告、早隔离、早治疗”四早防疫网络。公共图书馆作为人员聚集场所，通过对人员进行应急组织管理，杜绝疫情蔓延。

（3）应急空间管理。突发事件中，场馆空间的管理也是自身应急管理能力的体现。调研显示，有16所公共图书馆进行空间消毒、环境清洁、应急设备购买等场馆管理，占总体的51.6%。在应急环境清洁中，各公共图书馆加强环境通风，对公共区域进行消毒，增加对公用设施、电脑、自助借还设备的消毒频次。通过购买图书消毒机、防护口罩、消毒液等应急设备和物资，为入馆读者提供免洗消毒洗手液，如南京图书馆根据疫情防控需要，主动采购口罩、消毒液、测温枪等防疫物资，并全面做好馆舍消毒杀菌工作。调研发现，此次突发卫生事件促使公共图书馆普遍重视公共卫生和图书消毒问题。

（二）重大安全突发事件发生中的服务

第一，应急信息发布。在突发公共危机事件中，只有完善信息公开制度，才能快速响应，避免信息延误错失最佳处理时机，信息延迟、信息过载都可能造成用户的焦虑和恐慌。面对突发的新冠疫情，公共图书馆快速反应，积极通过微信公众号和网站发布消息。其中，黑龙江省图书馆发布微信推文最多（308条），天津图书馆发布数量最少（13条）。各图书馆虽然发布消息数量不同，但是都第一时间发布闭馆通知和逾期免处罚通知，打消读者顾虑。其中，河北省图书馆多次转发新华社、《人民日报》、央视新闻等主流媒体有关疫情防控的信息，为读者呈现权威信息，引导广大用户正确认识疫情，不盲目恐慌。四川省图书馆第一时间联系出版社，得到授权后发布彝汉双语、藏汉双语版的《新型冠状病毒感染防护》电子书，助力少数民族疫情防控宣传工作。

第二，应急资源服务。在公共安全事件暴发的紧急状态下，公共图书馆传统线下资源和面对面服务方式显得力不从心，而线上服务充分发挥积极有效的应急保障作用。仅有少数图书馆通过送书上门、预约借书等进行纸质图书借还，大部分公共图书馆将服务重心转移到线上资源服务与保障。31所公共图书馆均对数字资源进行推送，推送的数字资源包括新型冠状病毒研究信息资源、数据库、电子图书、多媒体资源。不同图书馆推送内容各有偏重，其中电子书和多媒体资源推送最多。

调研显示，有 20 所公共图书馆对新型冠状病毒研究信息资源进行收集整合，占样本总体的 64.5%。资源主要包括新冠疫情专栏、中国法规文件、科研机构知识库、媒体资讯、专题数据库、电子图书。公共图书馆拓展数字资源服务，有 24 所公共图书馆为用户进行数据库的资源分类、推送，占样本总体的 77.4%。公共图书馆对图书馆已购数据库、数据商免费资源、试用资源及时整理，推出清华同方、万方、维普、龙源期刊以及自建数据库等，通过微信公众号及时发布，持续更新。其中，特色数据库有南京图书馆自建数据库——江苏省不可移动文物数据库。云南省图书馆为方便广大考生在家安心备考，联合维普资讯特别推出“维普考研资源数据库”，立足现阶段实际需求，精准服务考研读者。有 30 所公共图书馆为用户介绍中外电子图书，占总体样本的 96.8%，丰富用户生活，满足用户学习和科研需要。有 30 所公共图书馆为用户提供免费多媒体资源，如天津图书馆音乐馆创新服务方式，推出“‘音’为有你、‘乐’暖人心”的线上云讲堂，该活动通过“天图音乐馆”微信公众平台，将近年来天津图书馆开展的经典讲座和室内音乐会推送给广大读者，丰富疫情防控期间用户的精神文化生活。首都图书馆“艺术一刻钟”全民艺术普及试用平台，涵盖艺术鉴赏、艺术学习、艺术慕课、艺术交流、艺术资讯和艺术知识等，用艺术“滋养”用户心灵。南京图书馆雅昌艺术图书数据库，开启疫情期间免费使用服务模式。

第三，应急数据素养教育。在主流媒体、社会媒体和自媒体并存的舆论环境下，针对重大公共安全突发事件中信息传播乱象纷呈，容易造成信息迷航、信息鸿沟和信息茧房的现象，公共图书馆承担起公众数据素养教育责任，进行陈述性、学术性、评论性和创造性信息传播，为读者提供多种思考角度，进行疫情科普。江西省图书馆推出疫情防控智能问答服务，涵盖疫情简介、症状、病因、诊断、治疗、生活和预防等全方位知识。吉林省图书馆专利信息咨询员聚焦口罩核心材料“熔喷布”，进行专利检索分析，助力相关企业高效开展生产研发工作。公共图书馆以不同形式承担起公众数据素养教育的责任。针对数据库中信息资源获取方式，公共图书馆及时发布通知，汇总资源访问路径，通过图文、微视频等方式进行远程访问指导，开通咨询服务，及时解答用户问题。相比高校数据库 VPN 访问和 CARSI-shibboleth 校外服务等数据库登录方式，公共图书馆数字资源方式获取更加简单化，主要包括免费获取和读者账号登录。有 13 所公共图书馆制作了图文并茂的数字资源远程使用指南，为用户远程访问数据库保驾护航。针对突发事件开展主题活动，有利于推进公众对突发事件的深入了解和反思。有 26 所公共图书馆举行数据素养教育主题活动，占总体的 83.9%，主要分为以下两类。一是益智游戏类，如辽宁省图书馆开设的防疫知识竞赛以及《流感》《认识病毒》《细菌大战》等少儿防疫小课堂。二是主题征集类，如天津图书馆的“我的防疫日记”、重庆图书馆的“我有画说”、河南省图书馆的“主题连环画”、青海省图书馆的“少儿手抄报”征集，各个图书馆征集内容贴近公众生活。

第四，应急社会服务。公共图书馆的公益性在重大突发事件中越发彰显。在本次公共安全突发事件中，公共图书馆主要表现出以下应急社会救助方式：一是利用信息资源为弱势群体提供信息援助；二是集中捐款购置物质资源，驰援重灾区；三是集中人力资源，服务社区。在信息援助方面，如湖北省图书馆发挥馆藏资源优势，在方舱医院设立方舱书屋，并联合湖南图书馆等开发线上数字阅读平台——方舱数字文化之窗。积极做好疫情期间的文化宣传工作，疏导隔离读者的心理压力。上海图书馆遴选数字资源，为武汉方舱医院的患者和医护人员打造上图方舱数字图书馆，同时“上图讲座”资源包提供 530 场精彩纷呈的在线讲座、3 万余种家谱资源包，供线上查询。浙江省图书馆推出“浙图方舱数字图书馆”，选择优质阅读资源和特色资源，为广大医护人员和患者等用户提供移动阅读服务。天津图书馆精心挑选涵盖卫生健康、科普读物、艺术文学等多个领域的图书，加班加点完成图书的挑选、配送工作，为 13 个隔离点配送图书。重庆图书馆主办，重庆市巴南区图书馆接力，全市 43 家公共图书馆开展“渝康码”读者线上申领及使用培训，尤其是针对老年人这一网络信息使用困难的弱势群体进行详细指导，有效推动“渝康码”在市民中的使用，为疫情防控贡献出公共图书馆的一份力。在物质援助方面，2020 年 2 月 15 日中国图书馆学会在行业发出援助倡议，得到

20 所公共图书馆的快速响应。例如，吉林省图书馆与湖北省图书馆、武汉图书馆进行联系，了解到两馆最急需的防护物资是口罩后，多方协调，通过各种渠道进行采购，向湖北省图书馆捐赠 N95 口罩和一次性医用口罩等物资。首都图书馆积极筹措抗疫物资，组织捐款活动，向武汉和湖北其他地区图书馆捐赠医用口罩、电动喷雾器、消毒液、一次性手套等物资。南京图书馆在自身防疫物资紧张的情况下，积极筹措护目镜、一次性雨衣和手套，用 EMS 发往武汉图书馆。在服务社会方面，有 18 所公共图书馆组织广大馆员，下沉社区，协助保障公众基本生活与防护需求。例如，首都图书馆党员社区“双报到”，147 名在职党员第一时间前往社区报到，77 名党员参加社区防疫活动 127 次，积极参与街道、社区疫情防控工作；重庆图书馆人下沉基层、卡点防控、进村宣传、入户排查，积极参与志愿服务活动。

第五，应急平台搭建。应急管理平台的搭建是公共图书馆应对重大公共突发事件的基础性工作，没有技术和平台的桥梁保障，无法实现资源和用户之间的互联互通。微信公众号是公开图书馆普及应急科学知识、推送文化资源的主要平台，微信小程序包括我的借阅、读者培训、阅读推广、咨询反馈、预约入馆等子栏目，便于用户快捷查找所需信息。公共图书馆受疫情影响已经闭馆，为让广大用户在疫情期间享受文化服务，17 所公共图书馆推出“读联体·数字共享阅读服务平台”。它是一个开放性的全民数字阅读平台，是中国图书馆学会联合全国有关图书馆及数字资源提供商，免费推送各类数字资源的数字阅读共享平台，涵盖电子书、有声书、视频、期刊、图片等3000 余种数字资源。在信息咨询服务方面，为高效响应用户咨询与需求，公共图书馆升级线上信息服务，建立全媒体咨询平台，开展全媒体参考咨询服务，畅通多种咨询渠道，保障图书馆网络资源正常访问。例如，上海图书馆微信公众号推出智能机器人问答、江西省图书馆建立疫情智能问答平台。公共图书馆通过热线电话、QQ 群、微信群、邮箱等方式，全方位开展线上服务，及时为用户答疑。除利用微信公众号后台答疑外，10 所图书馆开通热线电话、26 所图书馆公开邮箱、15 所图书馆建立 QQ 群和微信群、2 所图书馆开通智能问答，电话服务与微信群服务是常用的咨询方式。

（三）重大安全突发事件发生后的服务

第一，馆员应急培训。馆员的能力保障是图书馆应对重大安全突发事件的基石，调研发现本次疫情发生后，有 7 所公共图书馆对馆员进行培训，以多种方式解读疫情防控相关政策，普及科学防疫知识。例如，山东省图书馆在全馆职工范围内开展深化专业理论学习，加强对各项业务的学习归纳和理论学术的研究总结，既要“战疫情”也要“强内体”。

第二，文献资料收集。在疫情发生后，有 13 所公共图书馆对突发事件信息资料进行收集，承担起保存人类历史记忆的职责。公共图书馆对此次文献资料的收集包括各单位制定的各项抗疫政策、规章、制度、通知、会议纪要等文件类，反映此次抗击疫情的所有公开出版物及各单位自行印制的非公开出版物，反映抗击疫情的照片、艺术作品等形象资料，各类电子文献、照片、音频、视频等数字资料，以及疫情通报、宣传海报、出入证、社会组织和个人捐赠物资的凭证等实物类和先进事迹类。例如，浙江图书馆发起的“大爱浙江——让文献见证疫情防控阻击战”等，各公共图书馆承担起保存历史、传承文明、服务社会的使命。

第三，阅读疗法。重大安全突发事件后，部分公众的焦虑、强迫、抑郁等心理问题容易被忽视，10 所公共图书馆利用书籍文献、信息素养教育经验等馆内资源对心理健康受害主体进行心理辅导，开展阅读疗法。例如，陕西省图书馆推出疫情防控心理健康指导读物，宁夏图书馆推出“心理防疫”书籍，山西图书馆推出心理学专题的听书时刻。

第四，恢复开馆。在公共安全突发事件得到控制后，公共图书馆分区域、分空间、分项目有序恢复常规服务。公共图书馆采取网上预约和现场预约两种方式，对入馆人员进行查验，采用实名制入馆，入馆实行体温检测、智慧健康码、读者证查验准入制，读者须全程佩戴口罩，配合工作人员做好相关信息登记工作。在人流管理上，公共图书馆对每日进馆人数实行限额，入馆人数达到限额时，未入馆读者须在馆外保持距离有序等候。此外，公共图书馆还对图书、环境、借阅等进行细化管理，保障用户安全。除加强场馆环境管理，图书馆工作人员还对每日读者归还的书籍进行紫外线照射消毒和臭氧杀菌消毒，确保每一本书流通到读者手中之前完成消毒杀菌环节。湖南省图书馆、海南省图书馆、浙江省图书馆等还在馆内配置自助消毒机，确保用户可自行使用。在首次开馆当日，各公共图书馆对开放区域和开放项目进行规定，主要开放借阅区、总服务台，倡导即借即走。山西省图书馆、四川省图书馆和广西省图书馆等开放阅览区，阅览座席严格采用错位方式，保持安全距离。

第二节　大数据时代图书馆服务的技术保障机制

一　云服务平台的数据保障

由于数字图书馆本身包含着庞大的数据资源，它在依赖网络对读者进行全方位服务的同时，可能会由于技术方面的缺陷或自身存在的不足等诸多原因造成数据存在很大的安全问题。因此，为确保数字图书馆服务平台下的数据安全，应当深入分析云数据安全的常见风险，研究数据存储加密、访问控制和网络防护等关键技术，提出数字图书馆云服务平台的数据安全策略。第一，图书馆应提高基于云服务平台的大数据采集、处理和分析能力，确保大数据管理平台具有较强的系统资源管理、配置、优化和安全性，能够提供正确、可靠、高效的图书馆价值决策数据。第二，通过对海量图书馆数据的统计、比较、聚类和分类，完成服务价值挖掘，预测大数据总体环境下读者服务的业务机会和运营风险，提供个性化的推送服务，满足读者阅读活动的内部需求。① 第三，云安全是数字图书馆信息安全的基础。作为云存储服务的用户，存储库最关心的是云存储的数据的安全性和完整性，以及合法访问时数据是否正确和有效。因此，应该重点使用数据存储加密防灾和身份认证技术来确保云安全。加密存储数字图书馆数据资源，以确保它们在存储和传输过程中不被损坏、丢失和非法使用。数据备灾云计算技术具有数据备灾的内在优势，要建立良好的数据备份策略和恢复机制，防止特殊情况的发生。第四，云存储是异构的跨平台分布。为提高管理员用户的访问效率，应建立有效的单点登录统一身份认证系统，支持共享用户身份信息和认证服务在

---

① 康波、刘胜强：《基于大数据分析的互联网业务用户体验管理》，《电信科学》2013 年第 3 期。

库中的云存储，降低重复操作成本，改进网络安全技术，提高网络中海量数据检测和扫描的准确性和速度。

二　基于大数据技术的用户个性化服务监护

基于大数据技术实现用户个性化服务监护，是图书馆探析用户借阅需求、强化读者个性化服务体验、避免读者流失的保证。通过对海量用户日志数据的统计分析、聚类分类，能够深刻剖析大数据环境下“以用户为中心”的服务价值，预测读者服务的潜在商机和风险，为读者提供个性化的推荐服务，满足图书馆阅读推广活动的需要。

在大数据的背景下，图书馆可以识别、过滤、分类和处理所收集的半结构化和非结构化数据，并根据读者的阅读需求和行为来标记读者的特征。它利用各种信息推送渠道，为读者提供“一站式”阅读服务，确保为具有强大流动性和即时性的读者提供个性化的阅读服务。

图书馆业务的完整性、读者的可靠性、阅读活动中信息的价值和可获得性，以及用户服务的经济性和低碳性是决定图书馆在大数据环境中的市场竞争力的关键因素。因此，应采用大数据技术来提高图书馆的数据处理能力和跨平台数据集成能力，为读者的个性化推送服务提供真正的保障。

三　大数据时代提升服务的可控性和可用性

实时分析读者阅读行为和阅读需求的准确性和及时性，是图书馆在大数据环境中有效整合用户阅读需求和环境变化，调整图书馆服务目标、策略、内容和方法的关键。

第一，传统的数字图书馆对读者潜在阅读需求、阅读体验和阅读满意度的统计是基于大数据采集的过程。在大数据环境下，图书馆可以高效地对收集到的数据进行处理、整合、分析并得出结果，通过丰富数据库，扩大数据范围，提高系统的智能化决策水平。

第二，实时分析读者的阅读情感变化，不断提升读者的阅读体验和对图书馆的满意度。另外，阅读服务的拓展空间是确保服务质量的一个重要推动力。在传统的数字图书馆服务中，图书馆使用基于关联规则、用户兴趣、协同过滤相结合的方法实现信息智能推荐服务。在大数据环境中，可以通过大数据技术实时收集多平台的数据，在扩大数据样本的情景下，提升推荐的精准度和实时性。

第三，在大数据技术的支撑下，通过对大数据系统的分析，找出影响读者阅读体验的瓶颈因素，并根据阅读内容、影响要素和具体情境对评价指标进行修正，以提高评估结果的科学性和可应用性。

第三节 大数据时代图书馆服务评估的保障机制①

一 大数据平台的评估

大数据平台首先应该收集、处理、判断和分析来自用户、管理、服务和其他相关信息的数据，实现资源数据和统计结果的知识图谱。其次，图书馆的大数据平台在软件兼容性和功能可扩展性方面予以提升，为新兴数据管理分析软件提供高可用性的支撑平台。通过创建核心数据的受信任拓扑图，优化数据规范过程并实现系统之间的负载平衡。再次，大数据管理平台应支持元数据查询、资源自动共享和数据管理模式的智能优化，实现高效的数据集成、实时分析、智能处理和自动服务响应。最后，海量异构数据管理平台应实现对数据库结构化和非结构化数据的即时访问。智能检索策略可以降低图书馆大数据环境的资源处理复杂度，提升系统管理员资源挖掘的效率，减少系统平台的响应时间。

二 图书馆服务安全性的评估

大数据时代，图书馆中的资源存储量以几何级数增加。大数据环境呈现出异构多源、增长迅速、价值度高的特点。因此，大数据平台系统维护的复杂度以及数据整理利用的难度越来越大，图书馆大数据平台逐渐成为黑客攻击的重要目标。在大数据环境中，传统安全管理工具的有效性逐步下降，无法对大数据平台和用户数据提供有效防护。同时，图书馆还面临用户隐私数据泄露的风险，数据内容和可访问性受到黑客恶意入侵的威胁，严重影响图书馆服务的质量和用户隐私数据的安全性。

① 陈淋等:《图书馆从业人员绩效评价模型的分析》,《现代情报》2015 年第 7 期。

随着图书馆服务模式和内容在广度方面不断拓展，图书馆服务系统建设和服务模式的复杂度不断增加。同时，黑客也可以使用云计算、大数据和其他技术，通过各种算法攻击图书馆服务系统。有效利用大数据平台、云计算平台和智能运营平台，科学评估图书馆面临的安全威胁，这是提升图书馆系统稳定性和服务安全性的关键。因此，利用大数据技术构建安全、高效、经济、便捷的智能库，对提高图书馆的服务安全性、市场竞争力和用户满意度具有重要的价值和意义。①

三　图书馆从业人员绩效的评估

在图书馆构成要素中，人是最基本、最关键、最活跃的因素，在其发展中起着决定性的作用。在不断更新的环境下，面对新技术的挑战，图书馆的竞争实质上就是其从业人员的竞争，即图书馆从业人员素质、能力与水平的标准。图书馆从业人员可以分为四个类型：管理类馆员、知识型馆员、辅助馆员、临时馆员（包括志愿者和招募者）。②

图书馆从业人员需求特点，笔者从“品德、能力、勤劳、业绩”维度来选择具体的图书馆从业人员绩效评价指标。其中，图书馆从业人员的思想品质主要是指考核对象是否具有高尚的职业道德、较强的团队合作意识以及对图书馆忠诚的热爱认同度；③ 能力水平主要考核在图书馆数字化建设中需要的一些基本技能，比较典型的指标有学习能力、沟通能力、领导能力、创新能力、专业技术能力；工作态度主要考核在工作中的投入度，它要求图书馆从业人员具备勤奋敬业的工作态度、服务群众的服务意识、任劳任怨的工作作风，主要反映图书馆从业人员在工作中是否积极主动、为用户着想；业绩评价主要是表现图书馆从业人员工作业绩中取得的重大成就和显著效益，如科研成果、项目实施等，一个人

① 李国杰、程学旗：《大数据研究：未来科技及经济社会发展的重大战略领域》，《中国科学院院刊》2012 年第 6 期。

② 郭淑华：《新时期图书馆人才危机及其对策刍议》，《内蒙古科技与经济》2013 年第 2 期；董玉珍：《现代图书馆馆员应具备的基本素质》，《理工高教研究》2007 年第 1 期。

③ 杨杰、方俐洛、凌文辁：《对绩效评价的若干基本问题的思考》，《中国管理科学》2000 年第 4 期。

的思想和能力表现最终的结果就是工作实绩，它是图书馆从业人员在思想品德、工作能力、工作态度等实践层面上的反映，比较典型的观察指标有工作效率、工作数量、工作质量。因此，根据这四个维度所反映的具体内容得到的指标体系如表 8－2 所示。

表 8－2　　图书馆从业人员绩效评价指标体系

一级指标	二级指标	三级指标	含义
图书馆从业人员绩效评价指标体系	思想品质	职业道德（VA_1）	指遵纪守法、公正廉政，不泄露工作隐私，不接受不正当利益
		团队精神（VA_2）	指具有较强的协作意识，很乐意与同事讨论问题、解决问题
		忠诚度（VA_3）	指做事从图书馆角度考虑；发现问题及时提出建议；是否有决心与图书馆共同发展
	能力水平	领导能力（VB_1）	指在团队工作或者举办活动时，拥有带头和领导的作用
		沟通能力（VB_2）	指与读者交流、同事相处时的表达能力、倾听能力等
		创新能力（VB_3）	指创新思维，敢于打破局限性，拥有独特的想法
		学习能力（VB_4）	指无论在什么环境下自我求知、发展、做事的能力
		专业技术能力（VB_5）	指所在岗位要求具备的专业技能，以及具备图书馆基本的专业知识
	工作态度	服务用户（VC_1）	指善于站在用户（读者）的角度考虑问题，具有服务群众的意识
		敬业精神（VC_2）	指在所处的工作岗位上认真负责，兢兢业业、开拓进取，精益求精
		工作类型（VC_3）	指图书馆拥有不同岗位的员工，工作性质也不同
	业绩评价	工作效率（VD_1）	指处理问题的时间与效果的综合情况
		工作数量（VD_2）	指在规定时间内工作量的完成情况
		工作质量（VD_3）	指完成的任务的公众满意度

笔者运用结构方程（SEM）技术与 AMOS 19.0 和 SPSS 19.0 软件对图书馆从业人员绩效评价影响因素进行分析，构建图书馆从业人员绩效评价结构方程模型。结果表明，思想品质、能力水平、工作态度、业绩评价的潜变量对图书馆从业人员绩效评价的影响因素分别是 0.78、0.85、0.83、0.89。计算发现估计值越大，权重也越大。验证在图书馆从业人员的评价指标中，“业绩评价”指标是最主要的。同时，“工作态度”和“能力指标”也是图书馆从业人员绩效评价必要的因素。通过了解图书馆从业人员工作态度和能力情况，才能更好地开展技能培训，培养优秀的人才，从而发挥图书馆从业人员的潜力，提高图书馆的整体服务水平。①

第四节　大数据时代图书馆服务能力与安全保障

一　利用大数据增强图书馆的安全防御能力

（1）使用大数据进行决策并及时发现安全威胁。在使用大数据技术保护系统和服务安全时，图书馆不仅要注意恶意事件的检测，还要通过对大数据安全资源的综合分析，明确恶意攻击的来源、模式、索引参数和危害程度。通过监控设备收集的同时，要找出相关安全指标与数据价值挖掘的关系，准确预测未来非法攻击者的身份、攻击方式、攻击时间和攻击目标。在构建安全管理大数据平台及云服务平台时，应尽可能使用一些成熟、兼容、可扩展的数据包捕获和分析工具，而不会大大增加平台系统的复杂性和成本。尽可能避免使用过于复杂的系统安全产品，这将导致大数据平台功能和控制的安全管理性能降低。安全数据仓库管理的有效性是有效处理大数据安全资源、及时发现数据库安全攻击的关键。因此，在开发一个安全的数据仓库时，提高数据仓库的管理效率，控制来自不同采集对象和结构类型的数据，如监控日志、工作日志、欺诈警报、服务器日志、防火墙日志和 IDS 日志。同时，要定制专业的大数据资源挖掘工具，培养分析人员，满足图书馆大数据服务和安全管理

---

① 燕樵、刘堰兵：《理性思考企业信息化人才的供需关系》，《中小企业管理与科技》2014 年第 1 期。

的需要，提高图书馆大数据安全威胁检测的效率和主动性。

（2）建立基于大数据安全防护和防御技术的评价体系，是准确评价图书馆安全防护能力和防御技术先进性的关键。图书馆应集中收集攻击的案例和结果，利用数据模型对未来的结果进行预测和判断。从大数据平台中提取价值数据并分类为不同指标，建立层级安全评价指标，并对其影响因素进行分析，为图书馆的服务安全保障做出及时的评估。在大数据环境下，图书馆的安全威胁潜伏在巨大的数据资源中，潜伏期长，难以发现。因此，图书馆安全检测应该转变为基于定期数据采集的相关检测模式。

二 构建大数据下的图书馆服务保障管理规范

国内外的图书馆服务保障管理规范具有差异性。国外无论是公共图书馆还是高校图书馆都有针对性的管理规范，而且是自上而下的体系型规范，国家层面出台的服务保障规范，加之各机构、数据库层面的服务保障规范；而国内关于图书馆的服务保障规范相对较弱，存在一定的差距。为更好地服务大数据时代的图书馆各项业务，有必要对服务规范进行分析和完善，出台具有针对性的服务保障规范，以更好地实现对大数据时代图书馆的服务保障。

（1）规范需要进一步细化，完善图书馆服务内部管理规范的内容。国内图书馆的服务管理规范普遍表述的较为笼统，不够细化。可以通过调研其他的服务机构、科研机构、数据应用平台等相关保障规范的政策或涉及的内容，找到其长处并加以借鉴，明确所收集保障规范的内容和类型，以促进图书馆服务保障体系的多样性和丰富性。

（2）权责政策需要进一步完善，明确图书馆服务保障相关人员的职责范围及分工。大数据下的图书馆服务类型多种多样，保障类型更是层出不穷，需要多个责任人，要注重制定明确的权责机制，提高服务的保障效率。服务保障人员要对整个服务内容的数据源负责，制定合理多样化的保障政策，确保服务到位，适当地进行质量审核，以保证图书馆的用户在使用过程中更好地享受这项服务。用户也要合理地规范自身的使用行为，使得图书馆和服务保障者的权益均得到维护。

（3）用户隐私保护描述需要进一步明确，完善用户使用权益和隐私保护制度，加强对机密性信息的保护。用户使用图书馆提供服务的过程中会产生大量的用户日志数据，这就涉及用户数据隐私保护问题。国内的图书馆服务保障对于用户隐私保护的说明比较笼统，没有形成统一的规范，部分机构知识库没有制定具体的用户隐私保护政策，用户的信息安全存在隐患，应该予以重视。

三 执行安全的大数据监护与服务保障的应用性策略

为了提高数据的安全性和可用性，图书馆必须首先对收集到的原始数据进行整理，并从大型数据库中删除与系统管理和用户服务无关的隐私数据。同时，通过云存储平台中存储过程的集成，删除大数据平台中大量重复数据，提高数据存储的质量、准确性和经济性。还应允许用户查看、更正和删除自己的私有数据，以提高图书馆用户私有数据使用的透明度。其次，在安全管理体系的监督和控制下，图书馆大数据共享平台不仅要具有开放性、规范性和共享性的特点，而且要保证数据不被非法使用、访问、过度分析和过度使用。再次，在大数据环境的安全管理中，图书馆通常把内部网络系统、管理服务系统和大数据平台作为可信的环境，导致图书馆内部比外部具有更严重的安全威胁。最后，大数据存储的安全性主要涉及数据传输、隔离、恢复等问题，重点是核心数据的加密和分离存储以及数据的灾难恢复备份等。①

第五节 大数据时代图书馆服务文化体系的保障

一 图书馆服务文化资源网络体系

文献资源保障体系是一个集文献的收集、贮存、揭示、传递、利用等诸多功能为一体的社会系统。② 1984 年，肖自力先生在《我国文献资

---

① 刘向宇、王斌、杨晓春：《社会网络数据发布隐私保护技术综述》，《软件学报》2013 年第 11 期。

② 肖希明：《中国文献资源保障体系论纲》，《图书馆》1996 年第 6 期。

源建设与高校图书馆的使命》一文中，系统地阐述了构建中国文献资源保障体制的设想。肖自力先生根据中国当时的具体国情，提出一种分散和集中相结合的文献资源三级保障体制：第一级是各省（自治区、直辖市）层面，根据实际需求建立起本地的图书馆和情报中心，协同合作，同时各有分工，目标是满足本地的80%以上的信息需求；第二级则由专业图书馆、情报部门及重点高等院校组成，在各自精通的领域内解决各地无法解决的问题；第三级是少数的集中性单位，如国家图书馆、综合性档案部门，面向全国进行服务。这样的三级保障体制分工协作，相互补充，形成国家级的文献资源保障网络等。①

中国五千年悠久的文化底蕴，加之人口众多，幅员辽阔，如果自上而下建立全国性信息资源网络，所需的人力、物力难以想象。因此，应在国家的宏观调控下，以国家级信息资源网络为主导，先地区内共建，后区域性共建，实现集中与分散管理的过渡型信息资源共建共享，从而建立起由地区（省、自治区、直辖市）级、区域（行政大区）级和国家级文献资源网构成的三级网络结构模式，形成全国性的信息资源保障体系。②

（1）地区信息资源网。地区信息资源网以省、自治区、直辖市等为单位，它是信息资源保障体系的基础。在这一级中，组成主体是地区内图书馆、档案部门、信息中心、情报机构。这些主体将分工协作，建立齐全的学科数据库，尽量降低信息资源的遗漏或重复。地区信息资源网能够满足本地区信息需求的80%以上，这是其作为全国信息资源保障体系基础的表现。

（2）区域信息资源网。区域信息资源网衔接地区网和国家网，在信息资源保障体系中起到辅助作用。中国疆域广阔，不同地区因为历史、地理各方面因素，其科研、经济、文教等发展水平各异，因而不同地区的信息需求和用户信息素养也各不相同，造成各地需求的差异化。中国华北、东北、华中、华南、西北、西南几个行政大区的社会环境大致相

① 肖自力：《我国文献资源建设和高校图书馆的使命》，《大学图书馆通讯》1984年第6期。

② 肖希明：《再论我国信息资源保障体系建设——纪念南宁会议20周年》，《图书馆》2006第6期。

当，区域信息资源网划分不同区域，再由各区域选择有足够实力的信息部门组成。地区信息资源网只能够满足本地区信息需求的80%以上，而地区网数量太过庞大，其无法满足的需求如果统一寄希望于国家网，那么国家网将不堪重负。另外，地区网直接利用国家网的资源也多有不便。因而，建设区域信息资源网作为辅助是必不可少的。

（3）国家文献资源网。国家文献资源网作为信息资源保障体系的主导，处于中心地位，其承担了满足下两级资源网无法满足的信息需求、建立国家联机目录和国内外联机检索网络、开展馆际互借（包括国内与国际）等任务。

针对当前中国资源组织保障体系存在的不足，本书提出中国资源保障体系构建的实践路径。

（1）政策维度。信息政策是指国家或相关组织为实现信息资源管理目标，而制定的有关调控信息和信息活动的行为规范和准则，在中国主要表现为行政法规、部门规章及其他规范性文件。它通过确定信息化的发展方向和具体方针来规范协调信息资源建设和服务诸环节及其与外部环境的相互作用，为信息资源保障体系提供政策保障。① 构建信息资源政策保障体系的基本思路有如下几点。第一，建立健全的信息资源责任分配机制。制定信息政策必定牵涉到方方面面，其牵扯的利益甚广，因而一个专门的主管机构是必不可少的。通过这样一个主管部门，统一协调规划各个部门、行业的关系。第二，建设更为完善的信息政策内容。虽然近年来信息政策的建设对于信息内容有所侧重，但是在信息保护、隐私问题、数据跨国等新兴问题上仍较为薄弱。第三，由政策向法律转化。长时间以来，政策和法律相互依存、相互促进。对信息政策而言，许多信息法律的制定都参考了现行的相关政策。而相对于法律，政策往往更为灵活、更具有时效性。所以应采取政策先行、法律跟进的模式，促进信息政策向信息法律转化。第四，完善参与机制。信息政策的制定需要平衡各方利益，这其中涉及各类民间信息组织、行业组织。信息政策的制定应听取各方利益主体的声音，根据它们的需求和利益不断调整完善。

---

① 查先进：《信息政策与法规》，科学出版社2004年版，第20—89页。

第五，信息政策的制定需要监督机制。立法机构、司法机构、行政机构、利益团体和公众都应在信息政策制定中发挥监督主体的作用。

（2）法律维度。信息化的今天，信息资源保障面临的新问题层出不穷，单靠信息政策指导和调节已经无法加以有效规范。因此，法律手段的加入必不可少。法律由国家立法机关制定，由执法机关强力执行。对于信息政策无力规范的问题，信息法律可以调整信息领域的经济关系和社会关系。目前，中国信息法律数量少，且缺少从宏观上把控的法律法规，某些新兴领域的法律甚至尚未制定，而现行的条例也偏向温和，制裁少、力度小，很难保证实施效果。构建信息资源法律保障体系的基本思路有如下几点。第一，信息法律需要其独立的体系。构建独立的信息法体系合理且可行。信息的产生到发展所引起的一系列问题，如果没有专门的信息法律，很难加以解决。第二，社会各方利益需要保持均等。国际、公民间、公民与集体之间、公民与国家之间的利益关系存在着不平衡的状态，数字鸿沟及文化扩张等问题无法消除。因此，信息法律的制定需要兼顾各类主体的权益。第三，协调各种法律关系。完整独立的信息法体系应是一个有机整体，需要统一各级立法之间、各类信息法之间、国内与国际信息法之间的法律关系。第四，信息立法应重视图书馆界的作用。图书馆作为信息资源建设一直以来的重要主体，在保护人类知识和促进社会进步方面起着举足轻重的作用。因此，图书馆界应积极参加到信息立法的过程中去，并尽力在信息法中占据有利地位。

（3）标准维度。数字信息要在多个语种、多种格式、多种媒介、多种系统中流转，就要制定统一的标准体系。标准是数字信息制作、处理、传输和服务过程中必须遵守的规则，可以保证异构信息系统间的兼容性、可用性和互操作性，促进信息资源的共享，进而有助于信息资源保障体系的构建。中国信息资源建设起步较晚，基础薄弱。因此，迄今为止也没能形成统一有效的完备信息标准体系。而且因为对国际标准制定的参与度不够，很难与国际接轨。构建信息资源标准保障体系的基本思路有如下几点。第一，强化对于标准的意识。对信息资源共建共享而言，具备科学完备的标准体系是至关重要的。在建立标准时，要同时考虑多样性和统一性。第二，总体协调标准的制定。如果没有一个统筹规划标准制定的机构，势必会导致各个信息组织自建自用，只考虑适用于自身的标准体系。2002 年启动的“中国数字图书馆标准规范建设”项目，就是国家认识到这方面的不足后开展的行动。第三，完善信息标准的内容。信息化的飞速发展，使得信息建设标准的内容越发复杂。标准内容的制定，一方面不能只着眼于当下，应同时考虑长远发展的适用性；另一方面不能只适用宏观框架，亦不可只针对具体业务，应将二者同时纳入考虑。第四，科学选择信息标准。在实际问题解决中，往往不止有一种使用标准。同时，同一标准随着时间的推移，也需要根据技术的进步而不断优化。建立不同情况、不同时间，选择何种标准需要的策略指导。

（4）技术维度。目前，信息资源的技术发展通常滞后于信息建设需求，例如技术的实践发展至一定阶段，才认识到先期技术具有局限性；技术标准化还有所欠缺，技术发展成熟至一定地步后才进行标准化，导致之前研发技术的浪费。一个可靠的技术保障体系是信息资源保障体系的重要保证。这样一个信息资源技术保障体系通常要具备以下原则。第一，以服务为导向。信息资源保障系统的总目标就是要满足用户随时随地的信息需求。因此在技术的研发中要以用户为本，不宜一味追寻先进技术，同时应充分考虑用户体验。另外，技术的开发也要考虑是否利于服务机制的长期稳定运转。第二，用户参与。技术开发和调试的过程需要用户的参与，收集用户的反馈，以更好地满足其需求。第三，全面统一。信息技术应从技术研发和管理层面同时出发，贯穿整个信息资源建设和利用的过程。同时，注意信息技术体系下各子模块之间的衔接。第四，技术的开放性。技术体系的建立过程，一方面要注重区域间、国内外的协同合作，另一方面要加强与社会相关机构的共同协作。第五，遵循法律法规。信息技术的开发与运用应该严格遵循相关法律法规。

（5）人才维度。整体而言，信息化人才队伍还存在信息意识落后、技术水平偏低、外流现象严重等问题。信息化人才不足是制约信息建设发展的关键因素。为合理构建信息资源人才保障体系，应采取以下举措。第一，实行图书馆职业资格认证制度。许多国家都有其严格的图书馆职业资格认证制度，以保证信息资源建设的人才素质。而在中国，图书馆工作人员进入门槛相对较低。这就要求中国尽快制定职业标准以保障信息资源的建设与服务质量。第二，实行人本管理。现代的管理理念强调以人为本。激发员工的能动性，提高组织凝聚力，采取扁平化管理，充分发挥每位员工的潜能。第三，进行在职培训。信息技术的发展瞬息万变，要求信息人才不断学习以顺应发展。信息组织应当建立学习型组织文化，对在职员工加强培训。培训内容不限于专业知识技能，亦可涉及管理、法律等多个层面，以期培养复合型人才。第四，建设人才考评和激励机制。考评激励机制不但可以为员工提供量化的职业标准，同时也可以调动其积极性。第五，灵活引进人才。在信息资源建设工作中，可采用招收和聘任相结合的多种方式灵活引入人才。同时在引进人才时，要考虑各类型人才的搭配合理性。第六，改进信息人才教育模式和课程体系。现有的图书情报教育体系无法满足信息资源建设的要求，在课程设置和教学方式上都应加以改进，注重理论与实践的结合，贴合信息化最前沿的发展。

二 图书馆特色资源文化体系

敦煌遗书数据库是由敦煌研究院、浙江大学和兰州大学等多家单位于 2012 年联合建设的项目。目前数据库平台已经设计完成，初期主要录入敦煌研究院所藏的敦煌遗书。检索方式上，用户可通过输入遗书编号或题名进行快捷检索，或者利用高级检索功能。高级检索的检索字段非常丰富，包括编号、对应号、名称、首题、中题、尾题、题记、按语、收藏地、子目和朝代等 12 个检索关键词。在关联扩展方面，敦煌遗书数据库不仅能够提供某号遗书的相关研究文献目录，还建立了文献目录与该文献的电子版全文内容的超链接，节省用户查找的时间并提高了用户的利用研究效率。该数据库还支持简繁字体转换、图像调节及某号文献“基本信息、相关文献、导出”等多个便捷功能。①

那么，如何实现其知识价值的最大化，支撑多源异构的敦煌遗书图像知识关联的深度融合和图像语义分析呢？关联数据的应用可以解决这个难题。关联数据能够将来源不同、形式不同的资源和数据进行结构化表达，可以首先通过构建图像语义特征层级模型抽取敦煌遗书图像的外

---

① 韩春平、马德、许端清：《关于敦煌遗书数据库》，《敦煌学辑刊》2018 年第 4 期。

部特征和内容特征，然后利用领域本体理论建构敦煌遗书图像本体模型，对图像进行语义化标注和描述，显示其专门属性，接着将与敦煌遗书图像有关的所有资源过滤后存储于已具备成熟的管理系统的关系数据库之中，最后利用 D2R 工具完成关系数据库到关联数据的映射，以关联数据的形式完成对敦煌遗书图像语义资源的组织与展示。[①]

关联数据能够将复杂异质资源链接起来，准确标识和定位各元素，而关联数据的基础 RDF 定义数据元素，将各元素关联在一起并提供通用框架，合并不同来源的数据。基于关联数据的敦煌遗书图像组织模式自下而上应包括收集数据、抽取语义信息建构本体、进行 RDF 链接、为用户提供深度服务等完整步骤。敦煌遗书图像知识关联的语义组织模式如图 8－5 所示。

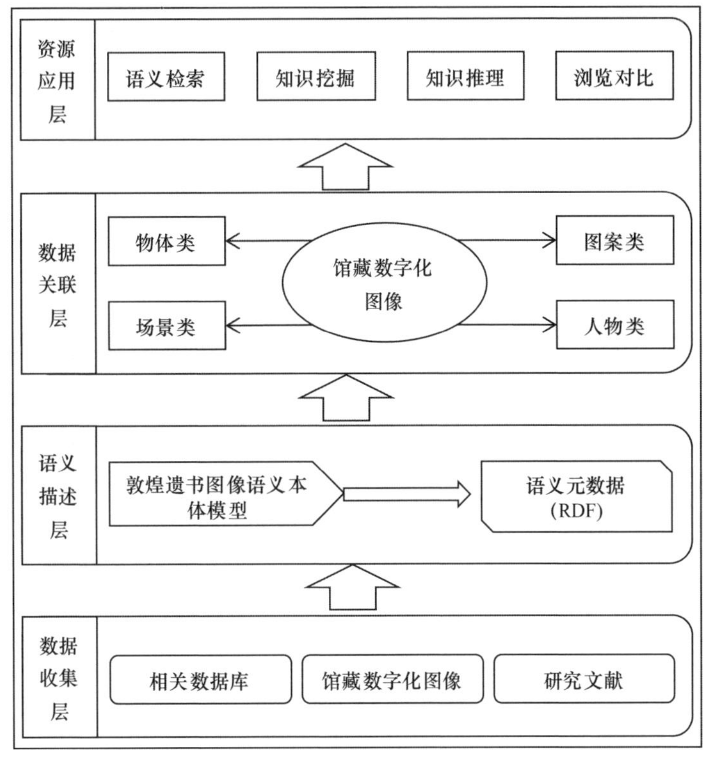

图 8－5　敦煌遗书图像知识关联的语义组织模式

① 杨树云:《从敦煌绢画〈引路菩萨〉看唐代的时世妆》,《敦煌学辑刊》1983 年第 1 期。

数据收集层。收集数据是敦煌遗书图像知识关联的语义组织模式构建的基础工作，数据的来源多样、内容异构，如各国敦煌遗书收藏机构中的数字化图像、中外与敦煌遗书相关的数据库、专业数据库中收录的研究文献（包括学术期刊、论著、科普性书籍等）、与敦煌遗书图像有关的电视节目、纪录片等视频资源。对于非数字化的资源，可按照国家档案局发布的《纸质档案数字化规范》《录音录像数字化规范》等档案数字化领域的相关标准统一转化为数字形式。这些数据、信息和知识被收集后会出现重复的内容，所以需要对它们进行基本的分类与去重，建立初始的元数据语料库。在第一层数据采集层中，如果不对复杂的数据去重，就会产生噪音数据和冗余信息，影响后续数据的语义描述质量。

语义描述层。语义描述层顾名思义是指对图像内容的特征进行语义描述，这不同于基于文本检索的图像元数据（TBIR）和基于内容检索的图像元数据（CBIR）。TBIR 是指通过人工对每一张图像用关键词进行描述，从而形成关键词索引，用户可通过检索关键词搜索所需图像。虽然 TBIR 操作容易，但是依旧存在很大的局限性，如图像数量的庞大与人工标注成本存在矛盾，标注者与用户在自身认知水平、用词表达和主观感受等方面存在不一致，这些都会影响图像的检索质量。① CBIR 的出现促使计算机代替手工标注，它可以利用计算机直接抽取图像的特征，从海量的图像中快速查找到与用户需求相匹配的相关或相似的图像，但 CBIR 同样存在不足之处，即只能对图像的底层视觉特征如图像的色彩、形状和纹理等进行描述，无法实现图像内容即图像中所反映的人物、时间、地点、事件等方面的深层语义描述。

数据关联层。数据关联层是实现基于关联数据的敦煌遗书图像知识关联的语义组织模式的核心。数据关联包括图像内部和各个图像之间的关联，以敦煌遗书中 P. 4518（39）的《达摩多罗像》为例，图中达摩多罗与手上的工具是“持有”关系，与此同时，达摩多罗又与 P. 4029 的《行脚僧图》有着密切联系，因为这两张图像的原型都是唐代李通玄居士

---

① 夏翠娟等:《关联数据发布技术及其实现——以 Drupal 为例》,《中国图书馆学报》2012 年第 1 期。

像。敦煌遗书图像知识比较分散且杂乱无章，更需要对语义描述层形成RDF形式的语义元数据进行分析，根据图像自身特点以及图像之间的关系将这些散乱的元数据进行重新组合，尽可能将敦煌遗书图像背后隐藏的各种关系完全展现出来。RDF的三元组语句的主谓宾都表现为URI，通过URI对相关敦煌遗书图像的数据进行统一标识，然后利用RDF将不同的数据集中链接到同一资源的元数据进行关联，由此形成语义互联网络。数据关联层基于关联数据发布的技术将RDF语义元数据相互关联，以此揭示隐含在不同遗书图像之间的相互关系，并通过RDF链接使得图像之间能够相互访问。最终使复杂的敦煌遗书图像档案信息重组为一个互相联系的有机整体，发掘整个敦煌遗书图像档案知识网络的最大价值，提高图像档案的利用质量和服务效率。

资源应用层。为社会公众提供利用服务是档案工作的最高原则。利用关联数据对敦煌遗书图像档案采集、描述、组织和整合之后，最终目的是为用户提供图像档案利用服务，包括将图像档案发布为关联数据、图像语义浏览与检索、图像档案知识发现与知识挖掘等，从而形成完整的敦煌遗书图像档案的组织模式。

笔者构建的敦煌遗书知识关联的语义组织模式包括数据收集层、语义描述层、数据关联层和资源应用层，从收集基础数据的前提工作到对敦煌遗书图像进行语义描述，再到建立图像内部和图像之间的语义关联，最后达到为社会提供便利的终极目的。任何事物都包括形式和内容，在第二层语义描述层中，笔者提出构建敦煌遗书图像本体描述图像内容的特征以此实现图像的高级语义检索，这是数字化扫描之后图像的内容特征，与此同时，笔者也提到基于CBIR技术的底层视觉特征抽取，这是数字图像的形式特征。但是在进行数字化扫描前，敦煌遗书图像也有本身的物理特征如载体材质和载体尺寸等，这三方面都属于图像的特征。因此在设计图像检索的元数据时应该包括以上三方面，这样才能把敦煌遗书图像的特征完整地表现出来。

在组织模式建立的基础上，笔者立足于学术界对敦煌遗书图像的检索需求，结合相关图像检索理论与实践研究，借助图像元数据理论，提出一个相对全面直观的语义特征层级描述模型（见图8-6）。在敦煌遗书图像的语义特征层级描述模型中，左起第一部分是物理层，第二部分是图像视觉内容特征层，第三部分是语义数据层。

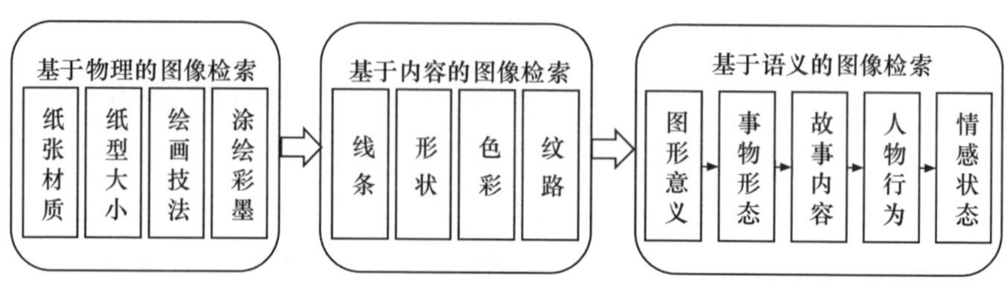

图 8 – 6 语义特征层级描述模型

关于第一部分物理层，前文已作简单说明，不再赘述。

第二部分图像视觉内容特征层主要是反映数字化之后敦煌遗书图像的视觉特征。很多遗书图像在勾勒线条上有一定的规律性，如宗教符号曼陀罗的线条分布，所以人物勾勒的圆润技法也有明显的特征。在形状大小和空间分布受到载体制约趋向一致，颜色处理也有倾向性。因此通过设计和改进计算机图形软件的统计功能，结合 CBIR 中的 SIFT 算法和 CNN 算法的优点，既能做到提取图像的局部特征，又能实现对图像整体的全局特征的抽取。在计算机中嵌入图像识别技术和图像学习技术，在批处理文件的信息模块化的数据收集基础上，不断提高其识别能力，最终形成元数据链条，并由此实现基于内容的图像特征检索，打通图像数据关联的通道，服务于使用者。

第三部分语义数据层是实现敦煌遗书图像知识检索利用的核心模块，基于语义的检索本质上是敦煌遗书图像本体的设计，此点在语义描述层有明确说明。本体的设计关键在于确定敦煌遗书图像资源中的实体概念，因此如何设计元数据类目是至关重要的步骤。王晓光与多位敦煌学专家共同合作，融合敦煌学、图像志、艺术史等不同学科的研究内容和分析方法，构建了内容翔实、语义丰富的敦煌壁画主题词表。敦煌壁画主题词表共分为五大分面，分别为代理者分面（agent facet）、时间分面（time facet）、活动分面（activities facet）、物体分面（object facet）和物理特质分面（physcial attributes facet）。敦煌遗书图像知识比较碎片化，不如敦煌壁画知识连贯完整，但是某些图像内容又与敦煌壁画有着紧密联系，故可选择该敦煌壁画的主体词表中的专业术语作为敦煌遗书图像本体的实体概念。笔者广泛收集各类敦煌遗书影印文献数字化资料，包括《法藏敦煌西域文献》《英藏敦煌文献》《北京大学藏敦煌文献》《中国国家图书馆藏敦煌遗书》《甘肃藏敦煌文献》《天津市艺术博物馆藏敦煌文献》《俄藏敦煌文献》《上海图书馆藏敦煌吐鲁番文献》，并对其逐一进行细致的翻查，共收集图像类资料近千余幅。在反复浏览的基础上，依据其所反映出的综合情况，抽取敦煌壁画主题词表中的相关术语，结合学界研究的需要，暂分为五个递进层级：图形意义、事物形态、故事内容、人物行为和情感状态。①

（1）图形意义。敦煌遗书图像是一个庞大的数据集合，要实现元数据检索，就必须进行从粗至细的分类，而研究者在进行元数据检索时，往往也遵循这一基本规律，为能实现在不同层级上的数据关联，结合敦煌遗书图像的实际情况，可以将语义检索的最底层设计为图形意义。所谓图形意义，即图像数字化之后呈现出的基本面貌和表达含义。具体而言，图形意义又可划分为图案类、物体类、场景类、人物类等，这是最基本的几类特征，可以视为建立在全面筛选上的初步划分。敦煌壁画主题词表将动物、植物与人物共同归纳为代理者，笔者将动植物与人类区分开来，因为敦煌遗书图像中人类相较于动植物有更多丰富的语义特征，如人类的头饰、服饰、手势、表情等。

（2）事物形态。事物形态实际上是上述特征分类中相较于场景类和人物类的图案类与物体类，相关图像所表达的含义比较直接，所以将此两类合并于一个层级。所谓图案类，主要囊括了敦煌遗书图像中的各类花纹、符号、标记等。其中，花纹中最具代表性的是各种云纹，如图 8－7 所示的 BD. 13801《妙法莲华经卷第一织锦护首》，卷首的织锦部分绘制大量精美的云纹，不同的云纹展现出不同的形态，不仅起到烘托氛围的

① 袁婷在其博士学位论文《敦煌藏经洞出土绘画品研究史》中统计敦煌遗书中图像的数量，并在附录中呈现图像的定名、收藏地等内容，笔者在重新翻阅相关数字文献资料时，发现部分图像被遗漏，故笔者在袁婷统计成果之上进行相应的补充。

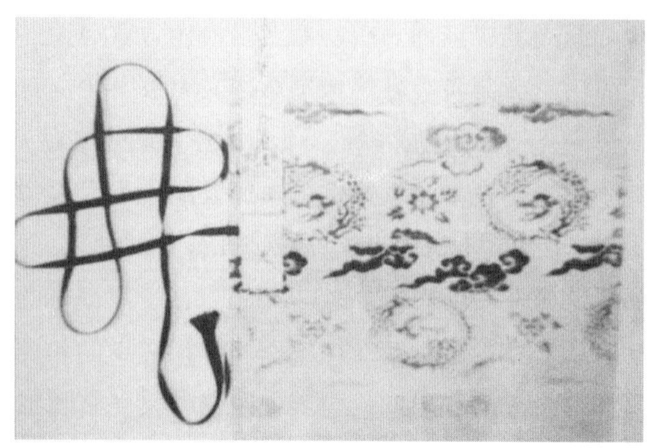

图8－7 BD.13801《妙法莲华经卷第一织锦护首》

作用，而且反映唐代绘画的精湛水平，值得美术史学者深入研究。将云纹列为元数据标签，收录于数据库以便关联检索，无疑将大大便利相关研究的开展。符号类别里，具有曼陀罗风格的图像很多，变化多端，如附有大量咒语的 P.3679《唵字囋》，还有甚至夹杂西域文字的，如 P.4521 就在符号中夹杂很多回鹘文的字形。这些特异的图像一旦通过关联形式全部排列展现出来，将会大大拓展研究者的视野，方便其进行深入研究。标记的情况就更为复杂，可以进行更多更细的划分，在此就不再赘述。除图案类，敦煌遗书中还有大量物体类图像，所谓物体类，是除去人物之外的描绘客观物体的图像。简单来说，诸如植物、动物、精怪、器具等。植物类主要是各类树木和花，因无法细辨纲目科属，在设计元数据采集特征时，只能简单加以划分。敦煌遗书中出现了很多动物，如有大量白画马的图像，有的是一匹，如 P.3652；有的则是两匹、三匹，如 P.3614。马匹对于古代社会而言可以说是最为重要的活动交通工具，不仅载人运输、信息传递需要大量马匹，在军事行动中马匹也是最为重要的战略资源，有时候甚至起到举足轻重的作用。因此，在敦煌遗书图像中出现大量马匹就不足为奇。对其进行基于数据关联的研究，将会极大丰富对唐宋时期马政情况的了解，意义非凡。除反映现实生活中的事物，敦煌遗书图像里还描绘大量精怪，如 P.2683《瑞应图》，仅此一图就保存将近二十多种神话精怪的图像。在对这类图像进行特征描述时，应该尽量做到细致，如可对其进行二次描述，类兔、类龟还是类蛇，有翅还是无翅等，以便元数据采集更加精准有效。这里所指的器具内涵丰富，包括交通工具如凤辇、牛车、马车，如 P. 3995《彩绘炽盛光佛一尊》中炽盛光佛所乘坐的交通工具便是牛车，以及军事工具、生产生活用具和宗教使用的器具等。敦煌遗书图像中出现的器具一般以宗教器具为主，如佛像、菩萨像中佛与菩萨所坐的莲花台座，莲花固有出淤泥而不染之意，以此象征自身远离尘世污秽之地。器具往往与人物行为息息相关，因此可以将人物与人物、器具与器具、人物与器具相关联，以此研究不同类型的工具从北魏至北宋的发展演变。

（3）故事内容。故事发展往往与场景相结合，故而将场景类定义为故事内容，从而更加清晰直观。场景包含环境，敦煌壁画主题词表中使用“环境”这一概念，将环境分为自然环境与人文环境，但敦煌遗书中并不是所有图像都有场景，某些具有场景的图像呈现的环境具有艺术想象成分，与现实环境不符，而且很多图像场景根本无法得到辨识。但如果技术条件允许，还应尽力进行语义标注。因此，在这部分中，笔者只集中讨论可以识别场景的经变画和故事画。敦煌遗书图像中出现的大量故事场景，往往是佛经故事的图像再现，类似于后世的连环画，如 P. 2003《佛说阎罗王授记四众预修生七往生净土经》，类似图像的刻印本或其他写本，往往被称为佛经变相、经变或是变相。由于后世刻印或手抄本年代远远晚于敦煌遗书，所以敦煌遗书图像对研究经变的发展及其所折射出的社会形态、宗教历史具有极为重要的作用。

（4）人物行为。敦煌遗书图案中最多一类就是人物，人物本身就具有丰富的语义特征。人物当中尤以各类菩萨居多，菩萨中又以观音像最多，如 P. 3969《彩绘十一面六臂观音像》。对这一类菩萨图像进行语义特征描述，必须建立在广泛参考相关研究成果的基础上，努力区分菩萨图像造型的类别特征，以期更加科学地标注元数据。除菩萨之外，有关佛经的敦煌遗书图像还有一个重要类别就是供养人，如 P. 4060《会稽镇遏使罗祐通供养佛像》，在敦煌壁画中描绘了大量供养人，供养人图像往往有各种不同的行为举止，对行为进行深入细致的特征描述，再通过数据关联，正可以与敦煌遗书图像中的相关人物行为进行比较，从而有助于深化对唐代供养人的了解。除人物类别和人物行为外，人物画还包括人物的头饰、服饰、手势、足部的方向等。以人物的手势为例，P. 3905 就记载几十种不同姿态的手印图，各图左侧还有相关说明文字，这些文字对于进行图像特征描述至关重要。在进行元数据处理之后，便可以与其他类别如敦煌壁画、石窟造像等进行数据关联，从而有利于研究者进行横向比较，拓展其研究广度和深度。

（5）情感状态。相较于人物的类型和行为活动等其他方面，情感状态是人物类的高阶层次。敦煌遗书中的人物图像并非千篇一律的呆板面孔，相反大量图像反映出相关人物的各种情绪，或是恼怒，或是悲伤，或是欣喜若狂，或是闷闷不乐。如果在语义描述中能对此进行细化，那么无疑会大大提升检索质量和关联数据的实效性，特别是有一些十分古怪，甚至是诡异的人物图像，更需要补充相关描述语言，如 P. 4514《头像》，图像中心描绘一位妇女的正面面容，夹杂了忧郁、厌恶等情绪，而环绕在头像四周的密密麻麻的眼睛，仿佛是画家故意营造出一种特殊、神秘又让人恐惧的氛围。类似于这类表达人物特殊情绪的敦煌遗书图像，具有独特的研究价值，理应给予更多关注，并进行细致的语义描述，以便相关学者展开研究工作。敦煌遗书图像中的人物比较复杂，应为敦煌遗书图像中的人物单独构建本体，在语义描述层级中，对比人物的行为活动、服饰、手势等低层级特征，人物的情感态度的语义描述要更加深入，但是为了便于抽取实体概念和深入研究，可将人物的情感态度与人物其他相关方面结合，共同形成敦煌遗书图像中的任务本体模型，如图 8－8所示。

敦煌遗书图像是世界的艺术宝藏和珍贵的文化遗产，其中蕴含丰富复杂的历史文化和艺术等元素。目前，国内外的许多敦煌数字化项目在图像检索方面存在不足。笔者探讨关联数据应用于敦煌遗书图像的可行性，丰富的理论文献与国内外的实践表明，关联数据在图像关联与检索方面具有广阔的应用空间，并提出基于关联数据的敦煌遗书图像知识关联的语义组织模式，它包括数据收集层、语义描述层、数据关联层和资源应用层四层。此外，笔者根据敦煌遗书图像的绘画特点，借鉴前人关

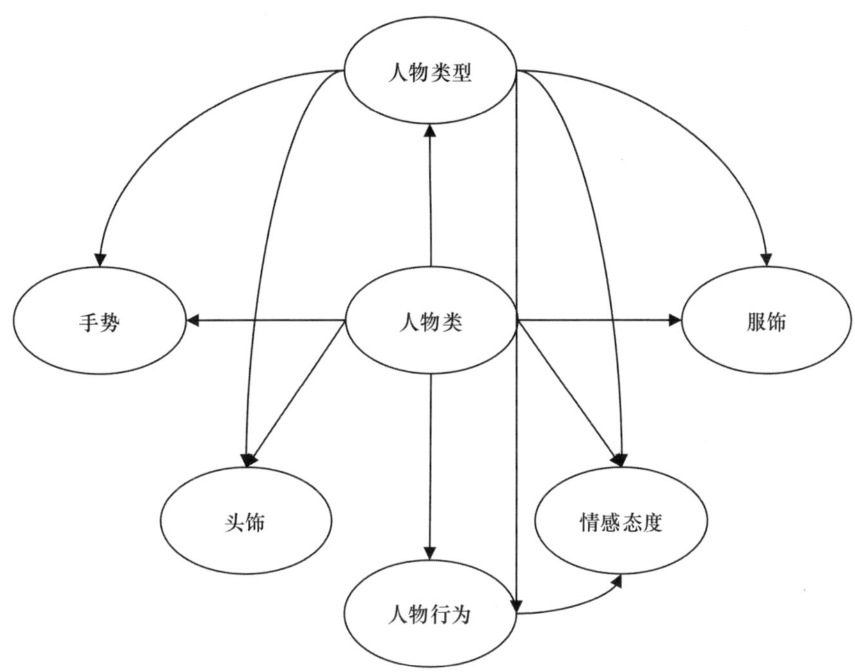

图8－8　敦煌遗书图像中人物本体模型

于敦煌壁画的语义描述思路，再结合现实用户需求，提出敦煌遗书图像的语义特征层级模型，第一层是最底层的物理层，第二层是图像视觉内容特征层，第三层是高层级的语义数据层，以期加深图像检索深度，为用户提供更加智能的检索效果，也为图书馆特色文化资源保障体系的建立提供思路指引。

第六节　本章小结

图书馆保障体系的建立是拓展大数据时代图书馆服务的广度和深度的重要支撑，也是促进图书馆向“智慧图书馆”迈入的核心推动力，为实现构建图书馆服务保障体系的目标，笔者从理念保障、技术保障、能力评估保障、服务保障、组织和文化保障五个方面出发，系统阐述图书馆服务保障体系涵盖的内容及保障策略。在理念保障中，从理念模式构建、数据素养能力培育理念、应急服务理念层面出发，剖析大数据时代图书馆服务的理念保障机制。在技术保障中，从云服务平台的数据保障、个性化服务监管以及服务的可控性和可用性三个层面出发，揭示大数据时代图书馆的技术保障机制的合法性。在能力评估保障中，从大数据平台的评估、服务安全性评估、从业人员绩效评估三个层面出发，探讨大数据时代图书馆服务能力评估保障机制的各个维度。在服务保障中，从安全防御、管理规范、监护防护等层面出发，试图构建大数据时代图书馆可靠的服务保障策略。在组织和文化保障中，从资源采集保存、资源组织和文化资源等层面，探析大数据时代图书馆组织和文化保障策略。综合以上内容，为图书馆构建完善的服务保障体系提供重要的理论探索与思路指引。

第九章

大数据环境下图书馆服务体系创新的发展方向

从传统的藏书服务时代到知识服务时代，再到如今的大数据时代，图书馆的变革一直是时代各种因素共同作用的结果，深刻反映着社会生产力的变化与社会生产关系的辩证发展。服务因时代的进步而随之创新，大数据时代，图书馆服务开始朝着新的方向发展。

国家层面的政策为图书馆服务变革提供行动指南。这些政策与规定是图书馆服务实施的尺度与圭臬，从知识产业升级、大数据战略开发、高等教育改革到文化服务全面开放、行业融合发展、跨界合作，图书馆在创新中进步。用户的需求是引发图书馆服务变革的核心因素。而大数据时代，用户对信息的需求开始朝着不可预测、复杂化的趋势发展，但是用户对服务的质量有更加严格的要求。如何在满足用户需求的基础上，兼顾服务的个性化、精准化、创新化，是图书馆创新服务发展的重要课题。理论的交叉融合是图书馆服务变革的支点。协同理论、后知识服务时代“新三论”、价值共创理论、嵌入式理论等与图书馆服务融合，并且已经碰撞出新的理论花火，也促成图书馆服务创新的广泛实践。技术的发展是图书馆服务变革的支撑。大数据时代的图书馆服务对技术的依赖已经远超以往，大数据技术拓宽图书馆服务的边界，改变原有的服务方式。社会责任的履行是图书馆服务变革的终点。图书馆具有阶级性、教育性、文化性，更好地为公众提供创新文化服务是其使命，也是国家社会给予图书馆的殷切期望。在这些因素的合力作用下，图书馆的服务开始呈现出精准化、个性化、知识化、智慧化、开放化、融合化的发展趋势。

在这种态势下，图书馆创新服务又将走向何方？

以知识增值、创新为核心的知识服务[①]开始成为图书馆常态化工作之一，在新理论、新技术的融合下，开始融合不同业务，呈现内涵式发展态势。知识服务的驱动、“双一流”政策的指引、图书馆学科服务站位也将由服务科研提升至服务决策，学科平台建设、机构知识库建设都将成为学科服务的重要实践。“智慧”与图书馆的融合已经开始并将长期影响着各项服务的创新与发展，数据挖掘技术、虚拟现实技术、智能机器人技术改变着图书馆服务的方式与质量。5G 技术方兴未艾，下一步与图书馆服务的结合也将给用户带来不一样的体验，进而推动智慧城市的建设。为满足现阶段人民日益增长的美好生活需求，图书馆将以更加开放的姿态，为用户提供更有深度的资源服务与空间服务。

正是知识服务的常态化，智慧技术的可拓展性，开放服务的宽容性，使得新的学科范式、新的政策理念与图书馆服务结合发生新的“聚变”——图书馆数字人文与图书馆文旅融合。数字人文为图书馆学、图书馆实践工作提供新的方法、新的项目窗口，文旅融合为图书馆服务进行新的“赋能”。数字人文技术在图书馆领域将会朝着专业理论建设、产业孵化等方向展开，在反哺学科建设的同时，推动产业进步。它们在提升原有受众服务体验的基础上，广泛吸纳其他领域的用户，不断拓展服务边界，提升图书馆的服务能力。

因此，大数据环境下图书馆创新服务体系的发展是在各项因素的驱动下，循序渐进。具体来说，即基于国家政策导向、新技术创新，图书馆自身社会责任使然，加之用户需求开始朝着个性化、知识化、数据化、智慧化方向发展，这些内力、外力因素同时推动着大数据环境下图书馆服务向高水平提升。在这个框架中（见图 9－1），可以看出，图书馆的日益开放是整个创新发展的基调，知识服务开始成为图书馆资源服务的基

---

① 孙雨生、廖盼：《国内知识服务评价核心技术研究进展》，《计算机与数字工程》2019 年第 12 期。

础性工作，并为后续其他新服务开展提供知识资源保障。大数据技术的不断发展、智慧技术的快速融入，使图书馆“智慧服务”深入人心，知识数据、数字人文、数字文旅融合这些跨界性尝试开启图书馆智慧服务新领域。另外，高校图书馆的学科服务也有所发展。需要特别说明的是，在整个发展过程中，新理论、新学科、新范式的不断融入，也使图书馆创新服务走向更高的层次。

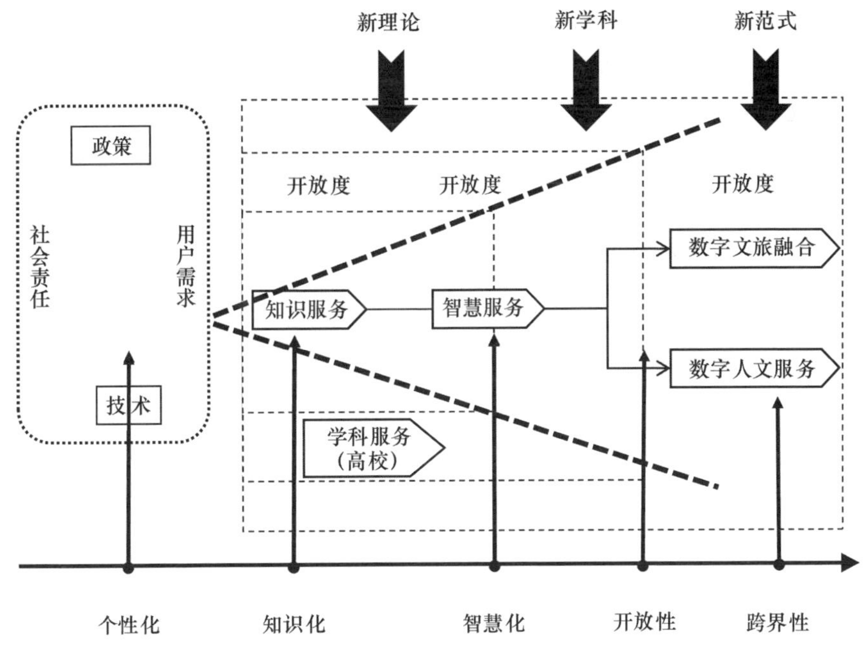

图9－1　大数据环境下图书馆创新服务体系的发展趋势

第一节　大数据环境下图书馆用户需求的变化

一　从“用户需求”到“用户画像”

2020年4月，CNNIC发布第45次《中国互联网络发展状况统计报告》，截至2020年3月，全国网民规模为9.04亿人，互联网普及率达64.5%。在这个数字背后，网络用户巨大的信息需求不能隐匿。以往对用户需求的处理，强调对其进行归类，根据群落的不同，再进行相关的图书馆服务推送，或借助数据挖掘、信息采集等技术，似乎可以较为圆满地完成信息服务的工作。但是对于用户需求的精细化识别来说，这仍然较为粗放，因为无法区分用户与用户之间的差异，无法预知用户需求的长期演变轨迹。那么，有什么办法可以弥补上述缺陷呢？

用户画像这一概念最早由 Alan Cooper 提出，也可以称为“用户肖像”或者“用户角色”。用户画像概念的提出，为大数据环境下的用户需求搭建立体化的框架，用一种更为生动、全面、精准的模型，使用户的多元诉求得以准确表达。

根据用户画像的定义，通过对用户信息的收集、提取、筛选，形成可描述用户基本情况、需求偏好、社交行为等各类信息的标签，将这些标签通过层级的划分，形成有序且逻辑合理的数据层。各层数据相互作用，生成一个立体的模型，这就是虚拟世界中的“用户”。图书馆可以根据这幅“真人画像”，实施精准服务。

用户画像构建的核心，一方面需要对用户信息进行正确分类、提取。一是确认目标用户信息，例如基本情况信息、系统日常访问痕迹、社交行为偏好等。二是在用户允许、法律许可、技术支持的背景下，对这些数据进行合理抽取挖掘。另一方面需要对已提取的信息进行正确描述与模型搭建。模型搭建需要考虑数据层的划分，可以分为数据采集层、数据分析处理层、画像构造层，再将原始数据进行计算，推算出用户的虚拟画像。

用户画像构建的本质就是对用户进行标签描述，而不是粗暴归类。通过这些不同类别、不同维度的标签，可以拼接每个用户的真实偏好，也可以感知相同用户群体的共性需求，预测用户及用户群的后续需求变化。

二 大数据环境下用户画像对图书馆创新服务发展的启发

得益于数字技术、网络技术的飞越式发展，用户可以畅游于互联网世界。同时，用户的行为也呈现出复杂性、多样性与难以预测性等特点。作为公共文化服务机构，准确把握用户需求“脉搏”，追寻用户行为“痕迹”，精准对接用户的信息需求，是大数据环境下图书馆应有的觉悟与职责所在。

（一）“大数据、微粒度”情境下的馆藏资源购置工作

馆藏采购工作是图书馆年度工作的头等部署，资源购置经费也在图书馆年度预算中占有相当比重。据统计，1979—2018 年，全国公共图书馆新增图书购置经费大致呈增长趋势，其中 2018 年的资源购置经费为 246475 万元，[①] 占年度总支出的 13. 14%。面对有限的经费，购买什么样的纸本资源，挑选什么样的数据库，是每个图书馆馆藏采购的头等难题。

在精准化、个性化服务的背景下，用户对信息资源提出新的要求，馆藏资源组织粒度需要从文献单元向知识信息单元发展，[②] 资源选择已经不能粗糙地以《中国图书馆图书分类法》分类为依据，需要更多地聚焦于某个主题、某个专业方向、某个社会现象等微观角度。用户画像以标签为“组织细胞”，图书馆可根据画像中的资源需求点进行挖掘，从个人到群体，推导出本馆读者的资源偏好，以此作为馆藏资源采购依据，而用户也以另一种形式参与馆藏资源建设。

（二）“全民阅读、文化自信”愿景下的阅读推广工作

在 2020 年的政府工作报告中，再次出现“全民阅读”的身影，全民阅读工作成为坚定文化自信的重要发力点。习近平总书记在 2019 年 9 月 8 日《给国家图书馆老专家的回信》中，也提到图书馆需要创新服务方式，推动全民阅读。另外，《第十七次全国国民阅读调查结果》显示，2019 年中国成年国民综合阅读率为 81. 1%，较 2018 年提升 0. 3 个百分点，其中数字化阅读方式的接触率为 79. 3%，与 2018 年相比亦上升 0. 3 个百分点。

运用大数据思维、大数据技术、大数据方法，全民阅读工作可以得到更好地推广。而在这个推广的过程中，结合用户画像，可以预测用户潜在的阅读需求，开展与之偏好契合的文化活动。也可以根据用户在画

---

① 中华人民共和国文化和旅游部编：《中国文化和旅游统计年鉴（2019）》，国家图书馆出版社 2019 年版。

② 杨强、邱均平：《大数据时代对馆藏资源的影响及其发展趋势》，《情报理论与实践》2014 年第 5 期。

像里面的反馈表达，改进服务策略，提升阅读体验。

（三）“人＋资源＋空间”理念下的空间改造工作

于图书馆而言，在以往的建设中，往往注重的只有“资源”这一维度。随着现代图书馆理论与实践的不断扩展，“人”的元素开始加入并逐渐占据主导因素。基于“以人为本”的图书馆服务宗旨，读者对图书馆空间的体验诉求也被重视起来。“人、资源、空间”成为现代图书馆建设的“三原色”，图书馆正成为人类生活、工作和学习中不可缺少的第三空间。①

大数据刺激的不仅是图书馆资源提供方式、读者服务方式的革命，它还重新定义了图书馆应该成为一个“虚实交互”的特殊空间的含义。用户画像中的用户情境偏好数据，足以证明读者不再把图书馆作为一个阅读的单一化场所，他们需要在这里找寻更多的空间体验。近年来，智慧图书馆、创客空间、虚拟现实空间已经逐渐加入各大图书馆改造建设的“期望图纸”中。

（四）“双一流”背景下的高校图书馆学科服务工作

高校图书馆是图书馆的一个重要且典型的组成部分，学科服务工作是其中一个典型区别。大数据环境下的高校科研现实，决定其图书馆必须为本校的教学科研工作提供精准化服务。政策方面，《关于高等学校加快“双一流”建设的指导意见》明确要求，高校应充分发掘集聚各方面积极因素，加强多方协同，做好决策辅助。因此，高校图书馆应主动融入学校升级发展事业，助力“双一流”学科建设，提升高校综合竞争力，提升自身在学校决策中的站位。

高校图书馆用户组成具有典型特点。根据读者学历层次可以分为专科、本科、研究生，根据读者角色可以划分为学生、教师、行政人员，根据专业划分则更细致，因此用户画像就成为用户需求的最佳表达方式。各类标签可以综合描述高校读者的学历层次、专业方向、近期研究关注点，实现对读者的个性化、精准化服务。

---

① 吴建中：《转型与超越：无所不在的图书馆》，《图书馆杂志》2012 年第 6 期。

三　大数据环境下图书馆用户需求的未来变化趋势

从平面的用户需求跟踪到立体化的用户画像表达，在大数据环境下，用户需求已经开始呈现多元化发展趋势，这些趋势影响着未来图书馆工作的建设与规划。

（一）个性化需求

大数据时代数据呈爆炸式增长，在带来巨大的知识性便利的同时，也给用户带来信息焦虑。对用户而言，怎样才能在海量的数据中快速找到自身所需的信息，是大数据时代用户的重要期望。对图书馆而言，怎样才能将目标信息精准推介给需求者，是大数据时代图书馆服务的首要任务。个性化服务可以帮助用户在数据“噪音”中有效隔离无效信息，直达所需，提高检索效率，提升用户好感度；也可以帮助图书馆在进行业务活动时，提升推介效率，避免资源的“错位”投递，更好地展现图书馆服务水准。

在未来的图书馆服务工作中，个性化服务必然是业务评估的关键因素，它的思想将广泛渗透在图书馆各个服务环节中。在馆藏资源建设中，要充分评估用户的个人需求，采购用户所需资源，才能推动后续资源利用率的提高。如果忽略用户的个性化资源需求，那么所有业务都将是无本之木、无源之水。在进行资源利用、阅读推广服务时，图书馆根据用户个体需求差异精准推送，才能有的放矢。个性化服务产生于大数据时代，服务于大数据工作，必将成为衡量一个图书馆“人本”思想的重要尺度。

（二）知识化需求

知识服务是图书馆大数据服务中一个经久不息的话题，经历几代图书馆的迭代进化，在“智慧”“人工智能”等服务备受追捧的今天，它仍然熠熠闪光。

知识服务脱胎于文献服务与信息服务，强调知识、能力、资源和过程以服务的形式进行有机融合。[①] 文献服务主要致力于将现有文献原始

① 秦晓珠、李晨晖、麦范金：《大数据知识服务的内涵、典型特征及概念模型》，《情报资料工作》2013 年第 2 期。

地、真实地提供给需求用户，信息服务集中于将图书馆馆藏范围内的有效信息输送给用户。但是，大数据时代用户已经不满足于仅仅获取这些固化的信息资源，会提出更多深层次的、更偏内涵的需求。此外，图书馆内还有大量的半结构化、非结构化信息处于闲置状态。而知识服务则通过大数据技术将这些结构化、半结构化、非结构化的信息资源全部挖掘整合，进行深度加工，形成有价值的、可以利用的知识资源，提供给用户。

（三）智慧化需求

“智慧地球”一词最早于 2018 年由 IBM 前任董事长彭明盛提出，自此，“智慧”一词开始被广泛应用于各行各业，引发至今都未冷却的“智慧热”。图书馆行业也对“智慧”一词进行较为全面的研究，出现以数字化、网络化、语义化、智能化为主要标签的“智慧图书馆”概念。① 同时，智慧服务也开始逐渐渗透在图书馆的各项工作中。

智慧图书馆是在数字图书馆、移动图书馆的基础上，所进行的升级与迭代，除必备的数字技术、网络技术、大数据技术服务，智能化技术是其最显著的驱动力。在智慧图书馆的建设中，讲究技术与人文融合统一，即智能与智慧。②

智慧服务则是知识服务与智能服务的高级状态，是图书馆用户创新服务的最高追求之一。例如，现阶段提出的图书馆智慧空间、智慧阅读、智慧咨询、智能打印、人工智能馆员等，都是智慧服务的实践。

（四）开放性需求

图书馆开放性问题主要涉及两个方面：空间开放使用与资源开放使用。关于空间的开放，公共图书馆应始终遵循“图书馆是一个开放的知识与信息中心”要求，③ 不忘初心，服务于社会公众。高校图书馆目前已经有部分单位尝试向社会开放，承担自己的社会责任。大数据环境下，

---

① 苏云：《大数据与人工智能双驱动的图书馆智慧服务研究》，《图书与情报》2018 年第 5 期。

② 袁红军：《我国智慧图书馆研究现状、热点与未来展望》，《新世纪图书馆》2019 年第 6 期。

③ 林祖藻：《联合国教科文组织公共图书馆宣言》，《江苏图书馆学报》1986 年第 1 期。

图书馆资源开放使用问题是目前公众比较关注的，如何解除时空限制、身份限制，安全自由地获取图书馆资源是每个图书馆都要努力的方向。

（五）跨界性需求

大数据对于图书馆来说，一方面丰富着图书馆的资源与服务手段，促进图书馆转型升级；另一方面，也必须看到它所带来的尴尬局面——图书馆不再是唯一可以获取图书信息资源的空间，也不能只提供单一化的服务内容。越来越多的行业开始加入信息服务的行列，图书馆与其被取代，不如主动出击，寻求跨界合作，扩大自身业务范围，革新服务方式，这样才能更多地参与社会事务，提升自身服务形象。

目前各级各类图书馆都在跨界合作中寻找突围方向。例如与旅游业合作，推出“文旅融合”的新模式。图书馆改变了传统信息服务方式，让文化浸润历史与自然，焕发勃勃生机。目前，借助于“互联网+”“大数据+”的合作模式，商业机构、教育机构、行政机构等都在与图书馆或多或少地进行联动，提升公众的文化品味，拓展受众的知识边界。再如，备受图情界关注的“数字人文”热，也是目前重要的跨界合作体现，它利用数字技术解析人文知识，保护历史文化遗产，提高社会关注度，这也是图书馆创新服务的体现。

四 用户画像视域下的图书馆创新服务发展策略

（一）开展基于用户画像的馆藏资源动态建设

用户画像是一个动态的、需要长期追踪的虚拟模型，而图书馆馆藏也是一个需要长期建设、动态发展、结构相对稳定的资源体系，两者可以通过一定关联，实现发展上的统一。

首先，建立基于“用户画像”模型的数据库。用户画像是由无数的数据标签汇集而成的，这些数据除了构造用户画像，还可以用来建立用户画像数据库，方便随时抽取调用。

其次，建立由“用户画像”衍生出的“资源画像”。抽取用户画像数据库的资源偏好标签，将所有用户的此类标签按照一定的关联规则，汇聚成图书馆总体用户需求，这就是本馆的“资源画像”，反映着宏观上的资源采购方向。

最后，设计基于“用户画像数据库”的智能读者荐购系统。此系统可以根据用户的借阅情况，推荐其感兴趣的资源；根据用户主动表达的购书期望，制订近期采购计划；根据其他相似用户的阅读习惯，分析其隐性资源需求。以上这些功能都可以通过读者荐购系统实现。

（二）开展基于用户画像的分众式阅读推广工作

阅读推广工作是激发馆藏活力，与用户互动最直接的服务之一。图书馆可以依赖用户画像模型，开展基于分众传播的精准化文化推广活动。

第一，根据用户画像模型，开展个体阅读推广。不同类别的用户对于大众传播有不同的需求与反应，一部分用户可能对阅读推广服务有不同于公众的需求，因此可以调取这部分用户的画像数据，开展面向小众阅读需求的活动。

第二，根据群体用户画像，开展群体阅读推广。虽然每个用户都有个性化的阅读需求，但是经过用户画像大数据的关联，还是可以计算出群体间的共同爱好。可以根据这个结果，开展群体阅读推广活动，推动文化传播效益的最大化。

（三）开展基于用户情境偏好的空间再造工作

用户画像的标签含有情境偏好数据，这部分数据可以反映用户对某个图书馆场景的喜好程度，也可以记录用户到馆时刻、来馆天气、来馆时长、陪同人员，也就是进馆情况。这部分数据可以为图书馆空间改造提供思路。

一方面，可以根据用户的场景喜好程度，确定空间扩充类型。如果用户喜欢放松、舒适的学习环境，那就要考虑增加休闲阅览区；如果用户喜欢朗诵，就需要考虑增加有声区。

另一方面，根据用户的来馆记录，拓展空间的功能范围。例如，有大量用户携带子女进馆，说明本馆亲子阅读空间需求旺盛；如果多数用户留馆时间过长，可以考虑设立轻食售卖区；如果夜间用户较多，必须保证空间照明的达标。

（四）开展基于科研用户个性需求的学科服务工作

高校图书馆学科服务也可以利用用户画像模型进行服务创新。学科服务对象覆盖各个学科领域，用户画像可以帮图书馆实现对这些用户进行精准区分。第一，利用科研用户画像模型，了解用户的基本学科领域、科研行为、学科服务需求度、服务反馈情况，这有利于了解科研用户的学科服务认可度，有助于开展个性化服务。第二，明确区分科研个体和科研团队的学科服务需求。对于个体科研用户，可以直接依据第一步的信息按需求提供服务；而对于科研团队，就要充分了解团队的复合需求，再确定后续服务策略。举个例子，个体科研用户一般注重热点追踪，需求的知识资源主题专指度高，团队科研用户一般注重理论的研究，需求的知识资源主题覆盖面广，这些区别都要依靠用户画像来判断。第三，利用学科服务用户反馈功能，完善用户画像。学科服务是一定要有反馈的，这样可以对已经开展的服务质量进行评价，也可以利用用户反馈的信息，完善画像，以便后续服务的再次顺利开展。

第二节　大数据环境下图书馆知识服务的发展方向

大数据环境下的图书馆处于一个泛在知识的情景中，所有的服务都需要建立在一定知识提供的基础上。用户的需求不再简单依赖馆藏资源，而是需要“信息的信息”，即知识。也就是说，几乎在这个时代下的所有图书馆服务都可以看作知识服务的延伸。因此，知识服务的创新是图书馆服务创新的关键因素。基于知识服务的创新是迎合大数据时代信息用户的需求，是图书馆适应大数据时代的先决能力条件，是图书馆开启智慧服务的知识基础。

一　新理论融合下的图书馆知识服务发展走向

（一）基于智库理论的知识资源建设

智库，即由各领域的专家学者，以政策研究为基础，为政府、社会、企业提供决策支持的研究机构。[①] 由于智库可以影响公共领域的决策，因

① 吴雅威：《图书馆在国家智库建设中的作用、价值及框架构建研究》，硕士学位论文，东北师范大学，2018 年。

此智库的选择需要基于充分地调查与论证，才能被公众信任。高校智库是智库中的一个典型组成部分，因为高校拥有大量的专业领域高端人才，而高校图书馆又拥有海量的大数据资源，所以高校图书馆在高校智库建设中扮演着特殊的角色。

目前，大多数智库都有自己独立的智库研究机构，[①] 这是很多高校智库所没有的。而智库建设是一个综合性项目，对知识资源、技术、人才有着严格的要求，图书馆又是这三方面资源的汇集地，因此在高校智库建设中，图书馆必定担任着重要角色，特别是在知识资源供给方面，为后期专项特色智库建设做好铺垫。

（二）基于价值共创理论的信息素养教育

价值共创是指以个体为中心，让消费者与企业共同创造价值。切换到图书馆与用户视角，可以把图书馆看作企业，用户看作消费者，让图书馆和用户实现价值共创，促进图书馆服务创新与用户满意度提升。前文已经论述图书馆知识服务与用户信息素养也有关系，因此开展用户信息素养教育，可以实现图书馆与用户的“共赢”。

目前信息素养教育多由图书馆承担，例如通过开设信息检索课程、数据库引进培训、文献检索在线大课堂等形式来提高师生的信息素养。在这些途径之外，用户与用户之间也可以实现价值共创，例如科研人员之间的学术合作、学生与学生之间的学业互助、教师与学生之间的教学情况沟通，[②] 都是基于知识服务的价值共创。

（三）基于学科馆员制的人力资源建设

学科馆员，即图书馆承担学科服务的工作人员，一般需要具备某一领域的专业知识，并能较好地开展信息服务工作。知识服务的开展与馆员素养有着重要的联系，能力过关的学科馆员一般可以提供较有保障的知识服务。鉴于此，图书馆要重视学科馆员的管理。

第一，人才引进机制保障。大数据时代，科研用户对知识服务的要

---

① 王雨：《高校图书馆在高校智库建设中的角色、优势以及发展路径探析》，《图书情报导刊》2020 年第 5 期。

② 赵丽、高世静：《基于价值共创的高校图书馆知识服务创新研究》，《大学图书情报学刊》2020 年第 4 期。

求越发严格。如果没有相应的专业服务人才引进，知识服务就无从谈起。因此要确立图情专业人才与各学科专业人才引进机制，并提供相应的保障，为图书馆知识服务提供人力资源支持。

第二，创新激励机制保障。知识服务需要创新，这就要求学科馆员不断更新自己的知识储备与服务技能。对图书馆来说，建立合理的创新激励机制，将激励学科馆员不断努力创新，更好地服务用户。

第三，专业培训机制保障。知识服务要求不断增加，学科馆员也要与时俱进。因此，图书馆对学科馆员进行定期专业知识和服务技能培训是必不可少的。这也要成为一种制度确立下来，进行长期的实施与监督。

（四）基于关联技术模式的服务模式选择

知识服务的内容与方式是图书馆知识服务体系建设的核心，而技术模式的选择又是进行知识服务的重要影响因素。知识的开发需要对原有的信息进行重组与分析，发现数据之间的关联性。因此，在整个知识加工的过程中，关联性分析是其最关键的模块。

基于关联技术的知识服务模式，主要包含三个功能层，即馆藏数据层、数据算法层、人机交互层。馆藏数据层即图书馆的基础数据集合，是知识的“原料”，也是整个模式的基础。数据算法层是加工层，也就是关联技术的实现层，里面包含复杂的算法技术与加工技术。人机交互层就是用户需求的感知层，用户通过与计算机对话，表达自己的知识需求。

在第二层的算法层中，存在关联技术体系，这个体系也有着三个分层：基础层、组织层、关联层。① 基础层主要是指从图书馆基础数据集合中经过算法抽取筛选出来的可供加工的数据，采用分布式存储技术，可以实现高效传输与安全存储。组织层就是数据组织形式的固定层，例如需要确立什么样的数据类型，需要遵守什么样的数据传输协议，等等。关联层是关联技术体系的核心层，将经过清洗的、组织好的数据进行最后的分类、管理、融合，运用分析与挖掘技术实现知识的重组，直至最后完成整个知识服务过程。

---

① 廖秋荣：《基于数据关联技术的图书馆知识服务体系构建》，《广西民族大学学报》（自然科学版）2014 年第 4 期。

二 “后知识服务时代”理论的兴起

2019 年，柯平提出“后知识服务时代”的概念。这是继 2000 年张晓林提出“图书馆知识服务”的观点之后，知识服务领域的又一重大理论创新。在这一理论提出之后，柯平后续又多次对此观点进行深度阐释，进行理论延伸与实践探讨。

后知识服务时代，主要是基于图书馆服务的发展变化轨迹来定义的。柯平认为在后知识服务时代之前，还有信息服务时代、前知识服务时代，它们一起推动着图书馆服务的创新、变革与转型。在信息服务时代，图书馆整个服务都呈现出前所未有的发展，这是新技术驱动的结果，也是与传统图书馆服务区别的根源所在。在前知识服务时代，知识技术开始成为服务的技术支撑，图书馆服务领域新业态开始形成，前一时代的创新举动在这一时代也成为常态。在后知识服务时代，服务从前一时代的被动转型到这一时代的主动转型，是技术、需求、理论共同作用的结果。① 这三个时代概念的提出也有着对应的理论依据，分别为信息经济论、知识价值论、新知识价值论。

在后知识服务时代，图书馆的创新服务也要坚守一定的原则，要综合新形势、新需求，又不违背图书馆自身的发展规律，实现高质量、可持续的创新。在这一时代，图书馆的创新服务也有侧重点，服务不再只是一种单纯的供给，要从多个因素融合考虑，情境化、技术化、精细化、智慧化是未来的服务趋势。

后知识服务时代，是图书馆主动转型的历史时刻，应该站在更高的层次看待图书馆领域的一切问题，是否符合时代召唤，是否符合国家发展，是否有助于社会进步，都需要图书馆去解答。

三 大数据环境下图书馆知识服务的发展策略

（一）关注跨知识空间服务

目前讨论的图书馆知识空间，一般指其物理和虚拟空间，知识服务

---

① 柯平：《后知识服务时代：理念、视域与转型》，《图书情报工作》2019 年第 1 期。

也在此场域下开展。图书馆应该在此基础上，进一步考虑跨知识空间的服务问题，探索在不同知识媒体、平台、场域下，知识服务的高质量、高效率开展问题。例如可以借助跨屏分享技术，实现跨空间的网络资源分享问题；利用跨媒体检索技术，实现全平台的资源检索；建立一个服务通道，可以接收到多个知识空间的服务请求，实现无缝交流。

（二）组建多层次知识服务团队

多层次知识服务团队如果组建成功，不仅可以提高图书馆知识服务的效率，还可以开拓知识服务的边界。在组建时，注意吸纳不同学科、跨技术领域的人员，不断优化团队的人才结构和服务质量。同时，知识服务团队应在现阶段被动服务的基础上，走向主动服务。主动进行知识发现，及时发掘知识生长点，创造新知识资源。

（三）"后知识服务时代"主动转型

虽然"后知识服务时代"的概念才刚被提出，但是图书馆界已经感受到它所带来的压力与变革前奏。在"后时代"，图书馆既要利用外在驱动因素（技术与需求），又要激活内在驱动因素（创新），在双驱动的支持下，建设一个具有"无限"空间，资源服务一体化，无差别服务的、真正的以用户为中心的图书馆服务体系。

第三节　大数据环境下图书馆学科服务的发展方向

学科服务是图书馆读者服务中的重要组成部分，服务内容可以涵盖资源利用、参考咨询、信息素养教育等多个业务面，所以承担图书馆学科服务的学科馆员，往往在具备较高的图情专业知识之外，还需要拥有服务读者的工作能力。学科服务与学科馆员主要集中出现在高校图书馆，因为高校科研教研工作的独特性与密集性，图书馆业务工作往往会与科研教研人员产生千丝万缕的联系，学科馆员成为链接图书馆与用户的媒介，学科服务就成为双方沟通的主要工作内容。

基于新时代中国高校的不断转型发展，图书馆学科服务开始有新的变化，对于学科馆员也提出新的要求。如何在高校转型中，提供有力的资源保障、智力援手、决策支持，是图书馆学科服务发展创新的必答题。

一 “双一流”导向下的高校图书馆学科服务诉求

（一）“双一流”对高校学科建设的影响

为切实推进高校新一轮改革，增强学科核心竞争力，重申高校教育的任务，2015 年 10 月，国务院印发《统筹推进世界一流大学和一流学科建设总体方案》，此重大部署直接指出要以“一流为目标、以学科为基础、以绩效为杠杆、以改革为动力”，以更高的格局、更具体的测度指标、更灵活的竞争机制推动中国高等教育鼎立世界。

不同于原有的“985”“211”项目，“双一流”分为“一流大学”与“一流学科”建设，也就是将测评粒度细化，由整体延伸至单独学科，学科竞争力的强弱对于“双一流”评比至关重要。一方面，“双一流”评价机制给更多大学学科重新竞争的机会，破局原有的“打包”竞逐机制，让学科轻装上阵，为创新注入“活水”。另一方面，“双一流”也倒逼学科进行自身进化。不破不立，只有摒弃学科建设中的长期阻碍因素，敢于大刀阔斧改革，才能实现学科质量的整体上升，增加自身竞争力。

（二）“双一流”对高校图书馆学科服务提出的要求

“双一流”评比机制向高校学科提出硬性要求，那么作为高校建设三大支柱之一的图书馆，在此次“大考”中，务必要做好学科专业助力工作，才能从真正意义上参与学校的整体决策部署。

第一，学科建设强化的要求。学科建设自身强化是竞逐“双一流”的基础，学科建设要从根本上梳理自身情况，从各个角度审视自己，才能对症下药，实现自身强化。知识资源是学科建设的基础，也是学科评估中的一个直接观测点。图书馆是全校知识资源的中心，面对学科竞争压力，必须要进行学科专业馆藏资源建设。既要满足学科评估指标，又要兼顾馆藏结构的科学占比。

第二，学科建设特色化的要求。原有“985”“211”排名机制在一定程度上，容易造成大学办学模式同质化现象，而《统筹推进世界一流大学和一流学科建设实施办法（暂行）》（以下简称《办法》）直接指出要“办出特色、差别化发展”，传递着特色化竞逐的理念。因此图书馆在进行资源保障的基础上，要进行特色提炼，用以突出学科专业的特色，增加竞争力。

第三，学科建设持续化发展的要求。《办法》中规定，在评比中要打破排位固化的旧传统，建立动态调整机制。因此，学科排名不是一成不变的。如果停滞不前，不能在原有基础上实现创新与变革，很可能在下一轮评比中被淘汰。对图书馆来说，也要在物质与服务保障上进行后续跟进。

二　大数据环境下高校图书馆学科服务的生长点

大数据环境下图书馆学科服务呈现出新的内涵，在这些新服务形式的基础上，学科服务的内容范围也将相应延伸。

（一）学科服务虚拟社区的出现

前文提到图书馆在进行精准化学科服务时，缺乏完善的需求沟通平台。目前，多数“双一流”大学提供学科服务的平台都在本校图书馆网站。据统计，截至2020年2月，有33所高校图书馆在网站设置“学科服务”板块，仍有少数高校没有设置。[①] 网站学科服务板块的出现为科研用户提供窗口，但这并不是一个完美的交流平台，大部分只能实现用户与图书馆之间的简单交流。鉴于此，可以考虑建设虚拟社区，主动搭建适合多类型科研用户合作沟通的平台，真正实现协同化学科服务场景。虚拟社区建设可以借助微信公众号开通服务功能，也可以开发独立的软件App，搭载多种功能，实现用户多元学科服务需求。

（二）专利分析服务

世界知识产权组织数据显示，2019年中国在《专利合作条约》（PCT）框架下的国际专利申请量为58990件，首次超越美国跃居世界第一。[②] 中国成为名副其实的专利大国，高校成为专利孵化基地。专利成果数量的迅速增长，对专利信息的收集整合迫在眉睫。图书馆作为高校的信息资源管理中心，应该敏锐地洞察专利信息的价值，承担专利信息的

---

① 钟欢、马秀峰：《教育虚拟社区：智慧视域下高校学科服务的新阵地》，《图书馆学研究》2020年第14期。

② 《2019年我国专利有效量数据统计：每万人口发明专利拥有量达到13.3件》，2020年6月2日，中商情报网，https://www.askci.com/news/chanye/20200602/1019121161259.shtml。

管理工作。图书馆可以对这些专利信息进行专利主题挖掘、专利信息检索、专利信息查新等。①

（三）高校机构知识库的建设

高校机构知识库是指高校通过相关技术，将分散于校园的各类知识数据系统进行打通衔接，将这些系统中日常产生的有价值的数据进行整合，形成庞大的资源集合。高校机构知识库的建设是目前高校图书馆争相讨论的话题，它的建立为智慧校园建设提供重要的数据资源保障。通过高校机构知识库可以实现专题知识服务、用户个人成果展示服务、教学支持服务等功能，充分发挥数据资源整合的优势，实现科研助力。

三　大数据环境下高校图书馆学科服务的发展策略

（一）开展用户参与式的全程建设工作

“用户参与式”是指用户主动参与项目的各个环节，从论证、设计、实施到最终使用反馈，全过程式参与。图书馆应该将用户也看成一种资源，充分利用这种资源进行图书馆各项服务的优化与升级。

第一，用户参与学科资源组织设计全过程。学科资源是学科服务施展的基石，而用户又是学科资源的主要服务对象。其一，要在学科资源规划阶段就邀请用户正式加入，听取用户关于资源调整建议，保障资源规划全方位统筹。其二，在数字资源规划阶段，直接让用户参与到数据供应商的谈判工作中来。既可以保证购买到用户真正需求的资源库，又可以让用户深入了解资源采购的实际工作情况，增加用户对图书馆工作的理解度。

第二，用户参与学科服务的实施路径选择。只有用户才清楚自己适合什么样的学科服务方式，因此图书馆在选择学科服务的实施路径时，应该把用户也纳入进来。一方面，让用户对现有的学科服务模式提出调整建议，图书馆借此完善自身服务；另一方面，让用户对未来的学科服务提出自己的构思，也就是让用户建设适合自身的学科服务蓝图，图书

① 冯扬：《双创环境下高校图书馆专利挖掘服务模式及优化策略研究》，博士学位论文，吉林大学，2019 年。

馆作为实践方进行落实。

第三，用户参与学科服务的评估完善阶段。目前的学科服务基本在用户接受完服务后，双方的互动便终止，图书馆方无法接收用户对本次服务的评价。因此，下一步要将用户参与延伸至服务项目最终落成乃至后续反馈工作中来，用户可以对已完成的学科服务进行打分，也可以对比多种不同学科服务模式，提出最优方式，还应鼓励用户参与后续监督，确保调整思路不偏离。

（二）拓展面向管理决策的学科服务形式

学科服务的对象范围与影响边界应该随着高校的转型而增大。现在的学科服务主要指向高校科研工作，那么未来的学科服务要尝试参与到学校顶层规划中去，提供面向管理决策的学科服务形式。

第一，收集整合全校各部门的重要信息。在学校允许的前提下，图书馆可以跨部门收集信息，包括重要工作会议、阶段性汇报文件、日常工作简报等都可以作为收集对象。

第二，对上一步收集到的内参资料进行挖掘、筛选，给出具有参考价值的趋势分析报告，为学校的资源分配、规划发展、重要决定提供决策支撑。

（三）建立有效的学科服务平台

前文已经将“学科服务虚拟社区”作为未来生长点进行简要的论述，这里将对如何建立有效的学科服务平台进行探讨。

第一，平台总体设计应该包含个人空间与共享空间。个人空间可以记录本人以往的科研经历、科研成果，也就是“科研简历”，并且可以规划个人资料存储空间，用户将研究数据、暂时性文件上传，方便跨设备、跨时空取用。共享空间应在目前已有的公共交流功能基础上，增加资料上传、长期存储、便捷下载的功能，实现用户之间无障碍共享，促进知识快速传递。

第二，提高平台在全校事务性工作中的参与度与认可度。平台开发需要多方用户的共同参与，只有经过反复论证，以及多重反馈，才能持续改进。图书馆科研平台不能“独自美丽”，应该邀请更多的部门加入，例如科技处、教务处、档案馆等部门，增加平台的使用功能，实现多部门科研工作的“一站式”服务。

第四节 大数据环境下图书馆智慧服务的发展方向

“智慧地球”这一概念一经提出，立即在全世界掀起一股“智慧热”，由它萌发出的“智慧城市”“智慧社区”“智慧校园”成为大数据时代的热门话题。“智慧”作为一个时代性色彩极强的音符，逐渐替代“数字”“信息”等词汇，并开始慢慢附着于社会周边，似乎一切事物都可以与“智慧”相融合。“智慧图书馆”便是“智慧地球”的微观延伸，[①] 可以看作数字图书馆的高级形态。“智慧服务”又是智慧图书馆研究的重要支撑点，国内目前关于“智慧服务”的研究，一般集中在内涵界定、智慧服务模式、智慧服务系统、智慧馆员、智慧服务质量评价等方面。

一 大数据环境下图书馆智慧服务的探索实践

目前国内图书馆的智慧服务实践主要集中体现在用户多场景借阅服务、空间互联服务、智慧空间服务、虚拟现实体验服务四个层面。

（一）用户多场景借阅服务

图书馆运用智慧技术实现各种情景下用户借还动作的达成。例如移动智慧借阅功能，支付宝的应用功能中有一项“借阅证”，与用户的个人信息绑定之后，便可以查阅部分地区的馆藏，进行图书借还，目前上海、北京、深圳等地的图书馆已经使用这种模式。再如手机 App 借阅功能，读者下载本地区专门设计的图书馆 App，注册认证成功后，便可以使用 App 中的所有功能模块，还会自动生成一张二维码电子借阅证，以供图书馆出入、图书借还以及其他扫码认证需要。O2O 线上线下智慧借阅也是一种尝试实践，读者在家通过 App 选择借阅书籍，图书馆接收需求后，安排物流公司就能传递，内蒙古图书馆的“彩云服务”就是这种模式。再者就是基于 RFID 的自助借还技术，运用的实例有馆内自助借还机与城市中的自助借还柜，例如在深圳市的“城市街区自助图书馆”，用户可以

---

① 袁红军：《图书馆智慧服务模式探析》，《新世纪图书馆》2017 年第 3 期。

自主完成整个借还流程。

（二）空间互联服务

图书馆空间互联服务是指突破空间限制，利用现代技术实现人、馆、书三者之间多向互联。例如区域公共图书馆间建立联盟，就可以实现“一卡通”借阅，不仅借书时不受身份地域限制，还可以就近还书，这些书不需要固定地存在于某个图书馆中，可以自由流转。目前，“辽宁省公共、高校图书馆联盟”“丝绸之路国际图书馆联盟”等平台就是这种合作关系。

（三）智慧空间服务

深圳图书馆四楼的创客空间，建成于2016年4月，设计的初衷即为“学习、探索及开拓思维”之用，分为创意设计制作区、创意作品展示区、研究学习区、交流区四个部门，支持3D打印、手工机床、机器人实训等项目实践，主要致力于青少年创新实践意识的培养。

长沙市图书馆新馆中的“新三角创客空间”，提供3D打印机、数控雕刻机、激光切割机、工业缝纫机等近200套设备工具供免费使用。广州市越秀区图书馆的“互联网+”创客空间，设置工作室、设备间、阅览室，还配备3D打印机、建模软件、激光雕刻机、可编程控制器等，打造“1+N”的创客服务模式。

（四）虚拟现实体验服务

目前，图书馆虚拟现实体验服务主要应用在文化主题宣传、知识科普、图书馆空间体验介绍等方面。遵义市图书馆的红色文创空间在2019年春节期间推出“新年虚拟现实体验活动”，以春节为虚拟情境，配合VR情景体验与3D文创打印，让公众体验智慧与传统文化的科技互动。新疆省图新馆开放当日，少年儿童阅读区开展VR数字体验活动，少儿借助VR技术体验海洋之旅。

二 5G技术环境下智慧服务的应用前景

“5G时代”的到来，不仅掀起通信技术领域的颠覆性革命，更是向社会强调着技术已经开始深刻改变人类生活。如果说4G改变用户的视听体验，5G则完全是“人类想象力”的飞跃。目前关于5G技术，可以铺设在工业自动化建设、智慧城市建设、智能办公、智能医疗保健、商业建设等方面。5G 技术若融入在图书馆智慧服务中，必定可以推动图书馆数据系统、创新服务的升级。

（一）5G 技术推动图书馆智慧服务不断创新

株洲市图书馆在5G 技术应用方面有一定的实践，馆内的5G 智慧墙运用“感知 + 分析 + 预测 + 推荐”四位一体的智慧功能，给入馆读者带来“一条龙”服务。用户入馆时被智慧墙进行面部捕捉识别，调出该用户的身份画像，包含借阅、活动参与度等轨迹数据，再根据画像进行偏好分析，最后推荐用户可能感兴趣的信息。5G 技术在株洲市图书馆中充当“图书馆服务人员”的角色，给入馆用户带不一样的体验。

（二）5G 技术提升图书馆智慧服务效率

2019 年 8 月，中国移动宁波分公司与宁波市图书馆召开了一次 5G 阅读体验活动，让现场用户真实感受 5G 在图书馆方面的新应用。其中，最大的展示点在于对 5G 速度的零距离感知，现场开通 5G 网络，配合 5G 手机的使用，下载速度可以达到 1. 2Gbps。在这样的传输速度下，5G + 阅读就有很好的体验。

（三）5G 技术增强用户沉浸式体验

2020 年 8 月，国家图书馆与中国图书馆进出口集团、华为公司签署合作协议，用以推进国家图书馆 5G 新阅读体验中心的建成。据工作人员介绍，落成的 5G 新阅读体验中心将提供以下场景：利用移动设备即可“云参观”国家典藏博物馆的“甲骨文记忆展”，还可以在虚拟空间翻看虚拟的电子书籍。5G 新阅读中心将重新定义新媒体时代公众的阅读体验，全景式、沉浸式的阅读环境让用户清晰地感受到 5G 智慧技术带来的文化变革。

三 大数据环境下图书馆智慧服务的发展策略

（一）在现有布局的基础上，缩短用户—服务的距离

智慧服务的最终目标是允许人类遵循自身意愿，自由发展。代入图书馆，其智慧服务的目标就是用户可以按照自己喜欢的方式，自由获取知识信息。实现这一目标，首先就要考虑用户—服务之间的距离问题。

这个“距离”包括空间距离与服务的可到达性两重含义。

第一，要加大物理空间服务的建设，缩短用户空间位移距离。用户不必为了实现某种目的，强制到达特定馆。例如，加大社区周围的自助借还书柜建设，让用户就近就可以实现书籍借还。或者加大图书馆分馆建设，提升空间服务的密度。图书馆的区位选择不同于高校、企业，它的区位优势首要考虑因素便是交通通达性与用户群居性，“让每个人都平等、自由地使用图书馆”，就应该考虑远距离用户的实际需求，真正实现无差别服务。

第二，清除现有服务过程中的障碍因素，提高服务的通达率。图书馆在提供服务的过程中，可能会出现各种各样的阻碍，例如馆员素养不够、技术应用过时、设备陈旧、交流不畅等多重因素，造成服务渠道堵塞甚至服务终止。图书馆应该在自查短板的基础上，全面提升服务的“软硬实力”，坚定馆员智慧服务理念，提升智慧技术在日常服务工作中的应用率。在预算允许的情况下，及时更新智能服务设备，给用户带来新鲜感的同时，提升服务质量。

（二）在现有知识资源基础上，深化智慧检索服务层次

检索服务是用户查询信息的直接手段，因此检索系统的智慧化、人性化设计，对于用户信息查准查全具有重要意义。在智慧服务中，智慧检索的运用可以提升用户检索效率，减少由于用户检索策略不当而导致的信息获取失败情况的发生。

第一步，建立用户检索标签。可以参照前文中的“用户画像”部分，从画像标签中抽取用户的日常检索痕迹，提炼出检索关键词，了解用户通常使用的检索策略。例如，简单使用基础检索，还是熟练使用高级检索、专业检索；习惯使用综合类数据库，还是专业性数据库等检索习惯。这些行为痕迹的集合，就是用户的检索标签。

第二步，按照检索标签，提供个性化检索渠道。例如，在用户只输入检索词的情况下，根据用户对检索结果的宽容程度，智能选择检索式编制，甚至可以同时提供不同检索策略下的多种结果，由用户综合对比选择。再如，有的用户更能接受目前普遍应用的“语音机器人”技术，图书馆可以借鉴其他代表性数码产品，嵌入语音互动技术，实现语音

检索。

此外，检索结果的内容过滤、图像视频识别技术等，[①] 也应加快应用步伐。对于检索命中结果，可以根据用户平时保留的信息，清除用户不关心的领域内容，减少用户信息筛选的时间。例如，用户对计算机领域的文献情有独钟，对农业方面信息的使用率几乎为零，那么就可以在今后的检索结果中，自动清除与农业相关的信息，提高信息查准率。

（三）在现有人工答疑的基础上，补充智慧咨询形式

目前，图书馆主要的参考咨询形式为人工接待服务，在智慧服务背景下，可以增加智慧咨询服务，辅助人工答疑。

第一，引进机器人形式，进行简单的读者指南介绍。目前已经有很多的图书馆引进了智能机器馆员，它们可以与读者简单互动，对于一些基础的入馆须知内容，它们可以传达。今后对人工智能馆员的引进，应在普通互动的基础上，加入深层次的服务要求，要完善机器人知识库的FAQ问答精准度与内容广泛度，解决读者更多的问题。还应考虑增加机器人对一些数据的基本处理能力，例如输出读者阅读报表、读者入馆情况分析报告等。

第二，多渠道接入问答通道，实现咨询数据统一管理。目前除了智能机器人问答之外，还有更多的虚拟网络“馆员”问答。嵌入微信功能中的客服角色，也可以实现对用户基本问题的解答。智慧服务给参考咨询工作带来多种途径，这些选择可以在各种场景下实现。面对这种多渠道接入的参考咨询服务，图书馆应该一方面实现平台之前用户问题的无缝转换，不能让跨平台问题成为服务中端的阻碍；另一方面，对于跨平台的数据要实现集中上传、同步管理，避免用户因为设备迁移丢失历史服务内容。[②]

第三，开展联合智慧咨询服务，充分利用人才与智慧资源。开展联合智慧参考咨询服务，能够缓解当前单个图书馆对于新技术环境下新服

---

① 罗文菁：《人工智能检索模式在图书信息分类工作中的应用》，《科技风》2020年第19期。

② 佘静涛、卢振波：《基于微信的智能虚拟参考咨询系统设计与实现——以浙江工业大学图书馆为例》，《图书馆杂志》2020年第7期。

务要求的压力。可以采用合作数字参考咨询模式，也就是分布式、协作式虚拟参考咨询模式，[①] 整合区域图书馆服务网络的智力资源和知识资源，高效率、高质量、全网式解答读者问题。

（四）在现有智能化设备服务的基础上，深化智慧服务内涵

图书馆智慧服务内涵中，智慧只是手段，服务才是核心。在智能技术、智慧技术日益发展的今天，图书馆更应该思考人文服务的意义。今后的服务，要通过智慧技术破除服务障碍，再用人文思想服务好每一个用户，不要把所有的工作都寄希望在智慧手段上，也不要幻想技术可以改变一切，应树立人文智慧的服务理念，体现图书馆应有的服务高度。[②]

第五节　大数据环境下图书馆开放服务的发展方向

曾经在网络上掀起不小的波澜——“太阳不会因为乞丐和拾荒者的身份而拒绝给他们温暖和阳光”。被诗意地称为“天堂”的图书馆，似乎已经被注入社会更多的希冀。1852 年，曼切斯特公共图书馆出现，成为世界第一座依据法令建立的公共图书馆，这无疑证明图书馆的阶级属性出现历史性的转变，“面向公共开放”开始成为公共图书馆行业代代传承的社会使命。随着社会的发展，技术的进步，公民意识的觉醒，图书馆开放服务开始有新的内涵。

一　大数据环境下图书馆开放服务的内容变化

2011 年年初，《关于推进全国美术馆、公共图书馆、文化馆（站）免费开放工作的意见》出台，其中关于免费开放的范围有明确的界定：包括公共空间设施场地的免费开放以及与其职能相适应的基本公共文化服务项目的免费提供。因此，图书馆开放服务问题可以从两个角度看待，即图书馆空间服务开放、图书馆数据开放使用。

① 陆志民、查珊珊：《泛在智能环境下高校图书馆的数字参考咨询个性化服务》，《图书馆学刊》2011 年第 8 期。

② 张延贤、王梅：《图书馆智慧服务的概念、内涵与分析》，《现代情报》2013 年第 4 期。

(一) 开放空间使用

开放空间使用即空间资源的利用。自欧登伯格(Ray Oldenburg)提出“第三空间”理论后，图书馆空间概念也得以“扩容”。宽松、舒适的设计理念，让新型休闲文化空间与传统的空间开始齐轨连辔，除基本的借阅自习场地，具有娱乐功能的休闲区、轻食区、发声区、展览区，具有学术功能的研修区、创意空间，都纳入现代图书馆的空间开放范围。

(二) 开放数据使用

开放数据的定义：被任何人免费使用、再利用、再分发的数据，若存在使用限制，最多只是要求署名及遵循知识共享许可协议。开放数据来源于开放存取运动，初衷是解决科研出版方面的矛盾。随着大数据时代来临，开放数据工作也有了新的内涵，从由政府大力倡导到社会广泛认可，开放数据在展现数据本身的巨大价值之外，亦对信息共享、学术交流、信息治理、社会创新有着极大的促进作用。

二 大数据环境下图书馆开放服务的保障机制

大数据的变革牵动着国家的方方面面，也给各行各业带来一场前所未有的“数据革命”。但是大数据时代带来的不确定性、图书馆开放历程中的种种难题，都给服务工作带来挑战。因此面对大数据环境，必须建立图书馆开放服务保障机制。

(一) 制度保障

1. 国家层面

中国的数据开放工作以政府为主导，出台一系列的政策办法，这些制度层层推进、步步落实，涉及大数据环境下的方方面面。尤其是对于图书馆，为其在开放过程中的服务创新指明方向。

2015 年，国务院发布的《促进大数据发展行动纲要》提出，要加快政府数据开放共享，推动资源整合，提升治理能力。它明确政府在推动大数据发展工作中的首要任务。其中，在“公共服务大数据工程”专栏，指出要“加强数字图书馆、档案馆、博物馆、美术馆和文化馆等公益设施建设，构建文化传播大数据，为社会提供文化服务”，传达图书馆在社会服务方面的任务。

2016年，相继出台的《关于全面推进政务公开工作的意见》《关于加快推进“互联网+政务服务”工作的指导意见》《政务信息资源共享管理暂行办法》也分别进一步强调数据公开工作的安排，要坚持开放创新，坚持开放服务资源，坚持开放共享的战略思想。

2018年，国务院的《科学数据管理办法》更是以“开放为常态，不开放为例外”表达中国数据开放的决心与态度。

2. 地方层面

地方政府响应国家工作部署，大力推进当地的数据公开，加快建设本地数据公开共享平台，促进智慧城市建设，提升城市文明水平，也必须强化地方数据公开的制度保障。以北京与上海地区为例进行分析。

北京市政府在《北京市国民经济和社会发展第十三个五年规划纲要》中，提出要稳步推动公共数据资源开放，逐步实现公共服务的多方数据共享制度。随后在《北京市大数据和云计算发展行动计划（2016—2020年）》中提出，要培养融合开放环境，加大数字图书馆等公益设施的建设力度，开展个性化文化服务。一些支持性文件也在辅助着数据开放工作的顺利开展。

上海市政府在《上海市国民经济和社会发展第十三个五年规划纲要》中也强调深化智慧城市建设，需要打破数据壁垒，推进数据开放共享。2020年4月出台的《上海市政府信息公开规定》更是再度要求，政府需要向公共图书馆等机构及时提供公开的政府信息。

3. 图书馆界

2018年伊始，中国图书馆界具有历史性意义的《公共图书馆法》出台，这标志着国家对于公共图书馆的建设将有法可依，为中国公共图书馆的长期稳定发展提供法律保障。本法对图书馆面向公共开放、服务社会文化需求方面作出重要指示，公共图书馆应该依法将馆藏文献信息目录予以公开；也指示对于阅览室、自习室等公共空间设施场地，要免费提供，对开放的具体操作作出指示。特别是对学校图书馆、科研机构图书馆等的社会开放也寄予希望。

（二）资金保障

第一，资金保障现状。图书馆的资金保障是维持其正常运行的头等大事，是图书馆开展业务工作的物质基础。中国公共图书馆的“免费”开放条款对资金的支持具有极大的依赖性。中国现阶段对于类似公共文化机构服务的资金补助制度有《关于推进全国美术馆、公共图书馆、文化馆（站）免费开放工作的意见》以及《中央补助地方美术馆、公共图书馆、文化馆（站）免费开放专项资金管理暂行办法》，这两个文件对图书馆的社会开放工作开展有着重要的影响。2017 年，《中华人民共和国公共文化服务保障法》正式颁布，其中对服务的物质保障作出如下说明：一是将公共文化服务经费纳入本级预算，安排公共文化服务所需资金；二是免费或者优惠开放的公共文化设施，按照国家规定享受补助。

在这些文件的支撑下，图书馆开放服务稳步推进，但是逐步暴露的问题也需要正视。其一，恒定的经费补贴量难以满足免费开放政策引发的供给量和服务量的增长。[①] 数据的购买，空间的改造，都是图书馆年度预算支出的大头。“蛋糕”总是有限的，供给与需求的失衡问题亟须解决。其二，经费划拨的地区差异性导致当地图书馆发展不平衡，经费资金来源的保守性导致出现诸多问题。

第二，资金服务保障建议。首先，在预算政策合理使用的前提下，增加必要的资金监管机制。其次，在免费服务到位的前提下，适当设立收费项目。在节流的基础上，合理开源，积极自救，可以有效缓解馆内支出的压力。最后，鼓励社会资本参与。除了中央财政、地方财政的预算拨款，《公共图书馆法》亦鼓励社会资本的加入。这些社会资源的流入，不仅可以落实社会的监督，而且让图书馆开放服务可以更有底气，做到真正的取之于民用之于民。

（三）资源服务保障

图书馆提供资源利用服务是图书馆所有业务工作的重点，也是用户对图书馆最大的需求之一。可以这样说，图书馆的资源保障是图书馆开

---

① 陈庚、白昊卉：《我国公共文化场馆免费开放政策检视与反思——以公共图书馆为中心》，《中国图书馆学报》2018 年第 3 期。

放服务运行的“源泉”。特别是在大数据环境下，图书馆的资源信息呈现几何级数增长，资源服务的方式也开始发生变化。对数字资源的访问比例明显增加，对特色文献的需求开始展现，对纸本资源的出版质量也有要求，所有的这些读者需求都需要图书馆给予充分的资源保障。

第一，数字资源采购的科学论证与正确选择。目前市场的数据库供应商众多，除一些主流数据库被人熟知之外，小众的数据库也开始逐渐发展起来。图书馆在进行数字资源采买的过程中，一定要先进行合理的论证，调查以往本馆各类数据库的使用情况，进行必要的用户问卷调查，这样基本上可以得出本馆较为合理的资源需求靶向。再根据本馆的经费预算，制定符合本馆需求的数字资源采购计划。

第二，特色资源数据库的自我挖掘与精心打造。大数据环境带给图书馆更多的资源建设选择，自建特色数据库就是一个“双赢”的举措。一方面可以丰富本馆的馆藏资源，另一方面也沉淀本馆特殊的文化内涵，是独一无二的宝贵财富。目前，无论是公共图书馆还是高校图书馆，特色数据库的建设都取得不凡的成果，为地区优秀特色文化的保护与传承作出贡献。

第三，纸本资源的科学采访与购买。在大数据阅读兴起的今天，虽然数字资源的使用频率日益增加，但是纸本资源始终是无可替代的存在，不少用户仍保留对纸书纸刊的偏爱。借助大数据的优势，可以描述用户对纸本资源需求的虚拟画像，并进行科学采购，避免馆藏资源的重复建设、采购资金的浪费。

第四，建立区域数字资源共享联盟。公共图书馆不同于机构图书馆或者高校图书馆，不同地区的图书馆在用户特征、服务内容、基础馆藏方面都高度重合。如果建立共享联盟，可不必担心资源使用的错位“尴尬”。部分地区的公共图书馆已经进行了尝试，例如省级别的京津冀图书馆联盟、长江三角洲图书馆联盟，地市级别的长春市协作图书柜。共享联盟的建立可以形成资源上的优势互享、劣势互补，弥补由于资金、资源短缺带来的服务缺陷。

（四）技术服务保障

大数据环境下的图书馆开放服务，在技术方面的运用主要集中在数据开放层面。开放数据的技术服务内容主要包括以下几点。第一，开放数据资源的整合。图书馆将已有的数据资源进行挖掘，建立其中的关联关系。数据的整合不仅仅是单纯的拼接融合，应注意数据之间的逻辑，合理区分数据价值，对于不符合要求的数据进行清洗或转化，最终形成相关联的数据集合。第二，开放数据资源的访问。开放数据资源的访问涉及用户身份识别、访问权限、信息检索等问题。当图书馆系统认证用户合法身份后，会允许其继续访问系统，并会根据身份级别规定其访问资源的范围。用户根据自身的信息需求，与系统交互对话，编制检索式，检索自身需要的信息。第三，开放数据资源的分析。开放数据的分析需要建立在对各类数据统计分析软件熟练运用的基础上，对数据对象进行各类关系统计表达，最终形成可供用户读取理解的可视化报告。图书馆开放数据的分析服务工作具有重要价值，也是以后进行知识服务创新的关键。第四，开放数据资源的共享。开放数据资源的共享允许跨系统、跨区域、跨部门的之前的信息数据传递。这就需要建立一个数据共享和互操作框架，利用协作分析技术对数据和系统进行无缝整合，最终允许数据在各个系统内自由合法流通，实现数据资源的价值。①

三 大数据环境下图书馆开放服务未来发展的思考

（一）高校图书馆面向公众开放问题

《公共图书馆法》支持高校图书馆等机构面向公众开放，部分地区也都在践行这一法律精神。2019 年 5 月，江西省教育厅发布“江西 68 所高校图书馆面向社会开放”的重要信息，信息中涉及的高校图书馆也都公布其面向社会服务的具体条款。② 这一进步是喜人的，但是没有配套的保障措施，开放的持续性就成了无法预知的“支票”。高校图书馆的开放无疑给公民更多的文化选择空间，也是高校承担社会使命的应有自觉。在保障其基本利益的前提下，逐步开放是目前图书馆开放服务的新亮点。

① 张峥嵘、刘亚丽：《大数据时代的图书馆开放数据服务探析》，《图书与情报》2014 年第 2 期。

② 《江西 68 所高校对社会开放图书馆 开放时间、方式公布》，2019 年 6 月 6 日，搜狐网，https：//www. sohu. com/a/319014165_114731。

（二）公共图书馆的第三空间向公众开放问题

前文提到的图书馆第三空间理论，是目前世界每个图书馆建设的标杆，“宽松、舒适”的阅读环境也是图书馆目前开放服务的最大吸引点。除建筑空间的亲民外，新功能空间也向公众传递着“开放、自由、包容”的知识氛围。因此，图书馆第三空间的打造是未来图书馆开放服务需要着重考虑的发力点。

（三）开放数据的后续问题

当开放数据资源成为图书馆自身信息资源的一部分，势必影响到未来图书馆资源组织形式、资源采购方式、资源利用方式、管理人员组织变革，未来的开放数据将向着深度与广度发展，资源建设将由采购模式转为采购与开放获取并举。① 开放数据的服务工作也对工作人员的专业技术提出考验，这些都是数据开放产生的后续问题，等待图书馆来一一解决。

四　大数据环境下图书馆开放服务的发展策略

（一）根据公众的情况，开展差异化服务

进一步的开放服务将会面临各种现实问题，首先就是公众的差异化实际。对此，每个图书馆应在服务好本馆以往读者的基础上，发散服务内容与方式，寻找服务其他层次读者的方法与路径。

可以利用时间差异开展空间服务。每个用户都有自己利用图书馆的时间惯性，根据用户的使用习惯，可以很好地实现用户的分流服务。例如高校由于寒暑假，本校图书馆处于空闲状态，可以尝试一定限度内的社会开放。对于公共图书馆来说，一般在社会性大型考试前，有大量的自习座位需求，应该在这段时间对考生进行空间服务保障。

还可以利用需求差异开展资源建设。对于高校图书馆来说，开放服务需要多进行通识类资源的集中补充购置，例如启蒙类、养生类文献资源采购。对于公共图书馆来说，需要在现有的资源结构基础上，补充专业、特色资源。

---

① 崔宇婷：《基于开放数据的图书馆信息资源建设研究》，《情报探索》2020 年第 2 期。

（二）广泛宣传，让公众深入了解开放服务

图书馆以往给人的印象就是进馆需要严格的身份核实，特别是高校图书馆更是设置二道屏障。此外工作人员的冷淡态度，也进一步拉开用户与图书馆的距离。刻板印象的改善，在提高服务的基础上，还要注重对外宣传，让用户了解不一样的图书馆。

第一，通过社会渠道与平台，投放图书馆开放服务广告。现有微信公众号平台，只能针对已关注的用户推荐服务，对于未关注的用户，收效甚微。图书馆作为政府统管下的公共文化部门，可以协调使用社会上的公开宣传平台，增加影响力。例如使用公交车站滚动电子屏幕、公交车上的移动电子屏、城市无线电广播、郊区文化墙等，吸引用户的注意力。

第二，智慧手段可以提升开放服务质量，但不能成为人文开放服务的屏障。目前多数的高校图书馆都采用人脸识别系统对进馆用户的身份进行核实，这是出于对校园综治维稳方面的考虑，无可指摘。但是，从人文服务的思想出发，这与高校社会责任的履行相违背，也与高校图书馆承诺的服务地方经济文化誓言相违背。“好的大学是没有门的”，所以图书馆在开放服务中，要尽量减少因为高新技术产生的服务“尴尬”。

（三）建立服务激励机制，保障馆员服务热情

印度图书馆学者阮冈纳赞说过，“一个图书馆成败的关键还是在图书馆工作者”。开放服务提高图书馆的社会站位，但是也确实给图书馆工作人员带来服务压力。不同类型的读者，有不同的服务需求。这就要求图书馆馆员既要具备多元服务的技能，又要有积极服务的精神状态。因此，应该考虑建立相应的服务激励机制。

一方面，激励馆员不断提升服务素养。如果馆员自觉提升自身文化素养、服务技能，下一步就要考虑对其的激励问题，不光是物质上，更要将其作为一项业绩，为后续晋升作参考。另一方面，激励馆员积极的服务热情。短暂的热情可能出于对新鲜事物的好奇，长久的积极状态则来自对事物永恒的热爱。对于馆员的激励，除了在文化素养、职业技能上的观察外，还要参考其对待工作的态度，这才是长久开展开放服务的

精神动力所在。

（四）多类型图书馆合作，通力完成社会公开服务

除经常涉及的公共图书馆、高校图书馆，还有其他更加微观的图书馆种类，例如农家书屋、图书馆角、社区图书馆，这些图书馆都有一个共同特点——深入基层，深入民众，更“接地气”。各种层次、类型的图书馆要在目前同级类型图书馆合作的基础上，进一步与其同一类型的图书馆加强工作与服务方面的联络，在资源上、服务方式上、服务内容上实现共同进步。

第六节　大数据环境下图书馆数字人文服务的发展方向

人文计算最早出现于计算机学科与人文社会学科交叉研究领域，随着电子技术、数字技术不断在人文研究领域的应用，这种研究方法开始被广泛接受。2004 年，“Digital Humanities”一词代替原有说法，随后中国学者廖祥忠使用“数字人文”来作为中文表述，并在国内沿用至今。简单来说，数字人文就是利用数字技术解决人社会学科领域的某些问题，即用另一种科学方法对人文学科中的信息进行剖析，挖掘内容背后的“真相”。数字人文已经成为国内研究的新兴热点之一，在吴建中的的研究中，数字人文赫然在列。[①] 在柯平、宫平的研究中，数字人文被美国大学与研究图书馆协会列为学术图书馆发展趋势之一。[②]

数字人文的诞生，让人文学科的研究范式有新的突破，切入角度的特别必然导致研究结果的创新，它解析出的数据让研究者重新审视人文作品，这就是数字人文的魅力所在。可以预见，图书馆与数字人文的结合，必将触发新的思维突破与成果创新。

---

① 吴建中：《再议图书馆发展的十个热门话题》，《中国图书馆学报》2017 年第 4 期。

② 柯平、宫平：《数字人文研究演化路径与热点领域分析》，《中国图书馆学报》2016 年第 6 期。

一　数字人文对图书馆服务创新发展的意义

随着数字人文在图书馆领域有越来越多的实践案例，图书馆自身工作也催生新的变化，可以说数字人文影响着图书馆的资源建设、资源利用与资源开发，为图书馆的服务创新提供新的方向。

（一）提高图书馆馆藏资源的数字化程度

数字人文的研究对象是人文社科领域可以数字化的文本、资料、信息，只有这样才能运用数字技术对其进行挖掘分析。图书馆的馆藏构成中纸质文献资源占有相当大的比重，对这些资源进行数字转化，一方面可以满足电子屏时代用户无纸化阅读的需求，另一方面可以直接推动数字人文技术的实施。另外，数字化的资源更有利于图书馆进行宏观资源监测与调度，也在一定程度上降低文献的保存成本。

（二）推动图书馆对馆藏特色资源的开发

数字人文旨在推动人文科学领域知识的新发现，这些研究成果对图书馆珍贵资源的建设与保存具有重要意义。数字人文项目需要图书馆整合出馆藏中与主题相关的全部资源，可能这些资源分散于图书馆各个角落，通过项目的组建、吸纳、汇聚，再用相关技术对这些分散的、关系模糊的信息进行分析与知识发现，最后发现资源之间的逻辑关系，重组形成特色资源集合。

（三）促进图书馆参与跨界融合，拓展视野

更多参与跨学科间的交流，融入多元文化体系，丰富自身学科内涵是图书馆一直所期望的。数字人文在学科融合方面，带给图书馆更多的交流领域；在技术创新方面，给予图书馆更多处理策略；在方法论与研究范式方面，也提高图书馆界新的认识。

二　大数据环境下数字人文在图书馆服务中的实践案例

（一）高校图书馆数字人文实践案例

第一，北京大学——数字人文工作坊。北京大学的数字人文工作坊是由北京大学数字人文研究中心推出的专题在线课程，目的是普及帅生对数字人文的了解，提升人文社科领域的学习者对计算机科学方面的兴

趣，拓展视野，增进融合。[①]

北京大学的数字人文工坊每学期开展若干期活动，邀请相关领域的学者专家进行讲解培训，师生通过报名获得上课资格。值得一提的是，该平台在满足本校师生学习需求的前提下，如有名额盈余，也面对社会公众开放。还建立同主题的联络群，增进研究人员、学员、利益相关机构的互动。除了重视线上课程产品的设计，北京大学图书馆亦注重校内数字人文项目的孵化，[②] 推出孵化器专栏。无论是人文社科领域课题研究者，还是数字技术方面的人员，都可以在专栏公布自己的项目需求，相互了解，自由寻找项目合作团队，此专栏无疑给数字人文研究工作一个双向交流的平台。

第二，中山大学图书馆——徽州文书数字人文图书馆。中山大学图书馆的徽州文书藏量丰富，内容涵盖社会、政治、经济、文话、民俗等，是研究徽州历史文化的第一手资料。作为极其珍贵的特色馆藏，中山大学图书馆在2010年创立文献遗产保护与修复研究创新基地，对徽州文书开始大规模的梳理工作。[③] 前期的资源规整工作为后续的数字人文项目建设提供巨大的便利，为进一步开发徽州文书的学术价值，中山大学图书馆开始数字人文尝试。

在项目建设中，中山大学图书馆制定徽州文书数字人文图书馆的总体框架，以传统特色资源库为目标成果，与校内其他学科部门建立需求交流与技术合作，最终形成徽州文书数据库。在整个项目建设过程中，中山大学图书馆融合多个学科的方法经验，受启发于多个专业研究中心，实现数字技术与人文历史的跨界融合，这些尝试都为其他图书馆数字人文建设提供宝贵的经验。

（二）公共图书馆数字人文实践案例

第一，中华古籍资源库。中华古籍资源库是“中华古籍保护计划”

---

① 《北京大学数字人文工作坊》，北京大学图书馆网站，https：//www. lib. pku. edu. cn/portal/cn/xsjl/shuzirenwen。

② 朱本军、聂华：《数字人文：图书馆实践的新方向》，《大学图书馆学报》2017年第4期。

③ 王蕾等：《民间历史文献数字人文图书馆构建——以徽州文书数字人文图书馆实践反思为例》，《图书馆论坛》2018年第3期。

中的重要成果项目之一，在统一部署的指挥下，大力推动了全国公共图书馆古籍数字化项目的进展。① 经过建立名录、专业培训、古籍整理开发，建立中华古籍保护网，实现珍贵古籍资源的传递共享。②

中华古籍资源库位于“国家图书馆·国家数字图书馆”网站的重点项目版块，数据库首页有“热门推荐”“国土特藏”“馆外资源”等导航分区，提供高级检索功能，并支持标题、责任者、出版者、出版发行项等字段检索。

第二，上海图书馆——“家谱知识服务平台”。上海图书馆（以下简称“上图”）的家谱数据作为其重要特色馆藏，目前已经涵盖全国27个省、自治区和直辖市。这些家谱资源反映着华夏民族的宗亲血缘关系和以家庭为单位的姓氏发展变化过程，是中华民族生生不息的历史记忆的见证。在上图将数字人文技术应用于家谱资源之前，这些数据已经被系统化整理过，这为后续知识平台的建设奠定资源基础。另外，这些家谱资源种类繁多，覆盖面广，更包涵对稀有罕见姓氏、名人家谱的采集，这为知识平台的数据广度和数据特色提供保障。

上图将家谱进行数字化，上传资源库，供用户开放查询。查询界面支持基本检索与高级检索，姓氏按照首字母大写顺序排列，点击姓氏可以查看详细的姓氏馆藏信息。值得一提的是，目前上图的家谱查询平台允许用户远程外网访问，不需要到馆即可使用。

三 大数据环境下数字人文在图书馆服务中的发展策略

（一）深度加工各类信息资源，提供数字人文专题文化服务

目前图书馆的信息资源服务主要定位于馆内数据的开发，图书馆数字人文工作的开展需要先对馆内大量的信息资源进行整合开发。不仅要对馆内的专题信息进行收集，还要借助联盟图书馆的协作，广泛收集专题所需信息，为进行下一步的整合与文本分析提供信息保障。图书馆也

---

① 刘娉婷：《古籍保护计划在行动——谈中华珍贵典籍资源库的建设》，《图书馆学刊》2018年第12期。

② 《中华古籍保护计划》，中国古籍保护网，http://www.nlc.cn/pcab/bhjh/jj/。

可以借助社会的力量，征集所需文献资料，提高所需文献资源的翔实度。

（二）整合人力、空间资源，成立图书馆数字人文研究组织

数字人文工作的开展需要空间与人力的双向投入，源于其对作业空间和专业、科技人才的依赖性。因此，若要保障图书馆数字人文服务项目的可持续发展，一定要先对人才团队和作业空间进行长远规划。一方面，增加或者扩建实验场地，建设适合大型数字设备放置、团队会议开展、实验成果展示的空间；另一方面，由于大部分图书馆本身对数字人文专业人才的吸引度不够，因此可以选择与其他高校、科研机构合作，吸引专业人才协助。

（三）不断融入新技术、新情境，为用户提供不一样的数字人文体验

在以往，新型技术对图书馆来说，主要运用在提高服务效率，提升服务质量上。信息时代的数字检索将馆员从卡片检索中解放出来，数字时代的移动图书馆将用户带入虚拟知识的世界。数字人文则是图书馆创新服务历程中又一个重要的融合亮点，因为它不仅用技术改变服务、提升服务，还给用户带来全新的文化体验。在未来的服务中，数字人文将会不断融合新的技术，带来新的情境体验，让安静的文化用另一种方式再现，散发出新的生机。

（四）打造特色文化景点，为城市旅游资源建设注入新活力

以往的图书馆参观，一般为文化空间、建筑空间、特色服务展示。如果将数字人文项目纳入进来，将会给游客带来不一样的文化体验。这也是当前文旅融合的创新发展。通过用高新技术，例如虚拟现实、眼动追踪等“明星”技术，吸引用户，邀请其体验，在享受科技带来文化魅力的同时，也提升了图书馆的服务形象。

第七节　大数据环境下图书馆数字文旅融合的发展方向

2018 年被称为“文旅融合元年”，自此文化与旅游这一对孪生概念，背靠顶层设计乘势而上。《文化产业促进法（草案征求意见稿）》的公布，又为两个产业的打通提供法律保障，它明确指出要“促进文旅融合、文

化科技融合”。作为公共文化服务部门，图书馆也应响应国家政策号召，调整服务视角，利用自身的文化属性，融合旅游业，提供优质服务，吸引更多用户。

一 图书馆参与数字文旅融合的背景

随着公众文化需求的不断高涨，旅游行业转型迫在眉睫。同时在“智慧生活”概念的柔性驱动下，文旅融合又被寄予新的期望。文化、旅游、智慧如何深度契合，发生完美的效能共振，是文旅融合这一国家命题的破题关键。

2019 年 4 月，文化和旅游部办公厅印发《公共数字文化工程融合创新发展实施方案》，其指导思想即为充分挖掘数字文化服务发展潜力，推动公共数字文化工程全面融合发展。2019 年 10 月，以“智享文旅·数聚未来”为主题的数字文旅融合创新发展大会召开，更是体现国家对三者深度融合的决心与信心。特别是在 2020 年新冠疫情的冲击下，文旅产业复苏的道路漫长遥远，“数字文旅”便越发展现出无可比拟的优势。因此国家鼓励通过数字化手段展现人文与自然景观的完美融合，以配合旅游业复苏的缓冲阶段与国家常态化疫情防控工作需要。对于图书馆来说，如何借助当前政策导向，利用数字技术对文旅融合进行赋能，是图书馆服务发展应该思考的方向。

二 大数据环境下图书馆参与数字文旅融合的价值探讨

（一）数字文旅融合扩大图书馆创新服务辐射范围

图书馆信息资源作为一种典型的大数据体系，[①] 在数字时代保障公众社会文化权利责无旁贷。在现实中，每个图书馆的信息资源“服务半径”是有限的，但若借助数字技术的力量，必将跨越时空，实现服务辐射力的大幅提升。图书馆可以利用虚拟现实技术、大数据技术，将自身资源与相关文化主题产业进行适度融合，产生跨界合作，内容服务的深度与

① 程结晶：《大数据时代图书馆服务创新的内容及其策略研究》，《情报理论与实践》2016 年第 3 期。

受众范围的广度将会得到提升。

（二）数字文旅融合发现图书馆创新服务的新转机

"图书馆提供优质、高效、专业的服务……充分利用现代信息技术，以服务创新应对信息时代的挑战。"①《图书馆服务宣言（2008）》对大数据时代图书馆工作提出新的要求——以技术为支撑，实现服务创新。数字文旅融合，首次以"数字文化"的概念融入旅游产业，跨越行业界限，打造全新的产业体系。文旅融合的本质是两大产业之间的重构与互补，图书馆主动参与文旅融合，在数字化技术的帮助下，产生新的服务对象，增加新的服务内容，与用户"建立某种时代意义上的文化共识"，实现真正意义上的服务创新。

（三）数字文旅融合顺应大数据时代用户需求的新引导

现阶段中国的主要矛盾为人民日益增长的美好生活需要和不平衡不充分的发展之间的矛盾，《中华人民共和国公共图书馆法》强调在新时代中国图书馆事业应呼应此矛盾的变化要求。文化是旅游的内核追求，旅游是追求美好文化的实践，运用数字技术促进两者的融合，打破行业壁垒，推动融合成果高质量发展。诸多的业内实践已经证明，图书馆在数字文旅融合中，以主动的姿态积极搭建多种模式的服务平台，大胆尝试，给予用户全新的文旅体验，可以满足人民群众的多元文化需求。

三　数字文旅融合在图书馆创新服务中的探索案例

（一）数字资源主体化供给模式

图书馆与其他文化机构相比，在文献信息资源方面有着巨大的、天然的优势，因此谈论图书馆参与文旅融合这一论题时，信息资源的开发与供给问题必然处于首要位置，这是数字文旅融合开展的文化基础。那么，什么样的资源是旅游者期望的？这些资源是否可以融入旅游情境中呢？

第一，特色馆藏资源挖掘。特色馆藏是一个图书馆的文化瑰宝，是其他图书馆不可复制的存在。将本馆的特色馆藏与地区旅游特色嵌合，

① 中国图书馆学会：《图书馆服务宣言（2008）》，《图书馆建设》2008年第10期。

打造资源文化特辑，用“文化特质浸润旅游品质”，展现图书馆馆藏亮点，这也是落实“宜融则融，能融尽融”政策原则的体现。

第二，提炼文化主题。图书馆根据用户的兴趣偏好数据，提炼文化主题，以此来挖掘馆藏信息，提升馆藏信息的文化内涵。目前多数线上图书馆的参观内容均为“主题式”展出，例如武侯区文体旅局推出的“镜头里的抗疫记忆——武侯区图书馆带你线上观展”，以此展现抗疫时期，全社会同舟共济的感人瞬间。桐乡市图书馆推出的“云直播——图书馆邀您线上听桐乡的故事”，可以带领观众了解地区的文化风貌，提升城市形象。

第三，数字资源产品供给。图书馆可以把优秀的、特色的数字资源打造为产品，以有偿或者无偿的方式提供给用户，这样可以使用户在线上参观的同时，作为知识补充，更好地了解文旅项目的背后故事，升华文旅融合项目的内涵。

（二）大数据与图书馆服务信息互联模式

图书馆在文旅融合中的角色，可以看作文化信息的挖掘者，也可以看作旅游信息的整合者。旅游信息主要包括旅游景区地理位置信息、特色景点、特色美食、历史文化、居住选择等方面。图书馆可以利用大数据挖掘技术，综合各大旅游信息平台，整合此方面的信息，让用户通过图书馆数字平台就可以了解当地的旅游实情，提升用户的认可度与依赖度。

关于图书馆旅游信息资源的整合，可以通过以下途径实现。

第一，统一思想，建立图书馆旅游服务信息综合网络。各级各类图书馆应该统一思想，深刻理解国家对文旅融合的发展决心，主动参与到这一跨界合作中来。可以借助图书馆总分馆制的组织优势，建立具有全国或者地区性质的服务信息网，强化“共建、共知、共享”的建设理念，树立全员参与、全员提升的思想。

第二，重视技术，开发图书馆旅游服务信息多元平台。除了综合图书馆旅游服务信息网络的铺设，还要注重这些信息的搭载平台的建设，确保信息共享通畅与用户访问便捷。图书馆方可以借助现有平台嵌入图书馆旅游服务信息，例如微信小程序、微信公众号应用拓展，已有的平台 App 等；也可以建立信息网页门户，用户访问熟悉便捷，板块设计方便，信息容量大，更新容易。此外，也可以开发独立的 App，用户可以在软件商店下载，注册后即可访问，独立完整，有代表性，不过缺点在于开发成本较高，后期需要持续维护更新。

第三，精准追踪，建立目标用户文旅需求画像模型。用户对图书馆旅游服务信息的使用应该是一个长期的、持续的行为，为保持这种状态，应该重视用户对图书馆旅游服务信息的黏度问题。用户的访问数据也是重要的信息资源，在用户和法律许可的情况下，对这些信息进行收集、处理，描绘出用户的虚拟画像。以此为依据，进行长期的精准信息服务推送，可以提升用户对图书馆旅游信息平台的依赖度与信任度。

（三）沉浸式体验："云参观"的文旅融合模式

以互联网技术为代表的数字技术、网络技术的兴起，催化文化行业、旅游行业在服务模式上的创新，也改变着旅游者的实际体验。"智慧 + 旅游"成为文旅出行的新业态之一，由技术主导的虚实结合场景再现，游客在云端设备或者软件的指引下，经由互联网数据传输，参观虚拟旅游场地。线上旅游亦被称为"云旅游"，服务于线下旅游，主要起宣传、吸引游客的作用，这也是由于疫情而遭受重创的旅游业"线上逃生""固本回元"的重要出路。

"云参观"除可以介绍旅游景点，还可以宣传图书馆自身。以往的图书馆参观模式多为实地入馆游览，通过馆内工作人员面对面讲解了解图书馆的服务功能与文化底蕴。"云参观""云游览"的方式给图书馆的形象展示、资源共享提供新的思路。内容上，可以是本馆的物理空间展示，也可以是本馆的特色馆藏、特色主题活动，内容选择灵活度高，素材也可以借助其他部门的资源进行补充表达。空间转场自由，画面切换自如。形式上，可以选择即时直播、短视频、长视频（纪录片、宣传片）等方式。根据受众的年龄情况，选择不同的平台进行投放，实现宣传效益最大化。技术方面，应讲究全局控制。以直播为例，在选择主流直播平台的基础上，宽带传输应充分满足直播需求，存储容量要根据房间人数增加实现即时扩容，实时音视频传输技术应加持在线互动展播。此外，还要注重培养直播后台操控技术人才，全程把控直播效果，避免发生直播事故。在后期制作上，应注重内容剪辑的逻辑性与连贯性，空间转场的合理性与视觉性，滤镜渲染的舒适性与光影感，文字表达的文艺性与故事性。

目前图书馆开展“云参观”的模式多样，内容丰富，给予用户多种选择，满足多样需求，提供不一样的体验。部分图书馆实践案例如表9－1所示。

表9－1　　部分图书馆关于数字文旅融合实践的案例

	案例
社交平台＋数字资源	上海图书馆馆藏年画精品展
	国图110岁，3.2万部古籍实现在线阅览
“云参观”＋阅读推广活动	图书馆邀你线上“云观展”，来一次“趣味信息素养竞赛”
	名山区图书馆，邀您线上观花灯
VR在线参观	足不出户，青海省图书馆带你参观青藏高原自然博物馆
App平台展示	江苏省各大图书馆推出的线上展览应用
小程序＋旅游服务信息	推出地图线上小程序的形式，线上旅行武汉多家公共图书馆及旅游景点
其他数字融合方式	陕西省图书馆“智能文化云地标”的建设

四　大数据环境下图书馆数字文旅融合的发展策略

文旅融合的提出给图书馆开展文化服务提供另一种思路，可以在当前的时代背景下，采取相关策略，开展数字文旅融合的尝试。

（一）加强各平台之间的渠道互通，为文化资源的传递提供无障碍通道

一方面，加强馆内特色文化资源建设，与本地特色文化无缝对接。每个地区的图书馆特色馆藏都与当地的特色文化有着无法割裂的联系，例如井冈山大学图书馆的特色资源有“宋代庐陵文化名人研究数据库”“庐陵文化文献资源数据库”，这都与当地的历史文化相关。站在当地特色文化的基础上进行资源建设，既有本土信息资源优势，又可以降低开

发成本，有效避免资源同质化现象。

另一方面，主动进行多平台之间的协作互动，保障文化资源的共享与传递。这要求图书馆和其他文化部门注重平台的管理与联动，包括宣传内容方面的同步更新，平台之间的无缝对接，允许技术和专业人才相互指导与交流。

（二）开展数字人文项目，提升游客的科技体验感

前文在“数字人文服务在图书馆的发展策略”中，已经提到相关做法，这里不再赘述。但还是要强调，数字人文是文旅融合的典型项目，文旅融合根本上是为了提升受众的精神文化享受，内核是“文化”，所以在推出数字人文旅游产品时，一定不要一味追寻科技的新奇，而忽略其中的人文品质。

（三）融入本地旅游产品线，打造城市文化新地标

每个城市都有自己的旅游产品品牌路线，图书馆可以主动与本地负责部门联络，按照实际情况调整自身产品的细节，在条件具备后，融入这条品牌线路中，逐渐被大众了解，打造城市文化新地标。

（四）开展线上线下联动宣传，提高图书馆文旅产品知名度

图书馆开展数字文旅融合，网络宣传是少不了的。如果加以必要的线下宣传，实现线上线下联动，可以迅速提高知名度。线上可以通过微信推文多平台转发、微博话题制造、短视频推广、城市无线电广播、大楼电子屏等，线下可以投放文化宣传产品，例如夏天用于广告宣传的文化扇、城市通勤卡片上的广告面、道路文化宣传位等，都可以充分利用起来，让用户沉浸其中，提升关注度。

第八节　本章小结

大数据环境下图书馆创新服务体系已经朝着多元化方向发展，这一切都归功于政策的导向、用户需求的改变、技术的进步、学科产业的融合。

从生长点来看，知识服务取代信息服务，成为图书馆未来其他服务发展创新的基石，它的发展将图书馆纳入国家知识供给侧体系。学科服

务作为高校图书馆的特殊服务模式，也将在高校转型竞争发展、国家人才培养工作中发挥更大的作用。

从技术线来看，以大数据技术、人工智能技术、虚拟现实技术、5G技术为体系的智慧服务将全面渗透在图书馆各种服务中，这是图书馆创新服务的起点，也是未来服务的朝向。之后图书馆的各项工作都离不开“智慧”的身影，它将贯穿始终。

从发展面来看，开放服务意识让图书馆以更加包容、平等的态度接纳新用户、新技术，乃至新事物，也就是有开放的基础，才有后续的数字人文与文旅融合。它们以互相促进、互相成全的态势，将图书馆创新服务推向更广的领域、更高的站位。

综上所述，图书馆创新服务体系的发展是在各项因素的驱动下，从点到线，再到面，从原有服务的创新发展到全新服务领域的开拓，都有着深刻的发展变化，并且这种发展将会一直进行下去，与社会共同进步。

参考文献

毕达天、曹冉、杜小民：《科学数据共享研究现状与展望》，《图书情报工作》2019 年第 24 期。

蔡云骐：《基于蓝牙信标的 k-means 指纹定位算法研究》，《电子世界》2017 年第 2 期。

车凯龙、吴旻：《对高校图书馆编制中长期发展规划的思考》，《晋图学刊》2011 年第 5 期。

陈传夫、钱鸥、代钰珠：《大数据时代的数字图书馆建设研究》，《图书情报工作》2014 年第 7 期。

陈庚、白昊卉：《我国公共文化场馆免费开放政策检视与反思——以公共图书馆为中心》，《中国图书馆学报》2018 年第 3 期。

陈国田、陈豆豆：《利用制度优势繁荣边远山区农村文化的途径》，《江西农业》2020 年第 6 期。

陈加友：《国外大数据发展经验对我国大数据发展的启示研究》，《中国市场》2017 年第 26 期。

陈静：《大数据时代图书馆的服务创新与发展探究》，《辽宁师专学报》（社会科学版）2020 年第 1 期。

陈一：《我国图书馆转型风险研究》，博士学位论文，武汉大学，2017 年。

陈振标：《高校图书馆创客空间信息服务模式探讨》，《图书情报工作》2016 年第 23 期。

储节旺、汪敏：《“双一流”建设背景下高校图书馆学科精准服务对策研究》，《现代情报》2018 年第 7 期。

崔晓东：《新时代中国现代化经济体系建设问题探究》，《中共云南省委党校学报》2020 年第 1 期。

代亮、陈婷、许宏科：《大数据测试技术研究》，《计算机应用研究》2014 年第 6 期。

董同强、马秀峰：《“人工智能 + 图书馆”视域下智慧型学科服务空间的构建》，《图书馆学研究》2019 年第 2 期。

范军：《老年读者服务的经验与启示——以美国、日本为例》，《图书馆学研究》2012 年第 16 期。

冯扬：《双创环境下高校图书馆专利挖掘服务模式及优化策略研究》，博士学位论文，吉林大学，2019 年。

付鸿飞、李明磊：《全球化、信息化背景下研究生教育改革与发展——第二届研究生教育学国际会议综述》，《学位与研究生教育》2020 年第 3 期。

傅宝珍：《实体书店向城市公共阅读空间转型探索——以南昌市青苑书店为例》，《山东图书馆学刊》2019 年第 6 期。

高峰：《基于疫情环境下图书馆应急服务的冷思考》，《图书馆学刊》2020 年第 6 期。

宫雪、崔雷：《利用不同类型引文探测研究前沿及比较研究》，《中华医学图书情报杂志》2010 年第 4 期。

顾纯祥等：《基于自编码器的未知协议分类方法》，《通信学报》2020 年第 6 期。

顾立平：《数据治理——图书馆事业的发展机遇》，《中国图书馆学报》2016 年第 5 期。

郭亚军、孟嘉、胡雅悦：《中美一流大学图书馆移动服务比较研究》，《图书情报工作》2019 年第 11 期。

韩春艳：《试析基于真人图书馆的公共图书馆老年读者服务新模式》，《图书馆工作与究》2017 年第 S1 期。

韩翠峰：《大数据时代图书馆的服务创新与发展》，《图书馆》2013 年第 1 期。

韩炜：《国内关于大数据推动图书馆变革的研究综述》，《山东图书馆学刊》2014 年第 5 期。

韩永进、肖庆：《铸牢国家治理体系和治理能力现代化的文化支撑》，《马克思主义文化研究》2020 年第 1 期。

郝玉珊、李秀霞：《基于被引均衡性的期刊影响力指标》，《情报理论与实践》2019 年第 9 期。

何良春：《信息化时代图书馆的知识管理及实施策略》，《科技情报开发与经济》2010 年第 31 期。

洪亮、周莉娜、陈珑绮：《大数据驱动的图书馆智慧信息服务体系构建研究》，《图书与情报》2018 年第 2 期。

洪伟达：《图书馆保障弱势群体公共信息获取权益研究》，《情报资料工作》2014 年第 1 期。

侯进：《大数据时代图书馆服务创新策略探析》，《科技经济市场》2020 年第 7 期。

侯西龙：《非物质文化遗产视频资源语义组织研究》，博士学位论文，华中师范大学，2018 年。

胡卫军、徐望：《我国人文社会科学数据管理的主要问题与对策研究》，《图书情报工作》2020 年第 6 期。

黄炳超：《“双一流”政策的逻辑导向、制度困境与优化调适》，《中国高校科技》2020 年第 3 期。

黄鲁成等：《基于突现文献和 SAO 相似度的新兴主题识别研究》，《科学学研究》2016 年第 6 期。

黄晓斌、钟辉新：《基于大数据的企业竞争情报系统模型构建》，《情报杂志》2013 年第 3 期。

黄星辉：《基于基站流量数据的用户上网时间分析研究》，《移动通信》2016 年第 12 期。

贾欢：《科学数据元数据互操作研究》，博士学位论文，武汉大学，2017 年。

焦小梅：《关于以人为本理念下图书馆工作的几点思考》，《图书馆理论与实践》2019 年第 12 期。

柯平：《图书资讯的大数据时代——“第十二届海峡两岸图书资讯学术研讨会”纪实》，《高校图书馆工作》2014 年第 5 期。

柯平、贾东琴:《2001—2010 年境外信息管理研究进展——基于相关文献的计量分析和内容分析》,《中国图书馆学报》2011 年第 5 期。

柯平、邹金汇:《后知识服务时代的图书馆转型》,《中国图书馆学报》2019 年第 1 期。

孔月、李秀霞:《基于引证质量的期刊影响力评价研究》,《数字图书馆论坛》2019 年第 6 期。

兰国帅:《基于知识图谱的国际教育技术发展研究》,博士学位论文,南京师范大学,2016 年。

李广建、化柏林:《大数据分析与情报分析关系辨析》,《中国图书馆学报》2014 年第 5 期。

李静:《洛阳市老城区非物质文化遗产的传承与保护》,《河南科技》2020 年第 6 期。

李晓军等:《挑战与机遇并存的高校毕业生就业问题分析》,《甘肃高师学报》2019 年第 6 期。

李秀峰、陈守合、郭雷风:《大数据时代农业信息服务的技术创新》,《中国农业科技导报》2014 年第 4 期。

李旭辉、李超、魏瑞斌:《基于 CSSCI 的信息消费被引文献计量研究》,《图书馆工作与研究》2014 年第 4 期。

李艳、吕鹏、李珑:《基于大数据挖掘与决策分析体系的高校图书馆个性化服务研究》,《图书情报知识》2016 年第 2 期。

李怡梅、肖雨滋、钟春华:《我国公共图书馆数字阅读推广现状及思考》,《图书馆》2015 年第 6 期。

李颖华:《大数据时代高校图书馆服务创新的困境与对策》,《创新科技》2017 年第 1 期。

梁灿兴:《美国公共图书馆思想史的探路之作——浅评〈美国公共图书馆思想研究(1731—1951)〉》,《图书馆》2016 年第 7 期。

廖秋荣:《基于数据关联技术的图书馆知识服务体系构建》,《广西民族大学学报》(自然科学版)2014 年第 4 期。

林秋娉:《现代图书馆信息管理的核心——知识管理》,《吉林工程技术师范学院学报》2010 年第 8 期。

林淼、周志峰：《基于数据生命周期模型的数据资源管理剖析》，《图书馆学研究》2016 年第 14 期。

林祖藻：《联合国教科文组织公共图书馆宣言》，《江苏图书馆学报》1986 年第 1 期。

刘波：《俄罗斯图书馆管理服务特点及启示》，《西伯利亚研究》2020 年第 3 期。

刘慧：《智慧图书馆模式研究述评》，《西南民族大学学报》（人文社科版）2020 年第 9 期。

刘昆、牟冬梅、沈秀丽：《基于语义 Web 的知识服务》，《情报杂志》2007 年第 12 期。

刘敏、许伍霞：《面向“双一流”的涉农高校图书馆科学数据素养教育研究》，《图书馆学刊》2020 年第 5 期。

柳益君、何胜、冯新翎：《大数据挖掘在高校图书馆个性化服务中应用研究》，《图书馆工作与研究》2017 年第 5 期。

陆丽娜：《农业科学数据监管模型构建及应用研究》，博士学位论文，吉林大学，2018 年。

陆志民、查珊珊：《泛在智能环境下高校图书馆的数字参考咨询个性化服务》，《图书馆学刊》2011 年第 8 期。

马海群：《知识管理学科建设的若干基本问题思考——兼评〈知识管理学〉》，《图书情报知识》2007 年第 5 期。

马海群、姜鑫：《我国档案学研究主题的知识图谱绘制——以共词分析可视化为视角》，《档案学研究》2014 年第 5 期。

马嵘：《全面国际化背景下美国研究型大学国际事务治理研究》，博士学位论文，南京师范大学，2019 年。

毛靖：《大数据背景下高校图书馆学科服务的提升与创新》，《内蒙古科技与经济》2019 年第 15 期。

裴丽：《图书馆知识管理实践的缺失》，《图书馆》2007 年第 6 期。

彭文梅：《论网络环境下基于 BPR 的地方高校图书馆业务管理模式重构》，《图书馆工作与研究》2008 年第 10 期。

秦晓珠、李晨晖、麦范金：《大数据知识服务的内涵、典型特征及概念模型》,《情报资料工作》2013 年第 2 期。

邱春艳:《科学数据元数据记录复用研究》,博士学位论文,武汉大学,2015 年。

邱均平、曹洁:《不同学科间知识扩散规律研究——以图书情报学为例》,《情报理论与实践》2012 年第 10 期。

邱均平、刘国徽:《国内耦合分析方法研究现状与展望》,《图书情报工作》2014 年第 7 期。

邱路、黄国妍:《基于时变状态网络的银行风险传导研究》,《物理学报》2020 年第 13 期。

冉从敬、宋凯、何梦婷:《知识产权生态链下的高校知识产权信息服务平台构建》,《图书馆论坛》2020 年第 3 期。

饶鑫、江文萍:《数字地貌晕渲图的地形信息量评价》,《测绘与空间地理信息》2016 年第 11 期。

容春琳:《公共图书馆应用大数据的策略研究》,《图书馆建设》2013 年第 7 期。

佘静涛、卢振波:《基于微信的智能虚拟参考咨询系统设计与实现——以浙江工业大学图书馆为例》,《图书馆杂志》2020 年第 7 期。

沈杰:《大数据与图书馆信息服务工作的变革》,《图书馆》2015 年第 9 期。

沈梦轩:《国内科学数据资源建设与共享研究》,《图书馆工作与研究》2019 年第 S1 期。

司莉、姚瑞妃:《图书情报专业研究生数据素养课程设置及特征分析——基于 iSchool 联盟院校的调查》,《图书与情报》2018 年第 1 期。

苏新宁:《知识经济时代计量学的创新和发展——评邱均平教授新作〈知识计量学〉》,《情报理论与实践》2016 年第 1 期。

苏云:《大数据与人工智能双驱动的图书馆智慧服务研究》,《图书与情报》2018 年第 5 期。

孙骁骁、韩海涛:《大数据时代图书馆服务创新研究》,《图书情报工作》2015 年第 12 期。

孙永生、赵青:《大数据时代高校图书馆数字资源服务创新策略》,《山东图书馆学刊》2016 年第 5 期。

孙雨生、廖盼:《国内知识服务评价核心技术研究进展》,《计算机与数字工程》2019 年第 12 期。

谭影虹:《从数字图书馆到数据图书馆——大数据时代的图书馆服务范式转变》,《图书与情报》2016 年第 3 期。

田梅:《基于信息融合的图书馆智慧服务体系构建》,《兰台世界》2016 年第 5 期。

王彬彬、石丽红:《基于 K-means 算法对我国公共基础设施建设的分析》,《测绘与空间地理信息》2017 年第 8 期。

王建芳、冷伏海:《共引分析理论与实践进展》,《中国图书馆学报》2006 年第 1 期。

王磊、卢海燕:《国家图书馆立法与决策服务十周年历程回顾与思考》,《国家图书馆学刊》2008 年第 1 期。

王锰、郑建明、陈雅:《大数据环境下数字图书馆的基本职能》,《情报资料工作》2015 年第 3 期。

王世伟:《关于智慧图书馆未来发展若干问题的思考》,《数字图书馆论坛》2018 年第 7 期。

王万起:《高校图书馆参与中小城市区域图书馆联盟建设研究》,《图书馆学刊》2012 年第 9 期。

王卫、王晶、张梦君:《生态系统视角下开放政府数据价值实现影响因素分析》,《图书馆理论与实践》2020 年第 1 期。

王文涛、李娜、许新龙:《国内图书馆界阅读推广研究热点分析》,《图书馆理论与实践》2019 年第 6 期。

王晓燕:《图书馆应用大数据的文献分析与思考》,《大学图书情报学刊》2015 年第 1 期。

王妍:《浅谈中小型图书馆在弘扬中华优秀传统文化中的作用》,《图书馆工作与研究》2019 年第 1 期。

王雨:《高校图书馆在高校智库建设中的角色、优势以及发展路径探析》,《图书情报导刊》2020 年第 5 期。

王玉林、曾咏梅:《图书馆大数据功能实现的障碍与对策研究》,《情报理论与实践》2015 年第 7 期。
王振兴：《基于知识管理的图书馆知识服务策略》，《科技创新导报》2012 年第 13 期。
王铮：《制度演进视角下图书馆变革的国家样本解读〈国家图书馆业务管理机制研究〉读后》，《国家图书馆学刊》2019 年第 1 期。
王知津等：《基于 WoS 分析的信息行为研究现状与趋势》，《现代情报》2020 年第 7 期。
文庭孝：《大数据时代图书馆创新发展思考》，《图书馆》2019 年第 5 期。
邬贺铨：《大数据思维》，《科学与社会》2014 年第 1 期。
吴明礼、黄亚非：《基于聚类的多指标客户细分方法》，《电脑知识与技术》2018 年第 5 期。
吴卫华等：《大数据环境下高校图书馆数据素养教育研究》，《华北理工大学学报》（社会科学版）2020 年第 1 期。
吴雅威、张向先：《我国 DataCommons 平台的建设策略研究》，《图书馆学研究》2019 年第 18 期。
向佳丽、张静、周红：《国外图书馆数字资源许可政策新近发展研究》，《大学图书馆学报》2020 年第 1 期。
肖希明、石庆功：《新中国 70 年我国图书馆学教育本土化探索与思考》，《图书与情报》2019 年第 5 期。
肖雪、王子舟：《公共图书馆服务与老年人阅读现状及调查》，《图书情报知识》2009 年第 5 期。
谢嘉蕙、徐军华：《美国研究图书馆科研数据管理岗位现状调查分析》，《图书馆研究与工作》2020 年第 1 期。
谢瑞霞、李秀霞、赵思喆：《基于时间异质性和期刊影响因子的论文学术影响力评价指标》，《情报杂志》2019 年第 4 期。
闫慧等：《图书馆学、情报学与档案学 2029 年发展前景研究》，《图书与情报》2019 年第 6 期。
杨春华、郝俊勤、马红月：《从高端走向普惠式的学科化服务》，《图书馆学研究》2012 年第 23 期。
杨帆、张红、薛尧予：《基于核心业务系统的图书馆大数据平台构建策略研究》，《图书馆学研究》2017 年第 6 期。

杨敏文、邢修远、应长兴：《提高老年读者信息素养的国外经验及启示》，《图书馆论坛》2014 年第 1 期。

杨强、邱均平：《大数据时代对馆藏资源的影响及其发展趋势》，《情报理论与实践》2014 年第 5 期。

杨松：《浅谈大数据时代图书馆的服务创新与发展方向》，《图书情报导刊》2016 年第 5 期。

杨天东：《出版身份视野下学术期刊内容生产策略——基于对三本电影类核心期刊的比较研究》，《中国出版》2020 年第 12 期。

杨新涯等：《论新一代图书馆系统的特征》，《图书馆论坛》2017 年第 7 期。

殷娟：《浅析 21 世纪图书馆员的素质》，《科技情报开发与经济》2011 年第 8 期。

［英］维克托·迈尔—舍恩伯格、［英］肯尼思·库克耶：《大数据时代——生活、工作与思维的大变革》，盛杨燕、周涛译，浙江人民出版社 2013 年版。

袁红军：《“双一流”高校图书馆科研服务现状及发展对策研究》，《图书馆学研究》2019 年第 23 期。

袁红军：《我国智慧图书馆研究现状、热点与未来展望》，《新世纪图书馆》2019 年第 6 期。

袁润、王丹、潘颖：《基于 R 语言的 ESI 可视化及其在学科评估中的应用》，《情报杂志》2020 年第 3 期。

袁永久：《我国图书馆知识管理研究探析》，《农业图书情报学刊》2011 年第 5 期。

张国杰：《大数据视角下图书馆服务发展走向及策略研究》，《图书馆工作与研究》2014 年第 6 期。

张红权：《数字图书馆云服务平台下的数据安全研究》，《黑龙江科技信息》2015 年第 20 期。

张纳新：《文旅融合背景下公共图书馆少儿阅读推广策略研究》，《图书馆工作与研究》2020 年第 8 期。

张强：《浅谈电子阅览室如何为老年读者开展互联网信息服务》，《情报杂志》2009 年第 6 期。

张晓琳：《大数据影响下的图书馆学研究新动向探寻》，《情报理论与实践》2014 年第 6 期。

张新鹤：《我国图书馆信息资源共享机制的体系构建研究》，博士学位论文，武汉大学，2010 年。

张新鹤、肖希明：《我国图书馆信息资源共享机制现状调查与分析》，《中国图书馆学报》2011 年第 3 期。

张亚歌：《“双一流”背景下地方高校“坚持立德树人，拔尖创新人才培养”体系的探索》，《教育现代化》2019 年第 98 期。

张延贤、王梅：《图书馆智慧服务的概念、内涵与分析》，《现代情报》2013 年第 4 期。

张炎亮、张超、李静：《基于动态用户画像标签的 KNN 分类推荐算法研究》，《情报科学》2020 年第 8 期。

张艳敏、马秀峰：《知识管理理念下的数字图书馆服务浅析》，《农业图书情报学刊》2009 年第 5 期。

张勇、郭山：《公共图书馆专利信息服务实践与平台构建的思考——以吉林省图书馆为例》，《图书馆学研究》2019 年第 21 期。

张子振：《一种基于本体的信息检索模型》，《茂名学院学报》2010 年第 6 期。

赵建风：《大数据时代图书馆服务创新的内容及其策略研究》，《传播力研究》2019 年第 5 期。

赵丽、高世静：《基于价值共创的高校图书馆知识服务创新研究》，《大学图书情报学刊》2020 年第 4 期。

赵瑞雪、赵华、朱亮：《国内外农业科学大数据建设与共享进展》，《农业大数据学报》2019 年第 1 期。

赵水森：《基于因特网的个性化信息服务研究》，《中国图书馆学报》2003 年第 4 期。

赵晓虹：《国家图书馆业务工作规章制度建设的回顾与思考》，《国家图书馆学刊》2003 年第 3 期。

赵行姝：《特朗普政府能源政策评析》，《美国研究》2020 年第 2 期。

赵益民：《国家图书馆业务管理机制研究》，中国社会科学出版社 2018 年版。

郑丽娟、刘春萍、尤菲菲：《大数据环境下信息素养教育拓展与创新研究》，《绥化学院学报》2020 年第 6 期。

郑玉娟：《智能生态系统中图书馆的空间结构及其形成路径》，《图书馆》2020 年第 3 期。

朱玲、王凤姣、龚蛟腾：《MLIS 研究生的核心能力培养》，《图书馆论坛》2020 年第 6 期。

朱秀杰：《学术期刊编辑能力提升路径探析》，《记者摇篮》2020 年第 2 期。

中华人民共和国文化和旅游部编：《中国文化和旅游统计年鉴（2019）》，国家图书馆出版社 2019 年版。

后　　记

本书借鉴国内外研究的理论与实践经验，结合大数据时代图书馆服务的发展现状，通过历史的回顾来加深对图书馆服务体系的认识。在研究过程中坚持理论与实际相结合、继承与发展相结合的原则，从调查统计、计量分析、共词分析、文献分析、框架模型、比较研究、理论归纳等多个角度对大数据时代图书馆服务体系进行全面深入的探索，根据用户需求、数据服务的特性，运用多学科的原理，以图书馆服务为基点，研究大数据时代图书馆服务创新的实践体系、组织体系、文化体系、知识体系的内容框架、方法与技术的应用、发展思路等。这一体系突破传统图书馆服务以图书馆“借书还书”为中心的基本思路和服务模式，既不脱离图书馆服务工作，又扩大各类图书馆服务的范畴，有利于大数据时代图书馆服务体系理论的创新与实践的发展。

本书由程结晶提出选题并撰写计划，书稿由程结晶、宋凯、朱彦君、宋甲丽、刘星、钱晓芳、刘佳美、袁先文、陈志琴、王焱等组织撰写并统稿、修改、校对、定稿。具体分工如下：第一章，程结晶、刘星；第二章，钱晓芳、袁先文、陈志琴、刘星、王焱、程结晶、朱彦君；第三章，宋甲丽、朱彦君；第四章，陈志琴、宋凯、朱彦君、宋甲丽、程结晶；第五章，宋凯、朱彦君；第六章，朱彦君；第七章，宋凯、朱彦君、邱春艳、李秀霞；第八章，刘佳美、宋凯、朱彦君、王心雨、邱春艳；第九章，刘星；后记，程结晶。

在本书的前期调研中，我们先后到部分科研机构、高校图书馆、省（自治区、直辖市）文化厅和图书馆、地级（市州）文体局和图书馆、县级文体局和图书馆、乡镇村图书馆（农家书屋）等单位进行调研访谈，获得大量数据，并得到以上单位专家、领导和工作人员的大力支持和帮助。在此，对上述单位和个人及被引文献作者表示衷心感谢。

限于笔者的专业视野和学术水平，研究中出现的问题还有很多，遗漏和错误之处在所难免，请各位读者批评指正。

程结晶

2022 年 12 月 23 日